42가지 사건으로 보는
투기의 세계사

FROM
TULIPS
TO
BITCOINS

42가지 사건으로 보는

투기의 세계사

토르스텐 데닌 지음 | 이미정 옮김

웅진 지식하우스

아내 알리나에게 이 책을 바칩니다.

"시간의 바퀴가 돌아가고 시대가 흘러간다.
그 뒤에 남은 추억은 전설이 되고
전설은 흐릿해져 신화가 된다.
신화를 낳았던 시대가 다시 돌아왔을 때는
신화가 망각 속으로 사라진 지 오래다."

| 로버트 조던, 『시간의 수레바퀴』 |

———————————

"월스트리트 사람들은 아무것도 배우지 못하고
모든 것을 잊어버린다.
희망과 두려움, 탐욕에 무너지는 것이다."

| 벤저민 그레이엄 |

차
례

거대한 변화의 기로에서
마주하는 새로운 기회들

새로운 밀레니엄의 시작과 함께, 은행을 비롯한 금융기관들이 원
유, 금, 은, 구리, 밀, 옥수수, 설탕을 투자 종목이자 새로운 투자처
로 소개하고 대대적으로 홍보했다. 이때부터 원자재 상품commodity
시장이 주목받기 시작했다. S&P골드만삭스 상품지수, 다우존스
AIG 상품지수와 같이 투자 가능한 최초의 상품지수가 생겨났지만
2000년대 들어 모든 주요 투자은행은 자체 상품지수와 지수 기준을
개발했다. 이런 상품지수 개발로 인해 기관 투자자와 부유한 개인에
게 매력적이고 새로운 투자 포트폴리오를 제공할 수 있게 되었다. 그

러다가 이제는 암호화폐 시장이라는, 대중에게 투자 기회가 열린 이색적인 자신의 등장까지 목격하게 됐다.

상품선물 시장의 호황을 부른 핵심 변수는 중국 경제의 급성장이다. 이런 사실은 2000년 전후로 '세계의 공장'인 중국의 원자재 수요가 엄청나게 증가하면서 명백히 증명되었다. 철광석, 석탄, 구리, 알루미늄, 아연 수입이 급증하면서 중국은 전 세계 수요에 영향을 미치는 결정적 요인이 되었다. 중국 경제의 역동적 성장은 상품 가격을 천정부지로 끌어올렸다. 중국은 거대한 진공청소기처럼 에너지, 금속, 농산물 시장을 빨아들였고 공급이 수요를 감당하지 못하면서 가격이 치솟았다.

적어도 일시적으로는 리먼 브라더스의 파산과 금융 위기로 폭등하던 원자재 가격이 주춤했다. 국제 유가는 2008년 여름에 배럴당 150달러까지 상승했다가 2009년 봄에 40달러 아래로 하락했다. 그해에 유가는 다시 80달러를 넘어섰다. 산업용 금속도 경기 회복으로 이득을 보았다. 금융 위기의 여파로 금융 시스템의 안정성뿐 아니라 무섭게 늘어나는 정부 부채에 대한 우려가 터져나오는 가운데 금 투자자들은 상당히 많은 이익을 챙겼다. 2009년에는 유럽의 국가 부채 위기가 터지면서 국제 금 가격이 처음으로 1,000달러 수준을 넘어섰고, 하지만 2011년에는 트로이온스(금, 은 등 귀금속과 보석의 중량 단위로 1트로이온스는 약 31그램이다−옮긴이)당 1,900달러까지 뛰었다.

2009년에는 애그플레이션agflation(곡물 가격의 상승으로 일반 물가가 오르는 현상-옮긴이)이 시장을 강타하면서 설탕, 커피, 코코아 같은 수입 농산물 가격도 인상되었다. 하지만 2008년과 2009년 금융 시장의 붕괴 이후 원자재 등 상품 시장의 회복세가 오래 지속될 수 없다는 사실이 증명되었다. 2011년 4월 이후 상품 시장은 5년에 걸친 심각한 약세장bear market에 접어들었다. 중국의 성장세 둔화, 디레버리징deleveraging(부채를 줄이는 것-옮긴이), 경기 침체가 원자재의 수급 불균형에 불을 붙였다. 2016년 초에는 공급 과잉으로 국제 유가가 26달러까지 하락했다. 하지만 이후 상품 시장은 다시 회복되었다. 2016년에는 5년 만에 처음으로 상품 시장이 상승 마감되었다.

상품 시장과 암호화폐

상품은 시장에서 거래되는 원자재나 기본 재화를 말한다. 미국에서 공식적인 상품 거래는 거의 200년 전무렵에 시작되었다. 하지만 그 시초는 고대 수메르, 그리스, 로마까지 수천 년을 거슬러 올라간다. 상품 거래와 비교하면 회사 소유권 일부를 거래하는 주식시장의 역사는 훨씬 더 짧다. 1602년 유럽의 암스테르담증권거래소에서 세계 최초로 네덜란드 동인도회사의 주식이 거래되었다. 미국에서는 1792년에 뉴욕의 월스트리트에 생긴 뉴욕증권거래소에서 최초의 주식 거래가 이루어졌다.

상품은 에너지, 금속, 농산물, 가축, 육류로 나뉜다. 또한 금속과 원유처럼 채굴하는 경성 상품과 밀, 옥수수, 면, 설탕처럼 재배하는 연성 상품이 있다.

단연코 가장 중요한 상품은 원유와 그 부산물인 휘발유, 난방유, 제트유, 디젤이다. 전 세계 하루 원유 소비량이 1억 배럴을 넘어서는 가운데 원유 시장의 가치는 연간 2조 2,000억 달러를 넘는다. 원유의 약 4분의 3은 자동차, 트럭, 비행기, 배와 같은 교통수단 연료로 사용된다.

금속 시장은 보통 비금속base metal과 귀금속precious metal으로 나뉜다. 이중 철광석은 세계적으로 22억 톤이 채굴되는 최대 규모의 품목이다. 전 세계 수출량의 약 3분의 2에 달하는 10억 톤가량이 중국으로 향한다. 반면 철광석의 시장 가치는 톤당 70달러로 비교적 낮은 편이다. 달러 가치로 볼 때 최고의 금속 품목은 금이다. 매년 약 3,500톤의 금이 채굴된다. 달러 가치로는 1,400억 달러에 해당된다. 전 세계의 금 보유량은 약 19만 톤으로 추산된다. 이로 인해 금은 거의 8조 달러에 이르는 실물 시장을 형성하고 있다. 금 다음으로는 구리, 알루미늄, 아연의 가치가 높고, 은이나 백금, 팔라듐 같은 귀금속은 다소 가치가 낮다.

농업과 가축 분야의 최대 시장은 콩과 같은 지방종자와 밀과 옥수수 같은 곡물, 그리고 설탕이다.

비트코인bitcoin은 2009년 1월에 최초의 암호화폐로 등장했다. 2010년 3월 22일 플로리다 잭슨빌에 사는 라슬로 핸예츠가 1만 비트코인으로 피자 두 판을 샀을 때 비트코인 하나의 가격은 0.003달러였다. 하지만 2022년 현재 비트코인 하나의 가격은 5만 달러에 육박하고, 세계의 비트코인 총액은 9000억 달러를 돌파했다. 그 뒤로는 이더리움, 바이낸스코인, 테더, 솔라나, XRP가 뒤를 쫓고 있다. 비트코인의 시세는 급락이 심해 통계를 내기가 힘든 편이지만, 투자 수단으로서의 가치는 모든 사람이 인정하고 있다.

사실 조직화된 상품 거래 자체는 주식시장보다 역사가 훨씬 더 오래되었다. 이런 사실은 지난 몇십 년에 걸친 극적인 가격 변화에 초점을 맞추다보면 자주 간과된다. 예컨대 시카고상품거래소는 밀과 옥수수 같은 농산품의 거래 기반을 제공하기 위해 1848년에 설립되었다. 하지만 상품의 거래와 투기는 훨씬 오래전에 시작되었다. 기원전 4000년경 수메르인들은 염소 같은 동물을 인도할 예정 수량, 날짜, 시간을 표기한 점토 증표를 사용했는데, 이는 현대의 상품선물 계약과 비슷하다. 고대 그리스의 소작농은 올리브 인도권을 미리 판매했고, 고대 로마에서는 밀을 선물 거래 형식으로 사고팔았다는 기록이 있다. 로마 상인들은 예기치 못한 가격 상승에 대비해 북아프리카 곡물 가격을 헤지hedge(현물 가격 변동의 위험을 선물 가격 변동으로 제거하는 것-옮긴이)했다.

이 책은 투기의 역사에서 1, 2위를 다투는 튤립 파동으로 시작해 비트코인 열풍으로 끝을 맺는다. 그 사이 400여 년간 주요 상품 시장에서 벌어진 42가지의 투기 사건을 재조명한다. 각각의 사건은 극심한 가격 변동과 함께 호황과 불황을 넘나들며 부를 거머쥔 사람들의 흥망성쇠를 보여준다.

1장에서 6장까지는 17세기에서 19세기에 벌어진 주요 사건을 다룬다. 역사에 기록된 최초의 시장 붕괴 사건인 17세기 네덜란드 튤립 파동부터 오늘날 주식 시장에서 사용되는 캔들 차트Candlestick chart가 만들어진 18세기 일본의 쌀시장, 원유 시대의 시작을 알린 록펠러의 전략과 스탠더드 오일의 부흥, 미국 밀 시장 조작 사건과 캘리포니아 골드러시까지 다양한 이야기가 쏟아진다.

7장부터 42장까지는 20세기 이후에 일어난 역사적 사건들을 소개한다. 1970년대 들어서 밀과 옥수수, 콩 가격이 상승하면서 상품 시장은 호황을 맞았다. 두 차례의 오일쇼크와 금과 은 등 귀금속 가격의 폭락, 헌트 형제로 발발된 은 가격 급락, 은 시장에 뛰어든 워런 버핏과 빌 게이츠, 조지 소로스까지 헤드라인을 장식했던 뉴스들이 펼쳐진다. 아울러 1996년 아시아의 경제 주도권이 일본에서 중국으로 넘어간 구리 투기 사건들도 다루고 있다.

2000년 이후에는 기후도 투자의 세계사에서 매우 중요한 역할을 했다. 허리케인 카트리나로 미국 뉴올리언스에 홍수가 나자 영국 런던의 아연 가격이 급등했고, 허리케인이 멕시코만을 강타하면서 오렌지주스 가격이 최고가를 기록했다. 오스트레일리아의 가뭄 여파로 전 세계 밀 가격이 폭등했으며, 인도의 가뭄으로 설탕 가격이 30년 만에 최고점을 찍기도 했다.

인터넷과 스마트폰 혁명, 대체 에너지 개발 및 전기차 열풍은 상품 시장에 새로운 변화를 몰고 왔다. 2020년대가 시작되면서 상품 시장의 주인공은 네오디뮴과 디스프로슘 등의 희토류에서 리튬과 코발트처럼 전기차 배터리 관련 필수 금속으로 바뀌었다. 2009년 이후부터는 블록체인과 비트코인이 꾸준히 투자자들의 관심을 끌고 있다.

2017년 비트코인 선물 거래가 코멕스COMEX에 도입되면서 암호화폐도 상품이 되었다. 그해 초 1,000달러 미만이었던 비트코인 가격은 2017년에 2만 달러까지 올랐다. 그러다가 2018년 초반 몇 주 동안 암호화폐 가격은 80퍼센트까지 폭락했다. 금융 버블 역사에서 튤립 파동이 400년 만에 2위로 밀려난 것이다.

현재 상품 시장과 암호화폐 시장은 인구학적 혁명과 기후 변화, 전기화와 디지털화 같은 거대한 변화의 기로에 서 있다. 이러한 시대에 우리는 과거에서 교훈을 얻고 앞으로 나아가야 한다. 올바른 투자의 방향을 잡기 위해 그릇된 투자, 즉 투기의 역사를 살피는 것은 반면교사 이상의 도움이 될 것이다. 이 책에 소개된 42가지 이야기를 통해 무엇이 투자와 투기를 가르며, 무엇이 성공과 실패를 가르는지 파악하는 시각을 얻을 수 있다면 더 바랄 것이 없다.

1637년
역사상 최대 버블 사태

17세기 네덜란드에서 튤립은 부유한 신흥 상류층의 지위를 상징한다. 금으로 무게를 표시했던 튤립 구근의 신용 거래가 시작되면서 보수적인 사업가들도 무모한 도박꾼이 되어 집과 재산을 걸었다. 그러던 1637년, 마침내 버블이 터진다.

FROM TULIPS TO BITCOINS

"1600년대 네덜란드의 튤립 파동과
2000년 초의 닷컴 버블에서 볼 수 있듯이
시장은 번번이 현실과 단절되어왔다."

| 토니 크레센지, 핌코 |

17세기 초 네덜란드는 거의 100년간 이어질 황금기에 접어들어 경제적·문화적 번영을 누렸다. 종교의 자유가 보장되자 다른 곳에서 박해를 받던 사람들이 네덜란드로 몰려들었다. 그와 동시에 작은 신생국이던 네덜란드공화국은 다른 유럽 국가들이 정체되어 있는 동안 국제 무역을 이끄는 세계 강대국 대열에 들어섰다.

한자동맹(중세 유럽의 지배적인 상업 연맹)의 세력이 약화되면서 신생 해양 국가 네덜란드는 전 세계에 식민지와 교역소를 건설했다. 예를 들면 뉴암스테르담(오늘날의 뉴욕)과 네덜란드령 인도(인도네시아)뿐 아니라 아루바섬과 네덜란드령 앤틸리스제도 등 남아메리카와 카리브해 지역에도 전초 기지를 세웠다. 1602년에는 상인들이 정부로부터 자치권과 상업적 독점권을 따내 네덜란드 동인도회사를 설립했다. 최초의 다국적 회사인 네덜란드 동인도회사는 17세기에서 18세기를 통틀어 가장 큰 무역 회사였다. 하를럼과 암스테르담의 상인들은 전례 없는 경제 호황을 누렸다.

새롭게 등장한 부유한 상인 계층은 커다란 정원이 딸린 대규모 저택을 사들여 귀족들의 생활방식을 열심히 따라 했다. 당시 튤립은 부유층의 사치품이자 지위를 나타내는 상징이 되었다(튤립은 16세기에 아르메니아와 터키에서 콘스탄티노플과 빈, 프랑크푸르트암마인을 거쳐 레이던에 도착했다). 상류층 여성들은 이국적인 튤립을 머리나 옷에 장식으로 달고 사교 행사에 참석했다.

하지만 튤립 구근의 공급량은 아주 서서히 늘어났다. 매년 튤립 모근에서 육성할 수 있는 구근은 겨우 두셋인데다 몇 달만 지나면 모근이 죽어버렸다. 결국 공급이 수요를 따라가지 못하면서 가격이 치솟았고, 튤립은 무역업자들에게 수익성 좋은 틈새시장이 되었다. 부유한 고객들에게 직접 팔았던 튤립은 이제 경매를 통해 판매되었다. 처음에는 정식 거래소가 아닌 술집과 여관에서 거래되었다. 나중에는 튤립 거래 클럽이나 비공식 거래소를 만들어 정해진 규칙에 따라 경매를 진행했다.

처음에 튤립 구근은 파종 시기에만 거래되었다. 하지만 수요가 급증하면서 땅속의 구근까지 판매되었다. 이때부터 거래되는 것은 튤립 실물이 아니라 튤립 구근을 구입할 수 있는 권리였다. 1630년대에 이르러 튤립 거래는 투기성 사업으로 변질되었고, 실제 튤립이 어떻게 생겼는지 모르는 사람까지 거래에 뛰어들게 되었다. 잠재 구매자들을 끌어들일 목적으로 튤립 그림을 의뢰한 화가만 400명에 이를 정도였다.

꽃 전문가들은 수요를 맞추기 위해 꽃잎 모양이 특별히 균일하고 색색의 줄무늬가 두드러진 새롭고 화려한 튤립을 생산하려고 했다. 진딧물이 전염시키는 모자이크병 바이러스가 놀랍게도 두 가지 꽃잎 색깔을 지닌 화려하고 희귀한 튤립 품종을 만들어냈다.

튤립 파동이 절정에 다다랐을 당시 튤립 계약서의 명의자가 무려 열 번이나 바뀐 일도 있었다. 튤립 가격은 1634년에서 1637년까지 3년 사이에 50배나 뛰었다. 셈페르 아우구스투스Semper Augustus(영원한 황제) 품종은 구근 하나에 1만 길더에 거래되었다. 1만 길더는 당시 공예가 1년 수입의 약 20배에 해당하는 금액이었다. 1637년 1월에만 가격이 순식간에 두 배로 뛰어 튤립 구근 셋이면 암스테르담의 집 한 채를 살 수 있었다.

이와 같은 투기성 버블은 1637년 2월 5일에 절정에 다다랐다. 모든 거래자가 알크마르에 모였고 99개의 튤립 구근은 9만 길더에 거래되었다. 오늘날의 가치로 환산하면 100만 달러에 달했다. 이런 과열 현상에는 튤립 가격 하락의 씨앗이 이미 내포되어 있었다. 이미 이틀 전부터 하를럼에서 버블 붕괴의 조짐이 시작되었다. 한 술집에서 열린 경매에서 처음으로 구매자가 한 명도 나오지 않은 것이다. 그 여파는 빠르게 번져나갔다. 갑자기 모든 시장 참가자가 매도에 나섰고, 며칠 사이 네덜란드 튤립 시장 전체가 붕괴되기에 이르렀다.

1637년 2월 7일 튤립 거래는 완전히 중단되었다. 가격은 95퍼센트까지 떨어졌고, 튤립 구근에 대한 미결제 계약 수가 기존의 구근 공급량을 크게 초과했다. 구매자와 판매자 모두 정부가 해결책을 제시해주기를 바랐다. 결국 선물 거래는 금지되었고, 구매자와 판매자는 서로 합의해야 했다.

귀족부터 상인, 농부, 일반 노동자에 이르기까지 네덜란드 인구 대다수는 튤립 열병에 걸려 있었다. 그들 대부분 시장에 관해 아무것도 모른 채 튤립 구근 거래에 뛰어들었고, 투자금을 늘리기 위해 집이나 농장을 저당 잡혔다. 하지만 네덜란드의 경제 호황 덕분에 이런 투기성 버블의 부정적인 영향력이 약화되었다.

네덜란드 튤립 파동은 역사상 최초로 기록된 시장 붕괴 사건이다. 그에 대한 분석은 1998년에서 2001년의 닷컴 버블을 비롯해 다른 금융 버블에 적용할 수 있다. 투기 열풍이 꺼지고 몇십 년이 흐른 뒤에 튤립은 상류층의 지위를 나타내는 상징이 아니라 관상용 식물로 널리 보급되었다. 그로부터 400년이 지난 오늘날에도 마찬가지다. 전 세계 튤립 수확량의 거의 80퍼센트는 여전히 네덜란드에서 생산되고 있다.

◆ 17세기 네덜란드의 황금기에 튤립은 상류층의 지위를 나타내는 상징으로 부상했다.

◆ 1634년에서 1637년 사이에 튤립 가격은 50배 넘게 급등했다. 대다수 네덜란드인이 튤립 투기 열풍에 사로잡혔다.

◆ 버블 붕괴 전 튤립 구근은 암스테르담의 집 한 채 가격과 맞먹었다. 그러나 1637년 2월에 버블이 붕괴되었고, 가격은 95퍼센트까지 떨어졌다.

◆ 튤립 파동은 역사상 최초로 기록된 시장 붕괴이자 역사상 가장 거대한 금융 버블로 알려졌다. 튤립 파동은 2000년의 닷컴 버블보다 규모가 훨씬 컸다.

1750년

일본 쌀 시장을 장악한
혼마 무네히사

18세기에 일본의 도지마 쌀 시장에는 선물 거래가 도입된다. 상인 혼마 무네히사는 뛰어난 시황 분석으로 '거래의 신'이라 불리며 일본 최고의 갑부가 된다.

"60년 동안 밤낮으로 일하고 나니
쌀 시장의 동향을 깊이 이해하게 되었다."

| 혼마 무네히사 |

1603년부터 시작된 에도 시대 일본은 가장 오랫동안 평화를 누렸다. 이 시기에는 특히 국내 무역과 농업 부문이 강화되었는데, 17세기 말에 도지마 쌀 시장이 열리면서 오사카는 이후 100년 동안 일본 쌀 거래의 중심지가 되었다. 도지마 시장에서 쌀은 비단이나 차 등의 다른 상품과 교환되었다. 아직 유통 화폐가 없었기에 대금 지불 수단(예를 들어 조세)으로 주로 쌀이 사용되었다.

봉건 영주 격인 다이묘大名들의 재정적 필요에 따라 실물 대신 앞으로 쌀을 보내주겠다고 약속하는 보증서인 선납수표rice coupon를 받기 시작했으며, 많은 지주가 몇 년 후에 쌀을 수확해서 주겠다고 약속했다. 점차 도지마에서는 보증서와 쌀 실물 거래와 분리되어 실물 없이 보증서만 사고파는 거래가 활발해졌다. 말하자면 쌀표의 활발한 거래가 진화한 것이다. 시간이 지나면서 선납수표가 쌀 생산량을 크게 웃돌았다. 18세기 중반에는 선납수표 거래량이 쌀 생산량의 거의 네 배에 달했다.

선납수표

선납수표는 나중에 쌀을 넘겨주겠다고 약속하는 표준화된 증서다. 선납수표에는 정해진 쌀 가격과 양, 인도 날짜가 적혀 있다. 시장 가격이 계약 가격보다 높으면 구매자는 이익을 얻는다. 시장 가격이 계약 가격보다 낮으면 구매자는 손실을 입는다. 선납수표는 역사상 최초의 표준화된 선물상품으로 알려져 있다. 도지마 쌀 시장은 암스테르담, 런던, 뉴욕, 시카고보다 앞선 최초의 현대적 선물 거래소라고 할 수 있다.

1750년 서른여섯 살의 혼마 무네히사本間宗久는 가업인 미곡 사업을 이어받았다. 일본 북서쪽에 대규모 논을 소유한 혼마 무네히사는 곡물 거래를 전문적으로 했다. 처음에는 고향인 사카타에서 주로 활동하다가 나중에는 오사카로 활동 지역을 옮겼다.

오늘날 사용되는 쌀 캔들 차트(2016년 예시)

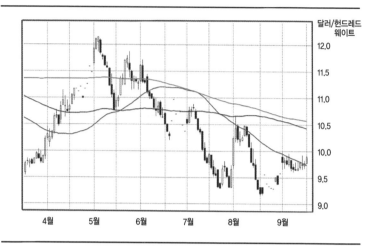

출처 | 블룸버그, 2019.

혼마 무네히사는 오사카에서 쌀 선납수표를 거래하기 시작했고 사카타의 쌀 수확량을 최대한 빨리 알리기 위해 약 600킬로미터까지 소식을 전할 수 있는 통신 시스템을 직접 구축했다. 그리고 최초로 과거 물가 동향을 분석했다. 그는 훗날 캔들 차트라고 알려진 그래프를 고안했는데 이는 오늘날까지도 사용되고 있으며 대표적으로 주식 차트를 들 수 있다. 라인 차트line chart와는 대조적으로 캔들 차트는 일일 시가와 종가뿐 아니라 일일 최고가와 최저가도 추적해 보여준다. 혼마 무네히사는 과거 물가 동향을 분석하면 수익이 나는 반복적인 패턴을 알아낼 수 있다고 확신했다.

이와 관련해 유명한 일화가 전해진다. 차트를 정리해 더 많은 정보를 얻은 혼마 무네히사는 며칠 동안 도지마 쌀 시장에서 지역 농부들에게 많은 쌀을 사들였다. 그는 몇 번이고 주머니에서 종이를 꺼내 양초처럼 보이는 그림을 힐끗 들여다보았다. 그렇게 며칠이 지난 어느 날, 오사카에 도착한 시골 사람이 태풍 때문에 쌀 수확에 차질이 생겼다는 소식을 전했다. 도지마의 쌀 가격은 급등했고, 판매할 쌀은 거의 남지 않았다.

혼마 무네히사는 며칠 만에 일본의 쌀 시장 전체를 장악했고 어마어마한 부자가 되었다. 도지마 쌀 시장에서 성공한 그는 에도(도쿄)로 가서도 승승장구했고 '거래의 신'이라는 별명을 얻었다. 귀족으로 신분이 상승한 후에는 일본 정부의 재정 고문으로 일했다. 그로부터 거의 200년이 지난 뒤 투자자들과 무역업자들이 혼마 무네히사의 발명품인 캔들 차트를 재발견해 대중화했다.

| K | E | Y | P | O | I | N | T |

◆ 상인 혼마 무네히사는 쌀을 사들이는 한편, 남다른 시황 분석을 기반으로 선납수표까지 확보했다. 그는 매점매석에 성공하며 일본 쌀 시장을 장악했다.

◆ '거래의 신'이라 불린 혼마 무네히사는 일본 최고의 부자가 되었다.

◆ 혼마 무네히사는 오늘날에도 금융이나 기술 분야에서 사용되는 캔들 차트를 18세기에 고안했다.

1849년
캘리포니아 골드러시

1849년 약 10만 명의 모험가가 백만장자의 꿈을 안고 캘리포니아로 몰려든다. 이듬해 캘리포니아에서 생산되는 금의 가치는 미국 연방의 총예산을 넘어선다. 그 덕분에 캘리포니아는 1850년에 연방의 31번째 주가 된다.

FROM TULIPS TO BITCOINS

"금이다, 금! 아메리칸강에서 금이 발견되었다!"

| 새뮤얼 브래넌 |

오늘날에는 상상하기 힘들지만 1848년 이전만 하더라도 미국 캘리포니아는 황량하고 외진 곳이었다. 주로 에스파냐인의 후손인 멕시코 사람들과 북아메리카 원주민이 살았다. 소수의 유럽인 정착민 중에는 스위스 출신의 독일 망명자 존 오거스터스 서터John Augustus Sutter가 있었다. 그는 사업에 실패한 후 아내와 아이들을 스위스에 남겨둔 채 미국 서부로 이주했다. 그 무렵 그는 새크라멘토 밸리에 넓은 땅을 소유하고 있었는데, 그는 그곳 정착지를 누에바 헬베티카Nueva Helvetica라고 불렀다. 서터는 아메리칸강과 새크라멘

토강의 합류 지점에 요새를 건설했고 아메리칸강의 남쪽 지류에 있는 콜로마 마을 근처에 제재소를 짓기 시작했다. 1848년 1월 24일 아침, 그곳에서 일하던 목수 제임스 윌슨 마셜James Wilson Marshall은 강바닥에서 금 덩어리를 발견했다. 서터와 마셜은 그 사실을 비밀에 부치고 차츰차츰 더 많은 땅을 사들였다. 하지만 서터의 직원들이 금으로 물건 값을 치르면서 그 소식은 오랫동안 숨길 수 없었다.

사태는 곧 걷잡을 수 없는 지경에 이르렀다. 채굴 장비 등을 팔던 새뮤얼 브래넌Samuel Brannan은 금 덩어리를 캐내 병에 가득 채운 채 샌프란시스코로 여행을 떠났다. 그는 그곳 거리에서 금이 담긴 병을 흔들며 사람들에게 이렇게 소리쳤다. "금이다! 금! 아메리칸강에서 금이 발견되었다!" 캘리포니아의 골드러시Gold Rush는 이렇게 시작되었다.

1848년에는 6,000명 정도의 사람들이 금을 찾아 캘리포니아로 향했다. 하지만 금을 발견했다는 소식이 점차 퍼져나가자 전 세계의 모험가들이 캘리포니아로 몰려들었다. 1849년 경제 호황기에는 거의 10만여 명이 일확천금을 노리고 캘리포니아를 찾았다. 아시아에서도 마찬가지였다. 많은 중국인이 모여들었으며 그들은 캘리포니아를 '금산金山'이라고 불렀다.

숫자는 어마어마하다. 1848년에 캘리포니아 인구는 1만 5,000명도 되지 않았다. 금이 발견되고 4년이 지난 1852년에는 인구가 열 배로 급증했다. 샌프란시스코 인구는 1848년에 1,000명이 되지 않았지만 1850년에는 약 2만 5,000명으로 증가했다. 1855년에는 30만 명이 넘는 모험가가 금을 찾으러 왔고 그들을 상대로 장사를 하는 상인들도 많아졌다.

골드러시를 다룬 영화

최근 몇 년 사이 미국 서부는 또다시 영화 속에서 부활했다. 코언 형제가 감독한 〈노인을 위한 나라는 없다〉와 쿠엔틴 타란티노의 〈헤이트풀8〉이 대표적이다. 과거에 골드러시는 인기 있는 영화 주제였다. 그중 가장 유명한 영화는 아마도 〈황금광 시대〉(1925)일 것이다. 이 고전적인 무성영화에서 찰리 채플린은 클론다이크 골드러시Klondike Gold Rush에 뛰어든 왜소한 방랑자를 연기했다. 1942년에 재개봉된 이 영화는 채플린이 가장 호평을 받은 작품으로 남아 있다. 좀 더 최근 영화로는 토마스 아르슬란의 2013년도 작품 〈골드〉가 있다. 이 영화는 클론다이크 골드러시의 절정기인 1898년 여름에 금을 찾아 험난한 북부 내륙 지역인 브리티시컬럼비아로 떠나는 소규모 독일 이주민에게 초점을 맞추고 있다.

채굴 장비의 가격도 열 배로 뛰었다. 광부들은 여전히 일확천금의 꿈에 부풀어 강바닥에서 사금을 채취했다. 사금 채취에 성공만 하면 대서양 연안의 노동자 일당의 20배를 벌 수 있었다. 대부분 채금지goldfield에서 여섯 달 동안 열심히 일하면 일반 직장에서 6년 동안 일한 대가와 맞먹었다. 1851년 캘리포니아의 연간 금 생산량은 77톤으로 증가했다.

이 정도의 금은 당시 미국 국내총생산을 훌쩍 뛰어넘는 가치였다. 하지만 많은 광부가 사금 채취로 벌어들인 돈을 지키지 못했다. 사금을 채취하는 지역이 도시와 멀리 떨어져 있었기 때문에 상인들은 엄청나게 비싼 가격에 물건을 팔았고, 술집 주인들은 술과 도박판을 벌여 큰 수익을 올렸다. 사실상 골드러시의 실질적인 승자는 사업가와 상인이었다. 그중 가장 유명한 사람은 아마도 사업가 리바이 스트라우스Levi Strauss일 것이다. 독일 출신으로 샌프란시스코에 상점을 차린 그는 광부들에게 튼튼한 바지가 필요하다는 사실을 깨닫고 탄탄한 텐트 천으로 쉽게 찢어지지 않는 바지를 만들어 큰 수익을 거뒀다. 지금 흔히 입은 청바지는 이렇게 탄생했다.

부와 인구가 증가하면서 캘리포니아의 정치적 영향력도 커졌다. 1850년에는 '황금 주Golden State' 캘리포니아가 연방에 편입되었다. 하지만 호황은 영원히 지속되지 않았다. 1860년을 전후해 채굴이 쉬운 금 매장지가 바닥을 드러냈고, 도시들은 버려졌다. 겨우 10년 전에 건설된 컬럼비아의 인구는 2만 명에서 500명으로 감소했다. 호황을 누렸던 마을들은 유령 도시로 변했다.

캘리포니아 골드러시와 같은 사태는 25년 동안 다른 여러 곳에서 반복되었다. 1851년 오스트레일리아 골드러시 이후 10년 사이에 인구가 열 배로 증가했다. 덕분에 오스트레일리아는 영국 식민지에서 문명화된 주로 발전했다. 1886년에는 남아프리카공화국 트란스발에 있는 비트바테르스란트 남쪽에서 금이 발견되었다. 몇 년 뒤 트란스발은 세계 최대 금 생산지가 되었다. 1896년에는 알래스카의 클론다이크강에서 금이 발견되면서 클론다이크와 유콘강 합류 지점에 있는 도슨시처럼 호황을 누리는 마을들이 생겨났다. 이주민의 수도 2년 사이에 500명에서 3만 명으로 늘었다.

서터가 처음 정착해 요새를 지은 지역은 캘리포니아의 주도인 새크라멘토로 발전했다. 19세기에 금을 찾아 거대한 파도처럼 몰려든 사람들을 뜻하는 '포티나이너스49ers'는 현재 샌프란시스코 축구팀 이름으로 되살아났다.

──────── | K | E | Y | P | O | I | N | T | ────────

◆ 존 서터와 제임스 마셜이 금을 발견한 뒤 세계적으로 골드러시가 일었다. 하지만 금을 찾은 사람들보다는 채굴 장비와 각종 서비스를 판매했던 상인들이 부자가 되었다.

◆ 1849년 캘리포니아 골드러시로 어마어마한 이주의 물결이 넘실거렸다. 그해에만 10만 명의 이주민이 몰려들었다.

◆ 금이 발견되고 개발이 가속화되면서 캘리포니아는 1850년 주로 승격되었다.

◆ 골드러시는 오스트레일리아와 남아프리카공화국, 알래스카의 유콘강에서도 일어났다.

1866년

시카고상품거래소를
뒤흔든 곡물 트레이더

1848년에 시카고상품거래소가 설립되고 벤저민 허친슨은 밀 시장에서 매점매석으로 유명해진다.
한때 시장 전체를 장악한 그는 수백만 달러를 벌어들인다.

FROM TULIPS TO BITCOINS

"찰리가 하는 말, 들었어? 우리가 자선가라는 거야!
맙소사, 우린 도박꾼이야.
넌 도박꾼이고, 나도 도박꾼이라고!"

| 벤저민 허친슨 |

영화 〈어 코너 인 윗트 A Corner In Wheat〉는 1909년에 제작된 단편
무성영화로, 전 세계의 밀 시장을 장악하려는 탐욕스러운 인물이 더
는 빵을 살 여력이 없는 사람들의 삶을 망가뜨리는 이야기다. 시카고
상품거래소의 밀 투기를 배경으로 펼쳐지는 이 고전적인 영화는 프
랭크 노리스 Frank Norris의 소설 『피트 The Pit』와 단편소설 「밀 거래 A
Deal in Wheat」를 각색한 것이다. 이 영화는 1994년에 문화적·역사적
그리고 미학적으로 중요한 작품으로 선정되어 의회도서관의 미국국
립영화등기부에 보존되어 있다.

19세기에 시카고는 미국 중서부의 농업 중심지가 되었다. 이때 대량의 곡물이 시카고에 유입되었고 수급 조절을 위해 더욱 많은 창고가 세워졌다. 가격 압력이 꾸준히 이어졌고, 1848년에는 마침내 시카고상품거래소가 설립되었다.

벤저민 피터스 허친슨Benjamin Peters Hutchinson은 최초로 밀 시장을 장악한 사람으로 유명하다. 1829년에 매사추세츠에서 태어난 그는 서른 살에 시카고에서 곡물 거래를 시작했고 시카고상품거래소 회원이 되었다.

허친슨은 1866년 5월에서 6월 사이 현물 시장과 선물 계약에서 점유율을 높여갔다. 밀 흉작이 올 거라 단언하며 베팅을 늘려나간 것이다. 그의 평균 실현가격은 부셸(주로 밀의 무게를 나타내는 단위-옮긴이)당 88센트였다. 시간이 지나 8월이 되자 아이오와와 일리노이를 비롯해 시카고에 곡물을 인도해주었던 다른 주들의 수확량이 평균 이하를 밑돌면서 밀 가격이 차츰 오르기 시작했다. 8월 4일 밀 가격은 부셸당 90센트에서 92센트 사이였다. 곧이어 공매자들은 밀이 부족해 인도 의무를 이행하지 못할 것이라는 사실을 깨달았다(공매자들의 전략은 수확철 초반에 계약을 매도하는 것이다. 그들은 수확철에 가격 압박을 받아 하락하기 때문에 수익을 내고 포지션 청산을 할 수 있으리라고 생각했다).

마침내 허친슨이 실물 시장을 완전히 장악하면서 8월 18일 밀 가격은 1.87달러까지 올랐다. 이로써 허친슨은 수많은 수익을 거머쥐었다. 하지만 이 일을 계기로 시카고상품거래소는 선물 계약을 매수하는 동시에 실물 인도를 막으려는 관행을 불법이라고 선포했다.

1888년 허친슨은 또 다른 수익성 좋은 투기 기회를 포착했다. 봄철 동안 현물 시장에서 밀을 사들였고 9월 만기로 인도 예정인 선물 계약을 점점 더 많이 인수했다. 당시 시카고는 약 1,500만 부셸까지 밀을 저장할 수 있었고 허친슨은 현물 시장을 통해 시카고에서 살 수 있는 대부분의 밀을 매점매석했다.

몇 년 전 허친슨의 평균 실현가격은 부셸당 90센트를 밑돌았다. 하지만 이제 그는 존 쿠다히John Cudahy, 에드윈 파드리지Edwin Pardridge, 냇 존스Nat Jones 등 거물급 공매자들과 맞부딪히게 되었다.

8월까지 밀 가격은 부셸당 약 90센트를 유지했다. 하지만 허친슨의 직감은 또다시 정확하게 들어맞았다. 갑작스러운 서리로 밀 수확량이 크게 감소한 것이다. 여기에 예기치 못한 대규모 곡물 부족 사태로 유럽인들의 밀 수입 수요까지 증가했다. 밀 가격은 오르기 시작했고 9월 22일에는 심리적 저지선인 1달러가 붕괴되었다.

계약 만기까지 사흘을 앞둔 9월 27일, 밀 가격은 1.05달러까지 올랐다. 상승세는 여기서 멈추지 않고 1.28달러까지 치솟았다. 선택을 잘못한 시장 참가자들은 당황하기 시작했고, 공매자들은 포지션을 청산하기 위해 쇼트 스퀴즈short squeeze(하락을 예상하고 공매도를 했던 투자자들이 주가 혹은 상품가 상승으로 손실이 발생해 추가 손실을 막기 위해 더욱 사들이는 상황—옮긴이)를 해야만 했다. 허친슨은 실물 시장에서 자신의 포지션을 이용해 가격을 통제했다. 그러다가 만기 하루 전인 9월 29일, 그는 거물급 공매자들에게 1.50달러의 가격을 제시했고 제가격을 2달러로 올렸다. 그의 평균 실현가격을 감안한다면 150만 달러의 이익을 실현했을 것이다.

그 이후로도 허친슨의 투기는 그칠 줄 모르고 이어졌다. 하지만 다음 3년 동안 그는 한 푼의 수익도 내지 못했고, 결국 전 재산을 탕진하기에 이르렀다.

◆ 벤저민 피터스 허친슨은 실물 시장에서 밀을 사들이고 시카고상품거래소에서 선물 거래를 한 곡물 트레이더였다. 1866년과 1888년에 시카고에서 밀 시장을 장악한 허친슨은 몇 주 만에 투자금의 두 배를 수익으로 거두며 크게 한몫 잡았다.

◆ 1848년에 설립된 시카고상품거래소는 오늘날 전 세계에서 가장 오래된 상품선물거래소다. 훗날 시카고선물거래소는 수확량을 실물과 선물로 매수해 시장을 장악하는 관행을 불법이라고 선언했다.

◆ 시카고상품거래소와 시카고상업거래소는 2007년에 CME그룹으로 합병되었다.

1870년

아메리칸드림을 대표하는 부호, 록펠러의 석유제국

미국 남북전쟁은 최초의 오일 붐을 일으킨다. 바로 이 시기에 존 D. 록펠러는 스탠더드 오일을 설립한다. 록펠러는 공격적인 사업 전략을 통해 몇 년 지나지 않아 생산에서 정제, 운송, 물류 관리에 이르기까지 석유 시장 전체를 장악한다.

FROM TULIPS TO BITCOINS

"경쟁은 죄악이다."

| 존 D. 록펠러 |

현대의 석유 산업은 램프를 밝히던 고래기름 대신 석탄이나 석유를 연료로 사용하면서 시작되었다. 1859년 8월 27일 에드윈 드레이크Edwin Drake 대령은 펜실베이니아 타이터스빌 근처에서 값비싼 원유가 매장된 유정oil well을 발견했다. 2년 후 남북전쟁을 계기로 펜실베이니아에서는 오일 붐이 일어났다. 유가가 배럴당 100달러(오늘날 가격으로 환산한 가격) 이상으로 오른 것이다. 곧이어 펜실베이니아 북서쪽 농장 곳곳에 시추 장치가 들어서기 시작했고, 유정 근처는 물론이고 펜실베이니아의 피츠버그, 오하이오의 클리블랜드 등 주요

철도가 교차하는 도시들을 따라 수백 개의 소규모 정유 공장이 세워졌다. 뉴욕센트럴철도와 이리철도는 클리블랜드로 이어졌고 펜실베이니아철도의 중요한 동서 분기점은 피츠버그였다. 이 철로를 통해 운반되는 주요 화물은 여전히 곡물과 공산품이었지만 석유 제품도 빠르게 증가했다.

1863년 스물네 살의 존 데이비슨 록펠러John Davison Rockefeller는

원유에서 플라스틱까지

원유를 정제하면 경유, 중유, 등유, 휘발유 같은 다양한 석유 제품을 생산할 수 있다. 여기서 몇 단계 과정을 더 거치면 메테인계 탄화수소인 알칸alkane과 에틸렌계 탄화수소인 알켄alkene도 생산할 수 있다. 1920년대에 자동차가 빠르게 보급될 때까지 석유가 가장 많이 사용되었다. 헨리 포드는 자동차 연료로 에탄올을 쓰려고 했지만 스탠더드 오일 창립자인 록펠러 가문이 휘발유를 고집했고 결국 그렇게 되었다.

오늘날에도 석유는 여전히 가장 중요한 에너지원이다. 모든 산업의 핵심으로서 비료, 플라스틱, 페인트 같은 수많은 화학 제품의 기반이기도 하다. 원유 제품의 4분의 3은 교통수단에 사용되지만 다가올 미래에는 이모빌리티e-mobility(전통적인 화석연료가 아닌 전기를 동력으로 하는 운송수단―옮긴이)가 원유 지상주의에 도전장을 내밀 것이다.

동생 윌리엄과 함께 클리블랜드에 작은 정유소를 설립했다. 지독히도 가난한 독일 이민자의 아들로 태어난 존은 접시닦이 일을 하며 공부해 회계사가 되었다. 록펠러의 회사는 시장 변동 속에서도 번창했다. 오일 붐으로 원유 생산이 급증했고 1861년 원유 가격은 배럴당 20달러에서 10센트로 하락했다. 하지만 남북전쟁이 끝나고 1년 후인 1866년에는 다시 1.50달러를 넘어섰다.

1866년 존은 윌리엄과 함께 두 번째 정유소를 설립했고 1870년에는 회사를 재편해 스탠더드 오일 컴퍼니Standard Oil Company라고 명명했다. 1년 후에는 몇몇 정유소 소유자들과 연합해 철도 운영자들에게 운임을 할인받았다. 대신 철도 운영자들은 이들을 제외한 다른 경쟁사들에게 운임을 올려 받았고 이로 인해 결국 1872년에 오일전쟁이 일어났다.

그해 말 록펠러는 미국 정유업체의 80퍼센트를 대표하는 미국정유협회 회장직을 맡았다. 이후 스탠더드 오일을 계속 공격적으로 확장해 1873년에는 펜실베이니아주의 모든 정유업체를 인수하거나 통제하기에 이르렀다.

록펠러는 1875년부터 1878년에 걸쳐 미국 15개 대규모 정유회사 소유주들을 설득해 스탠더드 오일에 흡수하려고 했다. 작은 회사들은 자연스럽게 스탠더드 오일에 합병되거나 도산했다. 기업가들은 록펠러에게 시장가의 반값도 안 되는 가격에 회사를 넘겼다. 스탠더드 오일은 이미 1882년에 미국 정유업의 90퍼센트 이상을 장악했다.

1861~2018년 원유 가격

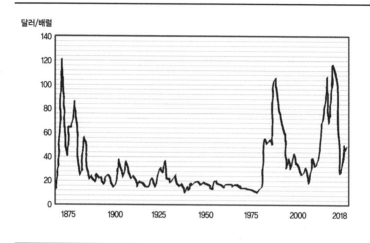

출처 | BP 에너지 통계 리뷰, 2019.

록펠러는 파이프라인과 유통망으로도 눈을 돌렸다. 그는 다른 판매망을 몰아내고 자신만의 판매망을 구축했다. 1882년 후반에는 미국석유거래소가 뉴욕에 생기면서 석유 선물 거래가 활발해졌다. 마침내 스탠더드 오일은 생산에서 가공, 수송, 물류에 이르기까지 사실상 미국의 원유 가치사슬value chain 전체를 지배하게 되었고 세계 석유 시장으로도 지배력을 확장하기 시작했다.

록펠러는 사업을 다각화하며 제국을 키워나갔다. 하지만 그의 공격적인 사업 전략 때문에 미국에서 처음으로 반독점법이 생겨났다. 1911년 미국 대법원은 스탠더드 오일의 해체를 명령했다. 스탠더드 오일의 주가는 물속에 던져진 돌덩이처럼 하락했다. 그럼에도 불구하고 록펠러는 대량의 주식을 되살 수 있었고 이후 몇 년 동안 록펠러의 재산은 계속 증가했다. 게다가 제1차 세계대전이 발발하고 자동차가 늘어나고 산업화가 가속화됨에 따라 석유 수요는 급격히 늘어났다.

마침내 스탠더드 오일은 34개의 회사로 해체되었고 거기서 오늘날의 엑손모빌ExxonMobil과 셰브론Chevron이 탄생했다. 스탠더드 오일의 다른 부문들은 청산되거나 다른 석유회사에 흡수되었다.

1913년 록펠러의 총자산은 약 9억 달러로 오늘날의 가치로 환산하면 3,000억 달러에 달했다. 2019년에 《포브스》가 세계 최고 부호로 선정한(이혼 전에는 그랬다) 아마존 설립자이자 CEO인 제프 베이조스Jeff Bezos의 개인 자산보다 두 배나 많다.

록펠러의 아들 넬슨은 유력한 미국 대통령 후보였지만 실패한 뒤 1974년에서 1977년까지 부통령으로 재임했다. 록펠러의 막냇손자인 데이비드는 2017년에 사망했다. 오늘날까지도 록펠러라는 이름은 막대한 부와 자선 활동의 상징으로 여겨진다.

◆ 미국 남북전쟁은 역사상 최초의 오일 붐을 초래했다. 1861년 유가는 100달러(오늘날의 화폐 가치)를 넘어섰다.

◆ 존 D. 록펠러는 미국 원유 시장뿐만 아니라 전 세계 시장까지 장악한 스탠더드 오일을 설립했다.

◆ 접시닦이였던 록펠러는 억만장자가 되어 아메리칸드림을 몸소 실현해보였다. 2019년에도 그의 이름은 측정 불가능한 부를 상징한다.

◆ 스탠더드 오일은 해체되었지만 엑손모빌과 셰브론 같은 후속 기업들은 오늘날에도 여전히 건재하다.

1872년

시카고 대화재,
밀 시장을 조작하다

1871년 10월, 시카고 대화재로 시카고의 대다수 지역이 파괴되고 10만 명 이상이 집을 잃는다. 밀 저장량도 크게 감소한다. 트레이더 존 라이언은 이때가 큰돈을 벌 기회라고 여긴다.

"소방관은 직업이 아니다. 당신 그 자체다."

| 드라마 〈시카고 파이어〉 |

1871년 여름, 미국 중서부 지역은 불볕더위로 뜨겁게 달아올랐다. 시카고와 주변 지역에는 7월부터 10월 사이에 비가 3센티미터밖에 내리지 않았다. 저수지도 거의 바닥을 드러냈고 작은 화재가 수시로 발생했다. 그러던 10월 8일, 어느 헛간에서 불이 났고 '시카고 대화재'라고 불리는 재앙이 시작되었다.

남서쪽에서 불어오는 바람에 불길이 번져 주변 집들이 순식간에 화마에 휩싸였다. 불길은 빠르게 확산되어 도시 중심과 시카고강 건너까지 덮쳤다. 화재 진압에 이틀이 걸렸고 8제곱킬로미터가 넘는 지역에 1만 7,000개의 건물이 파괴되었다. 시카고 주민 3분의 1이 집을 잃은 것이다. 이 화재로 시카고 대부분의 지역뿐 아니라 시카고상품거래소의 창고 17개 중 6개가 부서졌다. 그 바람에 밀 저장 용량이 약 800만 부셸에서 550만 부셸로 감소했다. 밀 트레이더 존 라이언은 이 틈에 다른 트레이더인 휴 마허와 시카고상품거래소 중개인 P. J. 다이아몬드와 함께 밀 시장을 조작하려고 했다.

상품으로서의 밀

선물 거래소에서는 다양한 품종의 밀이 거래된다. 미국에서 밀은 시카고상품거래소와 캔자스시티상품거래소에서 거래된다. 양적으로는 시카고 소프트레드윈터Soft Red Winter 밀(연질밀)이 캔자스 하드레드윈터Hard Red Winter 밀(경질밀)보다 훨씬 많다. 시카고 밀은 텍사스 중부에서 오대호와 대서양에 이르는 지역에서 주로 재배된다. 캔자스 밀은 주로 캔자스, 네브래스카, 오클라호마, 텍사스 일부 지역에서 자란다.

시카고상품거래소에서 밀은 부셸당 센트 단위로 거래되고 약어 W에 계약 만기월을 뜻하는 문자와 숫자로 표기한다(예를 들어 2019년 12월 인도분 밀은 W Z9으로 표기한다). 밀은 계약 한 건당 5,000부셸 단위로 거래되는데 1부셸은 27.2킬로그램이다. 톤 단위로 환산하면 약 136톤이다.

1872년 봄 라이언 일당은 현물 시장과 선물 시장에서 밀을 사들이기 시작했다. 밀 가격은 7월 초에 계속 상승해 8월 인도분은 부셸당 1.16달러에서 1.18달러 사이에 거래되었다. 7월 초에는 하루 평균 약 1만 4,000부셸의 밀이 시카고에 도착했다. 7월 말경에는 밀 가격이 1.35달러로 올랐다. 이에 따라 시카고에 도착하는 밀의 양도 덩달아 증가했다.

8월 초에는 하루에 2만 7,000부셸의 밀이 들어왔다. 하지만 라이언의 운은 아직 다하지 않았다. 또 다른 창고가 불에 타면서 시카고의 밀 저장량은 또다시 30만 부셸까지 감소했다. 게다가 악천후로 수확량이 평균을 밑돌 것이라는 소문이 돌자 밀 가격은 더욱 치솟았다. 이 두 가지 요인이 겹치면서 8월 10일 밀 가격은 1.50달러까지 뛰었다. 하지만 이때부터 운명의 수레바퀴가 방향을 바꾸기 시작했다.

높은 가격에 자극을 받은 농부들은 밀 수확 속도를 높였다. 그들은 밤에도 밀을 수확했다. 8월 둘째 주에는 하루에 약 7만 5,000부셸의 밀이 시카고에 도착했다. 일주일 후에는 17만 2,000부셸까지 늘어났다. 이후 8월 내내 하루에 20만 부셸에 달하는 밀이 시카고에 들어왔다.

시카고에서 버펄로로 수송되던 밀도 시카고의 밀 가격이 오르면서 다시 시카고로 돌아왔다. 창고가 새로 세워지면서 저장량도 늘어나 밀 저장량은 1,000만 부셸을 넘어섰다. 시카고 대화재 전보다 200만 부셸이 증가한 것이다.

라이언 일당은 수익과 가격을 안정시키기 위해 시카고로 들어오는 밀을 모두 사들이기 시작했다. 하지만 이미 지역 은행에서 대출을 받은 상태였고 추가로 필요한 자금을 구할 방법이 없었다.

8월 19일 월요일 라이언은 결국 실패를 인정해야 했다. 더 이상 현물 시장에서 밀을 사들일 수가 없었다. 8월 인도분 밀 가격은 25센트가 하락했다. 이튿날은 17센트 더 떨어졌다. 밀 시장을 조작하려던 라이언의 시도는 파산으로 끝을 맺었다.

| K E Y P O I N T |

◆ 1871년 시카고 대화재로 엄청난 재산상의 피해가 발생했고 10만 명 이상이 집을 잃었다.

◆ 곡물 창고가 급격하게 줄어들면서 존 라이언을 비롯한 투자자 집단은 밀 시장에서 커다란 기회를 포착했다. 그들은 밀 시장을 장악하려고 했지만 밀 가격이 오르자 시카고에 들어오는 밀의 양도 증가했다. 처음에 1.60달러까지 치솟았던 밀 가격은 결국 폭락했다.

◆ 라이언 일당은 마진콜margin call(투자 손실로 발행하는 추가 증거금 요구—옮긴이)을 맞출 수 없었다. 시장을 장악하려던 그들의 시도는 파산으로 끝을 맺었다.

1956년
위기에서 수익의 기회를 찾는
오나시스

상류사회의 대명사 아리스토텔레스 오나시스는 미다스의 손을 가졌다. 혜성처럼 등장한 그는 세계 최대의 화물선과 유조선 선단을 꾸리고, 초대형 유조선 건조와 원유 수송 사업으로 큰돈을 벌어들인다. 또한 사우디아라비아 왕족과 독점 계약을 맺고 수에즈운하를 둘러싼 갈등에서 승자가 된다.

FROM TULIPS TO BITCOINS

"사업 성공의 비결은
아무도 모르는 무언가를 먼저 아는 것이다."

| 아리스토텔레스 오나시스 |

2005년 12월 초 스무 살의 세계 최연소 억만장자 아티나 루셀
Athina Roussel은 서른두 살의 브라질 올림픽 승마 선수 알바로 알폰소
데 미란다Albaro Alfonso de Miranda와 결혼식을 올렸다. 상파울루에서
열린 결혼식에 참석한 1,000명의 하객을 위해 뵈브클리코 1,000병이
마련되었다. 아티나는 오나시스의 마지막 혈육으로, 그의 재산을 물
려받은 유일한 상속자였다. 그녀의 할아버지인 선박왕 아리스토텔
레스 오나시스Aristoteles Onassis가 살아 있었다면 거의 백 살이 되었
을 것이다.

1950년대부터 1970년대까지 상류사회의 중심인물이었던 아리스토텔레스 오나시스는 초대형 유조선을 건조하고 원유를 수송해 큰돈을 벌었다. 록펠러처럼 오나시스도 부와 행운의 동의어가 되었다. 하지만 그가 어떻게 그런 명성을 얻었는지는 명확하게 밝혀지지 않았다.

오나시스 일가는 원래 담배 무역으로 부를 쌓았다. 스미르나라는 도시에 자리잡은 오나시스의 아버지는 선박 열 척을 소유하고 있었다. 오나시스는 좋은 교육을 받아서 열여섯 살에 이미 그리스어, 터키어, 영어, 에스파냐어까지 4개 언어를 구사할 수 있었다. 하지만 제1차 세계대전 이후 그리스의 지배 아래에 있었던 스미르나(이즈미르)를 1922년에 터키가 탈환하면서 오나시스의 가족은 모든 것을 버리고 탈출해야 했다. 사실상 빈털터리가 된 오나시스는 아르헨티나로 이주해 담배 수입으로 돈을 벌었다. 그 밖에도 임시직을 전전하며 생계를 이어갔다.

1930년대의 세계 대공황 속에서 오나시스는 대규모 원유 수송 사업의 기회를 포착했다. 심각한 재정난에 빠진 캐나다국영증기선회사가 화물선 10여 척을 팔려고 내놓았다는 소문이 돈 것이다. 오나시스는 그동안 모아둔 자금을 모두 털어 허름한 선박 여섯 척을 원래 가격의 10분의 1인 12만 달러에 구입했다.

이 대담한 한 수가 오나시스 제국의 기반이 되었다. 뒤이은 경기 회복으로 선박 구매가 호재로 작용한 것이다. 제2차 세계대전이 일어날 무렵 오나시스의 선단은 화물선과 유조선 46척 규모로 성장했고, 오나시스는 그 선박들을 좋은 조건으로 연합군에게 대여해주었다.

전쟁 중에 오나시스의 선박들은 중립국 파나마 국기로 깃발을 바꾸어 달아 해전에 휘말리지 않았다. 전쟁으로 점점 더 많은 화물선이 파괴되면서 오나시스의 선단 이용료는 높아졌고, 종전 이후 오나시스는 선박을 더 많이 늘려서 세계 최대의 민간 상업 선단을 구축했다. 1950년에는 독일의 조선업체 호발트Howaldt에 길이 236미터짜리 초대형 유조선 건조를 의뢰했다.

하지만 마흔여덟 살의 오나시스가 두각을 나타낸 것은 1954년 봄이었다. 그는 암거래와 연줄을 통해 사우디아라비아 왕족과 수익성 높은 계약을 맺었다. 사우드 왕에게 원유 수송 독점권을 얻어냈을 뿐아니라 거의 매달 사우디아라비아로부터 새로운 초대형 유조선 건조 계약을 따냈고 원유 판매에도 참여했다. 오나시스와 사우디아라비아는 합작해 사우디아라비아에서 생산되는 원유의 약 10퍼센트를 수송할 수 있는 선박을 25척에서 30척 정도 보유하는 것을 목표로 사우디아라비아 유조선회사를 설립했다.

아라비안 아메리칸 오일, 즉 아람코Aramco는 규정에 따라 전세 선박 대신 사우디아라비아 선박을 이용해야 했다. 뉴저지 스탠더드 오일과 캘리포니아 스탠더드 오일, 소코니 배큐엄Socony Vacuum, 텍사스 코퍼레이션Texas Co.의 합작 투자회사인 아람코는 1933년부터 이븐 사우드Ibn Saud 왕과 양해 계약을 맺고 전 세계 원유 생산량의

10퍼센트를 장악했다. 원래 사우디아라비아에서 생산된 원유의 절반 정도는 파이프라인을 통해 레바논으로 수송되었고, 나머지 절반은 유조선으로 운송되었다. 유조선 시장에서 원유의 40퍼센트는 아람코 소유의 유조선이 운송했고, 나머지 60퍼센트는 전세 선박이 차지했다.

오나시스는 이러한 수송 시스템을 무너뜨리면서 강력한 적을 만들었다. 미국은 자국의 영향력을 지키기 위해 그 계약을 막으려 했다. 1950년대에 원유 공급량의 90퍼센트를 중동(중동의 최대 원유 생산국은 사우디아라비아였다)에서 조달했던 유럽도 냉담한 반응을 보였다. 결국 오나시스와 사우디아라비아의 계약은 무산되었고, 오나시스는 새로운 화물 수송 계약을 따내지 못해 전 세계 조선소에 선박들을 묶어둘 수밖에 없었다. 그리스 거물의 제국이 붕괴되기 시작했다. 하지만 1956년에 수에즈운하 위기가 터지면서 오나시스는 구원받았다.

원유의 경제적 중요성이 커지면서 유럽 국가들은 생산국에서 원유를 들여오기 위해 수에즈운하에 점점 더 의지하게 되었다. 하지만 수에즈운하를 장악한 신임 이집트 대통령 가말 압델 나세르Gamal Abdel Nasser가 국수주의 정책을 펼치면서 프랑스와 영국뿐 아니라 이스라엘과의 갈등도 점점 더 깊어졌다. 이집트는 이스라엘 선박을 막으려고 아카바만과 수에즈운하를 막았다. 그러고 나서 1956년 7월 26일 나세르는 수에즈운하를 국유화했다.

영국 수상 앤서니 이든Anthony Eden은 이스라엘, 프랑스와 함께 맞았다. 10월 29일 이스라엘은 가자지구와 시나이반도를 침공해 수에즈운하까지 빠르게 치고 올라왔다. 이틀 후 영국과 프랑스는 이집트 공항에 폭탄을 투하했다. 이집트군은 순식간에 패배했지만 전쟁은 1956년 12월 22일에서야 끝이 났다. 수에즈운하는 침몰한 선박들에 가로막혀 1957년 4월까지 이용할 수 없었다.

수에즈운하 위기는 오나시스에게 구원의 손길이었다. 오나시스 외에는 원유를 수송할 능력을 갖춘 선주가 없었기 때문이다. 오나시스는 100척이 넘는 유조선을 보유한데다 사실상 경쟁자도 없어서 운임을 두 배로 올릴 수 있었다. 그는 그렇게 다시 부를 축적해나갔다. 1967년에 일어난 6일전쟁도 오나시스에게는 또 다른 호재로 작용했다. 훗날 1973년 석유 파동 당시 오나시스의 올림픽해양회사Olympic Maritime Company는 1억 달러 이상의 수익을 올렸다.

그 무렵 오나시스의 개인 자산은 10억 달러 이상인 것으로 추산되었다. 오나시스는 다른 기업들을 인수해 다각화를 꾀했다. 제네바의 은행들을 사들였고, 올림픽항공을 설립했으며, 뉴욕 5번가에 올림픽타워를 건설했다. 그리스의 스코르피오스섬도 구입했다. 그는 지루하고 조용한 도시였던 모나코에 푹 빠져 도시를 완전히 탈바꿈시켰다. 몬테카를로에서는 아름다운 호텔들과 수십 채의 주택과 빌라를 사들였고, 공공시설과 비치 클럽을 건설했으며, 항구와 카지노를 재건했다. 오나시스는 자신의 요트에서 전설적인 행사를 개최해 존 F. 케네디 대통령과 윈스턴 처칠, 어니스트 헤밍웨이를 비롯해 정재계와 할리우드 상류층 인사들을 초대했다. 또한 그는 모나코 왕자 레니에 3세와 미국 여배우 그레이스 켈리를 맺어주고 모나코를 부유하고 아름다운 천국으로 건설하는 데 기여했다.

◆ 아리스토텔레스 오나시스는 거대한 유조선 선단으로 원유를 수송하고 사우디아라비아 왕족과 돈독한 관계를 맺어 큰돈을 벌었다.

◆ 오나시스는 1956년의 수에즈운하 위기와 1970년대 석유 파동 덕에 막대한 부를 쌓았다.

◆ 개인 자산이 10억 달러 이상이었던 오나시스는 모나코의 레니에 왕자를 지지했고 모나코공국을 아름답고 부유한 나라로 만들었다.

1963년
뉴저지에서의 숨바꼭질,
콩기름 스캔들

콩기름은 1963년 미국 신용위기를 부추긴다. 콩 시장을 장악하려는 시도는 혼란을 초래하고, 많은 회사를 파산에 이르게 했고, 1억 5,000만 달러, 오늘날 가치로 12억 달러의 재산 손실을 입힌다. 이로 인해 아메리칸 익스프레스, 뱅크 오브 아메리카, 체이스 맨해튼 등이 피해를 입었다.

"당신은 많은 동료 미국인에게 엄청난 손실을 입혔다."

| 레이니어 워튼다이크, 미국 연방 판사 |

언뜻 보면 한 편의 할리우드 영화 같다. 회사 직원들이 미국 역사
상 최대 신용 사기를 숨기기 위해 콩기름 탱크에 물을 가득 채워 창
고 조사관들을 속였으니까. 이 모든 것은 사상누각과 같은 콩 시장을
장악하려는 시도의 일환이었다. 콩 시장의 폭락은 1억 5,000달러(오
늘날 가치로 약 12억 달러)가 넘는 재산 손실을 가져왔고 그 여파는 미국
경제 전반으로 확산되었다.

이와 같은 대폭락의 중심에는 앤서니 (티노) 데 안젤리스Anthony
(Tino) de Angelis가 소유한 뉴저지의 회사 얼라이드 크루드 베지터블

오일Allied Crude Vegetable Oil이 있었다. 이 사태는 2008년의 리먼 브라더스 사태와 유사하게 진행되었다. 1963년 11월 어느 날 저녁, 월스트리트의 중개회사 아이라 하우프트 앤드 컴퍼니Ira Haupt & Co.의 직원들은 모턴 케이머먼Morton Kamerman과 함께 회의실에 모여 데안젤리스와 전화 통화를 했다. 대화가 격해지자 데 안젤리스는 케이머먼이 회사를 망쳤다고 비난했다. 케이머먼은 회사의 상품 거래를 책임지는 사람이 아니었지만 데 안젤리스가 중요한 고객임은 잘 알고 있었다. 아이라 하우프트 앤드 컴퍼니 직원들은 콩기름을 대량으로 구매할 사람을 필사적으로 찾았지만 별다른 성과는 없었다. 다음 날 아침 케이머먼은 얼라이드 크루드 베지터블 오일이 파산하면 아이라 하우프트 앤드 컴퍼니도 파산을 면치 못할 것이라는 사실에 직면해야 했다.

상품으로서의 콩

주로 으깨서 기름과 가루로 사용하는 콩은 미국의 콘벨트(일리노이와 아이오와)와 브라질, 아르헨티나에서 주로 생산되어 수출된다. 이 국가들의 콩 수확량을 모두 합치면 약 2억 1,500만 톤에 달하는데, 이는 전 세계 콩 수확량의 약 80퍼센트를 차지한다. 대부분의 생산 과정에서는 콩기름을 먼저 추출하고 나머지 덩어리는 주로 공업용 원료로 쓰인다.

1960~1964년 콩기름 가격

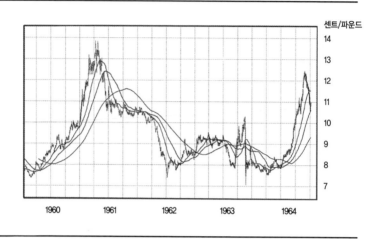

출처 | 블룸버그, 2019.

데 안젤리스는 1955년에 얼라이드 크루드 베지터블 오일을 설립하고 정부 보조금을 받아 재배한 콩을 구매하고 그것으로 콩기름을 추출해 수출했다. 1915년 이탈리아 이민자의 아들로 태어난 데 안젤리스는 뉴욕 브롱크스에서 자랐다. 훗날 그는 트레이더가 되어 면화와 콩을 거래하기 시작했고, 1958년부터 1962년 사이에 뉴저지의 베이온에 정제 공장을 세우고 5층 건물만큼 커다란 기름 탱크 139개를 임대했다. 얼라이드 크루드 베지터블 오일은 아메리칸 익스프레스의 자회사 아메리칸 익스프레스 웨어하우징에 콩기름의 저장과 검사, 인증을 맡겼다. 1962년 데 안젤리스는 미국에서 유통되는 콩기름과 면유의 약 4분의 3을 책임졌다. 하지만 경쟁이 치열한 업계에서 급속도로 성장하는 회사의 재정을 충당하기 위해 콩기름을 담보로 신용 대출을 받아 자본이익률을 높이는 레버리지 투자를 늘렸다.

바로 여기서 사기극이 시작되었다. 사실 얼라이드 크루드 베지터블 오일에는 대출 담보로 내놓을 만큼 콩기름이 많지 않았다. 미국 농무부의 월별 보고서에 따르면 아메리칸 익스프레스 웨어하우징이 면밀히 조사한 끝에 데 안젤리스는 미국에서 구할 수 있는 것보다 훨씬 많은 콩기름을 보유하고 있어야 했다는 사실이 밝혀졌다. 하지만 데 안젤리스는 베이온의 탱크에 저장할 수 있는 콩기름 가치의 세 배가 넘는 신용 대출을 받았다. 그의 직원들은 탱크에서 탱크로 콩기름을 퍼서 옮기거나 탱크에 콩기름은 조금만 넣고 나머지는 물로 채워 담보를 확인하러 나온 조사관들을 속였다. 그들은 이런 식으로 신용 대출을 이어갔다.

하지만 회사는 이렇게 받은 신용 대출금을 사업에 투자한 게 아니라 시카고상품거래소에서 콩 선물 투기에 쏟아부었다. 데 안젤리스는 콩 가격 상승에 크게 베팅했다. 예치해야 하는 증거금은 선물 매입 총액의 약 5퍼센트에 불과했다. 그런데도 데 안젤리스는 더욱 많은 포지션을 확보해 전체 시장을 장악하려 했고 그러려면 신용 대출을 더 많이 받아야 했다.

데 안젤리스는 이미 월스트리트 중개회사 아이라 하우프트 앤드 컴퍼니와 J. R. 윌리스턴 앤드 빈Williston & Beane과 선물 거래를 하고 있었다. 이 회사들은 존재하지도 않는 콩기름 비축량을 담보 삼아 신용 대출을 늘려주기로 했고 상업은행 체이스 맨해튼과 콘티넨털 일리노이의 보증을 받아 자금을 마련했다.

1963년 중반, 데 안젤리스는 콩을 약 1억 2,000만 달러, 12억 파운드 수준까지 보유했다. 콩 가격이 1센트만 달라져도 1,200만 달러를 벌거나 잃는 셈이었다. 데 안젤리스는 한동안 선물 거래로 이득을 보았다. 1963년 가을, 겨우 6주 만에 콩 가격은 파운드당 9.20달러에서 10.30달러로 상승했다. 하지만 11월 15일에는 시장이 폭락했다. 미국 곡물을 더욱 많이 구매하겠다는 러시아의 계획과 이에 대한 부정적 반응 때문이었다.

결국 네 시간 만에 콩기름 가격은 파운드당 7.60달러로 하락했고 시카고상품거래소는 아이라 하우프트 앤드 컴퍼니에 추가 증거금을 요구했다. 하지만 아이라 하우프트 앤드 컴퍼니는 주고객인 데 안젤리스가 추가 증거금을 낼 형편이 아니었기 때문에 요구에 응할 수 없었다. 미국과 영국의 은행에서 또다시 대출받은 3,000만 달러도 아이라 하우프트 앤드 컴퍼니를 구제하기에는 충분하지 않았다. 월리스턴 앤드 빈은 자기 자본 감소로 월스턴 앤드 컴퍼니Walston & Co.와 합병할 수밖에 없었다.

얼라이드 크루드 베지터블 오일은 결국 파산했다. 채권자들이 얼라이드 크루드 베지터블 오일의 탱크를 좀더 자세히 조사한 결과 콩기름이 18억 파운드가 아니라 1억 파운드밖에 없다는 사실이 드러났다. 현금으로 계산하면 그 차액은 약 1억 3,000만 달러에 달했다.

이 사태로 은행과 중개회사, 기름 트레이더, 창고회사가 영향을 받았다. 뱅크 오브 아메리카, 체이스 맨해튼, 콘티넨털 일리노이, 월 리스턴 앤드 빈, 번지, 하버 탱크 스토리지 같은 대형 기업들도 피해를 입었다. 주요 피해자는 아메리칸 익스프레스 웨어하우징의 모회사 아메리칸 익스프레스였다. 아메리칸 익스프레스는 43개 회사와의 소송에 맞서기 위해 1억 달러가 넘는 거금을 들여야 했다. 데 안젤리스의 사기 행각이 보도된 후 아메리칸 익스프레스의 주가는 50퍼센트 이상 하락했다. 하지만 이틀 후 존 F. 케네디 대통령이 댈러스에서 암살당하는 바람에 데 안젤리스의 사기 행각은 관심 밖으로 밀려났다.

아이라 하우프트 앤드 컴퍼니는 거의 4,000만 달러에 달하는 채무를 이행할 수 없었고 2만 명이 넘는 회사 고객은 피해를 입었다. 이보다 더욱 심각한 문제는 미국 경제의 명성에 커다란 타격을 입었다는 것이다. 데 안젤리스는 1965년에 사기죄로 10년형을 선고받았다.

◆ 1963년에 앤서니 데 안젤리스와 그의 회사 얼라이드 크루드 베지터블 오일은 2008년 리먼브라더스 파산 이전에 발생한 최대 기업 파산의 진원지에 있었다.

◆ 얼라이드 크루드 베지터블 오일은 재고량을 속이는 대담한 사기 행각으로 막대한 신용 대출을 받아 시카고에서 콩 가격 상승과 콩기름 선물 거래에 투기했다. 결국 1963년 11월에 콩 시장은 폭락했고 얼라이드 크루드 베지터블 오일도 함께 파산했다.

◆ 수십여 개의 은행과 중개회사, 기름 트레이더, 창고회사가 이 사기극에 휘말렸고, 그중에는 아메리칸 익스프레스와 뱅크 오브 아메리카, 체이스 맨해튼 같은 유명한 업체도 있었다.

◆ 하지만 이 엄청난 사기극은 이틀 후에 발생한 존 F. 케네디 대통령 암살 사건에 묻혀 관심 밖으로 밀려났다.

1972년
곡물 대탈취 사건,
전 세계 곡물 가격이 폭등하다

소련이 미국산 밀을 대량으로 사들이기 시작하면서 현지 밀 가격은 세 배로 뛴다. 리처드 데니스는 이 기회를 이용해 상품 거래에서 엄청난 커리어를 쌓는다.

"늘대들 사이에서 살아남으려면
늘대처럼 행동해야 한다."

| 니키타 흐루쇼프 |

자본 시장의 역사에서 1972년은 '곡물 대탈취 사건'의 해로 알려져 있다. 소련의 곡물 작황이 부진하자 당국자들이 미국 전역을 돌아다니면서 최대한 많은 밀을 사들인 것이다. 이는 곡물 시장뿐 아니라 리처드 데니스Richard Dennis라는 젊은 트레이더의 커리어에도 크게 영향을 미쳤다.

1970년대 초 미국은 금본위제를 폐지해나갔고 그 결과 달러는 약세로 돌아섰다. 같은 시기, 밀은 1달러에 가까운 가격으로 거래되었다. 역사상 가장 낮은 가격이었다. 정부에서 밀 생산을 크게 보조해

주었기 때문에 그다지 놀랄 일은 아니었다. 하지만 달러 약세가 이어지면서 많은 농산품을 비롯한 미국 제품의 경쟁력이 점점 높아졌다. 결과적으로 수출이 증가했고, 수출량과 더불어 가격도 상승하기 시작했다. 잠자고 있던 곡물 가격도 천천히 깨어나 오름세를 보였다.

날씨는 늘 농산물 가격에 영향을 미치는 주요 변수다. 몇 년 동안 풍작이 이어진 후 전 세계 곡물 생산량은 1972년에 감소하기 시작했다. 날씨가 나빠지면서 미국, 캐나다, 오스트레일리아, 소련 같은 주요 생산 국가의 곡물 수확량이 줄어들었다. 1970~1971년 생산량과 비교했을 때 1973~1974년 밀 재고량은 오스트레일리아 93퍼센트,

1970~1977년 밀 가격

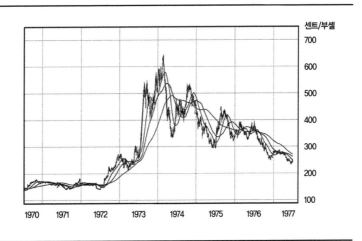

출처 | 블룸버그, 2019.

71

캐나다 64퍼센트, 미국 59퍼센트로 줄어들었다. 재고량이 위태로울 정도로 감소했다.

1972년 7월과 8월에 소련은 미국산 밀 1,200만 톤을 구매했다. 자국 생산량의 30퍼센트에 해당하는 양이었고, 순가치로는 약 7억 달러에 달했다. 농부들이 이미 수요를 맞추지 못해 어려움을 겪고 있었기 때문에 가격은 1970년대 초에 2달러 미만에서 1974년 2월에 6달러로 급격히 올랐다. 옥수수 가격도 1.5달러 미만에서 4달러까지 상승했고 콩 가격은 세 배로 뛰어 1973년 6월에 12달러를 초과해 최고치를 기록했다.

기후 문제

주로 수출되는 캔자스 밀(하드레드 윈터 밀)의 수확량은 한해 세 차례의 변덕스러운 날씨의 영향을 받아 수확량이 불안정해질 수 있다. 늦가을 날씨는 너무 덥고 건조하거나 너무 춥고 습해서 곡물 발아에 좋지 않다. 겨울에 갑작스럽게 기온이 변하면 곡물 성장에 지장이 생긴다. 마지막으로 봄에 비가 내리면 가루받이가 잘 이루어지지 않는다. 이런 이유로 곡물의 질과 양, 가격은 늘 들쑥날쑥하다.

급격한 곡물 가격 상승은 젊은 데니스에게 호재로 작용했다. 시카고에서 공부하고 루이지애나의 털레인대학교에 다녔던 데니스는

1966년에 열일곱 살의 학생 신분으로 시카고상업거래소에서 일하기 시작했다. 그는 가족에게 2,000달러를 빌려서 투자를 시작했다. 처음에는 미드아메리카상품거래소에서 소규모 거래를 하다가 나중에는 시카고상업거래소로 활동 무대를 옮겼다.

1972년 스물세 살의 데니스는 농업 시장의 새로운 트렌드를 파악했다. 밀 가격 상승에 베팅해 성공한 것이었다. 1년 후인 1973년에 데니스의 초기 자본은 10만 달러까지 늘었다. 경향을 분석하고 포지션을 공격적으로 늘리고 투자를 계속 유지한 덕분이었다. 1974년 그는 콩 거래로만 50만 달러의 수익을 올렸고 그해 말에는 스물다섯 살의 나이에 백만장자가 되었다.

그로부터 3년 후 역사는 반복되었다. 1977년 소련 서기장 레오니트 일리치 브레즈네프Leonid Ilich Brezhnev는 소련의 밀 수확량이 2억 톤에 미치지 못한다고 발표했다. 하지만 미국 농무부와 정보위원회는 풍년을 예상하고 있었기 때문에 이 소식은 시장을 발칵 뒤집어놓았다.

그 무렵 소련은 이미 미국, 캐나다, 오스트레일리아, 인도에서 1,800만 톤에서 2,000만 톤의 밀을 사들였다. 전 세계 밀 생산량은 약 6억 톤이었지만 유엔식량농업기구FAO의 자료에 따르면 그중 소량만이 세계 시장에서 거래되었다. 대부분의 밀은 생산국에서 소비했기 때문에 세계 시장 가격은 국제 거래의 비교적 작은 변화에도 크게 요동칠 수 있었다.

한편, 데니스는 승승장구했다. 1980년대 초반 그의 자본금은 약

2억 달러까지 증가했다. 서른다섯 살에 그는 '객장의 왕자'로 알려졌고, 세계에서 가장 유명한 트레이더가 되었다. 1983~1984년에는 21명의 남녀를 모집해 상품 거래를 가르쳤다. 그들은 훗날 '터틀 트레이더Turtle Trader'라고 알려졌는데, 데니스가 자주 인용하는 "실험실에서 거북이를 기르듯이 트레이더를 양성할 수 있다"라는 말에서 파생되었다. 5년 뒤 터틀 트레이더들은 데니스에게 1억 7,500만 달러의 수익을 안겨주었다.

|K|E|Y| |P|O|I|N|T|

- 흉년 이후 소련 정부 관계자들은 신속하고 은밀하게 미국 밀 수확량의 30퍼센트를 구매했다. 그리하여 1972년은 '곡물 대탈취 사건'의 해가 되었다.

- 이런 소련의 행태와 곡물 부족으로 곡물 가격은 치솟았다. 1970년에 2달러였던 밀 가격은 1974년 2월에는 6달러를 웃돌았다. 24개월 만에 세 배 상승한 가격이었다. 옥수수 가격도 1.50달러에서 거의 4달러까지 올랐고 콩 가격은 1973년 여름에 12달러를 넘어섰다.

- 스물세 살의 리처드 데니스는 농업 시장의 새로운 트렌드를 파악하고 밀 가격 상승에 베팅했다. 2년 후 그는 백만장자가 되었고 10년 후에는 2억 달러의 수익을 올리며 세계에서 가장 유명한 트레이더가 되었다.

1973년
금본위제의 종말

금과 은은 몇 세기 동안 기축통화로 인정받았지만 19세기 후반에 은은 통화 기능을 상실하고 금은 1973년에 브레턴우즈체제가 무너질 때까지 유지된다. 많은 투자자가 국가 부채의 규모를 고려해 귀금속에 대한 투자를 다시 고민하기 시작한다.

"선택을 해야 한다. 금 본연의 안정성을 믿을 것인가,
아니면 정부 관계자들의 정직과 지능을 믿을 것인가.
존경하는 여러분에게 충고하는바,
자본주의 체제가 지속되는 동안은 금에 표를 던지시라."

| 조지 버나드 쇼 |

2011년 6월 미국 조폐국은 은화 판매량이 지난달보다 30퍼센트 증가했다고 발표했다. 미국의 공식 은화인 실버 이글스Silver Eagles 가 360만 개 이상 판매되자 미국 조폐국은 생산 한계에 이르렀고 더불어 은화 투자자들의 관심도 매우 높아졌다. 이와 비슷한 현상은 캐나다 왕립조폐국과 오스트레일리아 왕립조폐국, 그리고 빈필하모닉 주화를 발행한 오스트리아 조폐국에서도 보고되었다. 2011년 3월에는 유타가 다시 금과 은을 법정 화폐로 사용할지 고려 중이라는 기사가 신문 헤드라인을 장식했다. 유타만 그런 것이 아니었다. 콜로라

도, 조지아, 캐롤라이나, 테네시, 버몬트, 워싱턴도 금의 안정적인 가치를 다시 되살리려고 했다.

처음에 호기심을 보이는 것 같았던 많은 투자자는 고민에 빠졌다. 사실 금이나 은 같은 귀금속과 아무런 연관이 없는 종이 화폐 사용은 비교적 최근 일이다. 닉슨 대통령이 1971년 금태환을 중지하고, 1973년 고정 환율에 모든 통화를 금으로 태환하는 브레튼우즈체제가 붕괴하면서 1970년대 초반에야 금본위제가 폐지되고 명목화폐 fiat money로 대체되었다. 명목화폐는 정부가 화폐로 규정했지만 내재된 가치는 없는 통화다. 국제 금융 시장에서 명목화폐가 통용된 지는 아직 50년밖에 되지 않았다.

금본위제는 제1차 세계대전 때까지 널리 퍼져 있던 통화제도였다. 순수한 금본위제에서는 통화 공급량이 한 나라의 금 보유량과 동일했다. 하지만 1929년 대공황과 1931년 은행 위기가 잇따르면서 금본위제는 한계에 봉착했다. 영국에서는 1931년 9월에 파운드화의 금태환이 중지되면서 국제 금본위제의 몰락을 예고했다. 미국에서도 달러 가치를 점차적으로 떨어뜨리는 금본위제가 약화하기 시작했다. 1933년에 프랭클린 D. 루스벨트 대통령은 대공황을 극복하기 위해 종이 화폐를 더욱 많이 발행하고 사적인 금 소유를 불법으로 선언했다.

금과 은의 교환 비율

역사적으로 금본위제는 세계 금융 시장에서 짧은 과도기에 불과했다. 수세기 동안 지배적인 통화는 은이었다. 대부분의 국가는 은본위제나 복본위제Bimetallic Standard를 사용했다. 은본위제에서는 금본위제와 비슷하게 통화되는 모든 유통량을 은으로 제한했다. 한편, 복본위제에서는 금과 은 사이의 고정된 교환 비율을 추가적으로 정한다. 미국에서는 오랜 세월 금은비가金銀比價, 금과 은의 교환 비율이 1대 16이었다. 금은비가는 금 한 단위를 사려면 은 몇 단위가 필요한지를 말해주는 지표다.

은본위제와 금본위제가 모두 종식된 후 금은비가는 1대 10에서 1대 100 사이로 변동했다. 1980년대 초 금은비가는 1대 20 미만으로 떨어졌다가 1990년대 초에는 1대 100 직전까지 올라갔다. 2009년과 2010년에는 은값이 금값보다 훨씬 더 빠르게 상승했다. 금 1트로이온스를 구매하려면 2008년 말에는 은 80온스, 2011년 중반에는 은 40온스가 필요했다. 2019년에 금은비가는 1대 50까지 떨어졌다. 매년 채굴되는 각각의 금속량을 감안하면 장기적인 금은비가는 1대 10일 것이다.

제2차 세계대전 이후 세계 경제와 정치의 중심은 미국으로 이동했다. 브레턴우즈체제는 국제통화제도를 개편했고 금으로 뒷받침되

1973~2013년 금은비가

퍼센트

출처 | 블룸버그, 2019.

는 미국 달러는 새로운 준비통화가 되었다.

모든 중앙은행은 다른 중앙은행들과 금 1온스당 35달러의 고정 비율로 환전을 해야 했다. 1960년대부터 경상수지 적자가 늘면서 미국의 금 보유고는 점점 줄어들었다. 사회복지 지출이 늘고 베트남전 쟁으로 재정 부담이 커지면서 미국의 경상수지 적자 규모는 커졌고, 인플레이션은 심화되었으며, 달러의 국제적 신뢰도는 하락했다. 미국의 통화 공급량은 1970년에 최초로 금 보유량을 넘어섰다. 1971년 8월 닉슨 대통령은 달러의 금태환을 중지시켰다. 이른바 닉슨 쇼크라고 알려진 사건이었다. 하지만 1973년에야 비로소 브레턴우즈체제가 공식적으로 무너지고 모든 통화의 금태환이 중지되면서 변동 환율제로 전환되었다. 그 후 금본위제는 역사 속으로 사라졌다.

오늘날 중앙은행들과 국제통화기금IMF 같은 초국가적 조직들은 3만 3,000톤의 금을 보유하고 있다. 이는 지구상에 알려진 귀금속 비축량의 거의 20퍼센트에 달하는 양이다. 하지만 미국과 일본, 몇몇 유럽 국가를 포함한 많은 국가의 지불 능력이 또다시 관심사로 떠올랐다. 2007년 봄 미국의 부동산 위기로 국가 부채와 통화 공급량이 폭발적으로 증가하면서 재정 위기와 경제 위기를 타파하려는 조치들이 시행되었다.

전 세계 부채가 320조 달러로 불어나는 동안 국내총생산GDP은 겨우 80조 달러 상승했다. 달러의 구매력은 1971년 이후 90퍼센트 이상 감소했다. 포르투갈, 아일랜드, 그리스, 에스파냐를 비롯한 몇몇 유럽 국가뿐 아니라 미국도 국제신용평가 기관들의 신용 등급 하향 조정으로 일시적 타격을 입었다. 이런 상황에서 법정통화가 아닌 금은괴와 금은화가 투자자들에게 인기를 얻는 것은 놀랄 일이 아니다. 비트코인이 대체 통화로 등장한 것도 이상한 일이 아니다. 금으로 뒷받침되는 암호화폐가 명목화폐의 또 다른 대체화폐로 등장했다. 금본위제가 정부 기관이 아닌 민간 주도로 잿더미에서 되살아나는 것이다.

◆ 1933년 프랭클린 루스벨트 대통령은 행정명령 6102호를 발동해 골드바와 금화의 사적 소유를 불법으로 규정하고 이를 어길 시에는 10년 형에 처한다고 발표했다. 이로써 민간이 보유한 모든 금은 트로이온스당 20.67달러로 연방준비제도이사회에 넘겨서 종이 화폐로 교환해야 했다. 금 소유를 금지한 조치는 1975년 제럴드 포드 대통령 재임 시절까지 계속되었다.

◆ 제2차 세계대전 이후 달러는 전 세계의 준비통화가 되었고, 교환 비율은 금에 고정되었다. 다른 모든 통화는 미국 달러에 고정되었다.

◆ 미국 부채가 걷잡을 수 없이 증가하자 닉슨 대통령은 1971년에 금태환을 중지시켰다.

◆ 1973년에 브레턴우즈체제가 종식되면서 대대적인 경제 실험이 시작되었다. 정부에 대한 신뢰 외에 다른 어떤 담보도 없는 자유변동환율제도가 도입된 것이다.

1973 & 1979년

오일쇼크,
혼란에 빠진 세계 경제

1970년대를 거치면서 세계는 1973년과 1979년 두 번의 오일쇼크를 겪는다. 에너지 의존이 점점 심화되는 데도 공급 안정에 무심했던 선진국들은 중동이 원유를 정치적 무기로 사용하면서 경제적 혼란에 빠진다.

"피크오일은 지구온난화만큼이나 그럴듯하고
합리적인 이론처럼 들리지만 한 가지 문제가 있다.
사실이 뒷받침해주지 않는 이론은
그저 신화일 뿐이다."

| 시킹알파 |

1973년 11월 25일 일요일, 독일의 고속도로는 운전 금지 명령으로 텅 비었다. 같은 날 덴마크, 네덜란드, 룩셈부르크, 스위스에도 차가 거의 없었다. 일주일 전인 11월 19일 독일은 '일요일 운전 금지'를 4주간 실시하기로 했다. 이와 더불어 고속도로는 시속 100킬로미터, 일반도로는 시속 80킬로미터로 속도를 제한했다. 놀라운 조치였다. 메르세데스와 BMW, 아우디의 나라인 독일은 오늘날 전 세계에서 고속도로에 속도 제한이 없는 몇 안 되는 나라 중 하나였기 때문이다. 독일 사람들은 대체로 자동차를 사랑한다. 하지만 오일쇼크로

에너지 가격이 급등하자 독일 정부는 그와 같은 조치를 취할 수밖에 없었다.

오일쇼크는 1970년대 초부터 아랍 국가들과 이스라엘의 갈등이 깊어진 데 원인이 있었다. 1967년 6일전쟁 중에 이스라엘은 골란고원, 시나이반도, 가자지구, 서안지구, 동예루살렘을 점령했다. 아랍 국가들은 점령 지역에서 즉각 철수할 것을 이스라엘에 요구했고 국제적인 압박도 늘어났다. 하지만 시나이반도를 돌려주면 평화협정을 체결하겠다는 이집트의 요구는 물론이고, 보복 조치를 취하겠다는 경고도 아무 소용이 없었다. 결국 1973년 10월 6일 이집트와 시리아는 유대교 휴일인 대속죄일 욤키푸르Yom Kippur에 이스라엘을 공격했다.

처음에 시리아는 골란고원에서 몇 차례 승리를 거두었고 이집트는 시나이반도에서 이기고 있었다. 하지만 이스라엘은 미국의 군사 지원을 받아 전쟁의 판도를 바꾸어놓았다. 그러자 아랍 국가들은 다른 방법을 강구했다.

1973년 10월 17일 아랍 원유 생산국들은 원유 생산량을 1973년 9월 수준보다 5퍼센트 감축하는 조치를 취했다. 또한 미국과 네덜란드를 이스라엘의 동맹국으로 간주하고 원유 공급 중단을 강행했다. 이어서 모든 점령지가 해방되고 팔레스타인의 권리를 회복할 때까지 석유 생산을 제한하겠다고 선언했다. 이로 인해 1차 오일쇼크가 시작되었다.

석유수출국기구

석유수출국기구OPEC는 1960년 이라크, 이란, 쿠웨이트, 사우디아라비아, 베네수엘라가 바그다드에서 결성한 기구다. 1950년대에는 새로운 유전 개발과 세계적인 공급 과잉으로 유가가 지속적으로 하락했다. 그러자 석유수출국기구는 모든 회원국의 합의 아래 원유 생산량을 유지하려고 했다. 전 세계의 원유 가격을 유지하려는 전략이었다. 또한 석유수출국기구는 서구 석유회사 연합인 '세븐 시스터스 seven sisters'의 세력을 약화시키는 원동력이기도 했다. 2019년 3월, 전 세계 유류 생산량의 약 44퍼센트와 유류 매장량의 약 80퍼센트를 차지하는 알제리, 앙골라, 에콰도르, 적도기니, 가봉, 이란, 이라크, 쿠웨이트, 리비아, 나이지리아, 콩고, 사우디아라비아, 베네수엘라, 아랍에미리트까지 14개 나라가 카르텔을 형성했다. 사우디아라비아는 석유수출국기구 회원국 중에서 최대 산유국으로, 2018년에 하루 120만 배럴 정도를 생산했다. 미국 에너지관리청EIA의 통계에 따르면 대형 산유국 중 석유수출국기구 비가입국으로는 러시아, 미국, 중국, 멕시코, 캐나다, 노르웨이, 브라질 등이 있다.

이때까지만 해도 서구 선진국들은 전 세계의 에너지 비축량이 무한해 공급의 안정성을 걱정할 필요가 없다는 환상에 사로잡혀 있었다. 선진국의 원유 의존 현상이 점점 심해지는 가운데 이런 갑작스러운 통상 금지 조치는 많은 국가를 경제 위기에 빠뜨렸다. 독일은 에너지 수요의 50퍼센트 이상을 수입 유류에 의존했는데, 그중 4분의 3은 중동에서 수입해왔다. 유류 소비를 줄여도 겨우 석 달 정도의 비축량밖에 없다는 사실이 알려지면서 사람들은 공황 상태에 빠졌다. 유럽 국가들은 유류 사용을 제한하고 의존도를 낮추기 위해 에너지 절약에 나섰다. 대체 원유 공급자들과의 협상을 강화했고 대체 에너지원뿐 아니라 자국의 유류 자원을 개발하기 시작하며 전략적인 유류 비축에 나섰다.

1차 오일쇼크의 영향

독일을 비롯한 선진국들에서는 1차 오일쇼크로 물가 상승(인플레이션)을 동반한 경기 침체 현상인 스태그플레이션이 일어났다. 에너지 가격 상승으로 인플레이션은 가열되었고 그와 동시에 경제 성장은 침체되었다. 국내총생산은 1972년에 5.3퍼센트에서 1974년에 0.4퍼센트로 하락했고 1975년에는 마이너스 1.8퍼센트까지 떨어졌다. 많은 산업 부문에서 생산량이 크게 감소했다. 건설 부문은 16퍼센트, 자동차 산업 부문은 18퍼센트 하락했다. 독일 기업들의 주가도 급격히 하락해 1974년 9월 말에는 1972년 7월에 비해 거의 40퍼센트 손실을 입었다. 거의 완전 고용에 가까웠던 상황에서 실업률도 1974년에 2.6퍼센트, 1975년에 4.8퍼센트로 증가했다.

원유 공급 감소는 즉각적으로 영향을 미쳤다. 유가가 치솟기 시작한 것이었다. 1972년 말 미국 원유는 배럴당 3.50달러에 거래되었는데, 1973년 9월에는 4.30달러, 1973년 말에는 10달러를 초과했다. 석유수출국기구 회원국들의 매출액은 1972년 약 140억 달러에서 1974년 900억 달러로 상승했다. 원유를 무기로 삼자 금세 효과가 나타났다. 1973년 11월 5일 유럽 외무 장관들은 이스라엘에게 1967년부터 점령했던 지역에서 물러날 것을 요구했다. 석유수출국기구는 공급 제한을 서서히 풀었다.

하지만 세상은 이미 바뀌었다. 초기의 공급 제한을 완화한 뒤에도 고유가는 유지되었다. 1974년에만 독일의 석유 수입액은 전년도

1965~1986년 원유 가격

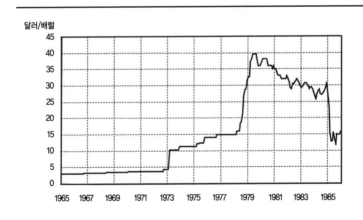

출처 | 데이터스트림, 2019.

에 비해 150퍼센트 이상 상승했다.

이후 정체되었던 유가는 1979년에서 1980년 사이에 다시 오르기 시작했다. 이란혁명과 이라크의 이란 침공 이후 선진국들은 또다시 석유 공급의 안정성을 우려하기 시작했다. 1979년 초 원유는 배럴당 15달러 미만으로 거래되었다. 하지만 그로부터 12개월이 지나기도 전에 유가가 거의 40달러까지 폭등하면서 2차 오일쇼크가 일어났다. 이런 상황에서 뜻밖에도 소련은 두 번의 오일쇼크로 풍요로운 나날을 맞이했다. 시베리아 서부 지역의 유전이 발굴되고 석유수출국기구 비회원국의 원유 생산량이 증가했기 때문이다.

석유수출국기구는 회원국에서 생산되는 여러 유종油種의 평균 가격인 바스켓 유가basket price를 배럴당 24달러로 올렸다. 리비아, 알제리, 이라크도 유가 30달러를 요구했다. 1980년에는 최고치에 이르러 리비아는 41달러, 사우디아라비아는 32달러, 다른 국가들은 배럴당 36달러를 요구했다. 하지만 이듬해에는 서구 선진국들의 경제 성장 둔화로 원유 매출액이 감소했다.

대체 에너지원에 대한 투자도 결실을 거두어 1978~1983년 전 세계 원유 소비량은 11퍼센트 감소했다. 전 세계 원유 시장에서 석유수출국기구의 점유율은 40퍼센트로 하락했고 카르텔의 약화로 하락세가 이어졌다. 1980년대에 미국의 로널드 레이건 대통령은 사우디아라비아와 원유 증산에 합의해 1990년대 후반까지 유가를 떨어뜨렸다. 1980년대 후반에는 유가가 일시적으로 배럴당 10달러 미만으로 떨어져 소련을 지급 불능 위기 직전까지 몰고 갔다. 이 시기에 석유수출국기구의 시장점유율은 30퍼센트까지 하락했다.

◆ 중동에 긴장이 이어지는 가운데 1973년 석유수출국기구는 원유를 정치적 무기 삼아 원유 공급량을 줄이고 1차 석유 파동을 일으켰다. 1972년 말에 3.50달러였던 유가는 겨우 12개월 만에 10달러를 넘어섰다.

◆ 오일쇼크는 관련 국가들에게 경제적인 충격을 주며 산업 성장을 둔화시키고 실업률을 높였다.

◆ 1979년 2차 석유 파동이 일어났을 때는 15달러 미만에서 40달러까지 유가가 폭등했다.

1979년
세상에서 가장 단단한 화폐의 붕괴

다이아몬드는 오랫동안 안정적인 가격을 유지했다. 하지만 1979년 독점기업인 드비어스가 다이아몬드 시장에 대한 통제력을 잃으면서 '다이아몬드의 투자' 가치는 90퍼센트까지 하락한다.

FROM TULIPS TO BITCOINS

"다이아몬드는 여자의 가장 친한 친구지."

| 영화 〈신사는 금발을 좋아해〉 |

다이아몬드, 루비, 사파이어, 에메랄드, 오팔과 같은 원석은 주로 보석으로 사용된다. 그중 다이아몬드가 시장이 가장 큰데, 블루호프, 컬리넌, 밀레니엄 스타, 엑셀시어, 코이누르, 오를로프 등 역사적으로 유명한 다이아몬드 제품도 많다.

하지만 보석 산업에 사용되는 다이아몬드는 전체 생산량의 약 20퍼센트에 불과하다. 그중 산업용 다이아몬드가 훨씬 큰 시장을 형성하고 있다. 다이아몬드 최대 생산지는 러시아, 오스트레일리아, 캐나다, 아프리카에 있다. 아프리카에서도 특히 남아프리카공화국, 나미비아, 보츠와나, 시에라리온, 콩고민주공화국에서 많이 생산된다.

대형 다이아몬드거래소는 앤트워프, 암스테르담, 뉴욕, 라마트간, 요하네스버그, 런던에 있다. 그중 앤트워프는 가장 중요한 시장이다. 다이아몬드 원석의 85퍼센트와 전 세계 연마석의 절반 정도가 벨기에 도시 앤트워프의 다이아몬드쿼터Diamond Quarter에서 거래되기 때문이다.

다이아몬드의 가치사슬은 채굴에서 시작되어 구매자, 가공업자, 도매업자, 트레이더, 중개인, 귀금속상, 기타 소매업자로 이어진다. 다이아몬드의 가치와 크기는 단순 선형 관계를 보이지 않는다. 크기가 클수록 희귀해 가치가 기하급수적으로 뛰며 한 등급 차이만 나도 가격이 달라진다. 예를 들면 0.49캐럿 다이아몬드와 0.5캐럿 다이아몬드는 무게 차이가 100밀리그램도 안 나지만 가격은 1,000달러 넘게 날 수 있다. 2018년 12월 다이아몬드 1캐럿의 가격은 순도와 색깔에 따라 500달러부터 1만 달러 사이였다.

다이아몬드 등급을 결정하는 4C

다이아몬드는 다른 상품들과 달리 무게당 가치가 고정되어 있지 않다. 다이아몬드의 가치는 다양한 기준에 따라 결정된다. 그중 색깔color, 투명도clarity, 연마cut, 중량carat의 '4C'가 가장 잘 알려진 기준이다. 가끔 다섯 번째 'C', 즉 보석의 물질적 특성을 공식 기관에서 증명했음을 인증하는 증명서certification가 포함되기도 한다.

색깔 등급은 보석이 얼마나 무색에 가까운지에 따라 나뉜다. 거의 무색에 가까운 다이아몬드는 D등급, 그다음은 E, F, G, H(심플 화이트) 등급으로 이어진다. 팬시 다이아몬드라는 유색 다이아몬드(노란색, 빨간색, 파란색 또는 초록색)는 매우 희귀하다.

다이아몬드의 투명도(순도)는 보석에 들어 있는 내포물의 양에 따라 결정된다. 투명도가 높을수록 희귀한 다이아몬드다. 투명도 등급은 IF(내부 무결점)에서 미세한 내포물 포함, 눈에 확실히 띄는 내포물 포함, 거친 내포물 포함으로 나뉜다. 연마는 다이아몬드 원석을 다듬는 것을 의미한다. 가장 유명한 연마법은 브릴리언트컷brilliant cut이다. 다이아몬드의 중량은 전통적으로 캐럿(1캐럿=0.2그램)으로 나타낸다.

전 세계 원유 시장을 주물렀던 석유수출국기국와 유사하게 지금까지 다이아몬드 산업에서 가장 중요한 역할을 한 회사는 드비어스De Beers다. 남아프리카공화국의 회사이자 앵글로 아메리칸 그룹에 속한 드비어스는 세계 최대의 다이아몬드 생산회사이자 무역회사로 오랫동안 세계 시장을 지배해왔다.

드비어스는 전 세계 다이아몬드 생산량의 약 30퍼센트를 장악하

2003~2016년 국제 다이아몬드 지수(크기와 질 차이에 따른 가격지수)

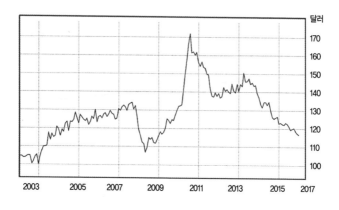

출처 | 폴리시드프라이스닷컴·블룸버그, 2019.

고 있으며, 시장과 매출에 대한 영향력 또한 거대하다. 거래되는 대부분의 다이아몬드 원석의 양과 질도 결정한다. 드비어스가 장악한 다이아몬드 트레이딩 컴퍼니DTC는 전 세계에서 생산되는 대부분의 다이아몬드 원석을 사들이고, 채굴회사들에게 생산량을 할당하며, 다이아몬드 트레이딩 컴퍼니의 자회사인 중앙판매기구CSO를 통해 매출을 관리한다. 중앙판매기구는 150명가량의 VIP 고객에게 판매용 다이아몬드 원석을 보여주는 '사이트sight'라는 행사를 런던에서 정기적으로 개최한다. 드비어스 신디케이트De Beers Syndicate는 수년 동안 안정적인 가격을 보장해주었다. 하지만 1970년대 말에 회사는 다이아몬드 시장에 대한 통제력을 잃었다.

94

드비어스의 역사

세계 최대의 다이아몬드 생산 및 유통 회사인 드비어스는 다이아몬드 시장에서 100년 이상 명성을 날렸다. 이 회사의 이름은 남아프리카공화국의 킴벌리에서 발견된 최초의 다이아몬드 광산으로 거슬러 올라간다. 킴벌리의 광산은 요하네스 니콜라스 드 비어와 디어데릭 아르놀더스 드 비어 형제의 농장 안에 있었다. 당시 사업가였던 영국인 세실 로즈Cecil Rhodes는 광산 채굴권을 차츰차츰 사들이기 시작했고 마침내 드 비어 형제에게서 농장을 구입해 1888년에 드비어스를 설립했다.

어니스트 오펜하이머Ernest Oppenheimer는 1880년 독일 프랑크푸르트 근처 프리트베르크에서 태어났다. 그는 서른두 살에 킴벌리에 다이어몬드 판매상들의 대리인으로 파견되면서 정치적 영향력을 갖기 시작했다. 1917년에는 나미비아 광산을 총괄하는 금광회사 앵글로 아메리칸을 설립해 전 세계에서 가장 성공한 광산기업으로 빠르게 성장시켰고 그로부터 3년도 지나지 않아 드비어스를 인수한다. 그리고 1926년에 드비어스의 대주주가 되었다. 오늘날 드비어스의 지분은 앵글로 아메리칸 그룹이 45퍼센트, 오펜하이머 가문이 40퍼센트를 소유하고 있다.

드비어스가 생산한 다이아몬드는 모두 1890년에 설립된 런던 다이아몬드 신디케이트London Diamond Syndicate에서 구매했다. 이 상인 조합은 중앙판매기구의 전신인 다이아몬드 코퍼레이션Diamond Corporation의 주춧돌이 되었다. 1930년대 대공황 시기에 오펜하이머는 가격을 안정화하기 위해 엄청난 양의 다이아몬드를 사들였다. 이후 드비어스와 중앙판매기구는 독점적인 다이아몬드 카르텔을 형성했다.

1970년대 미국의 인플레이션이 심화되고 투자자들이 비전통적인 투자 기회를 모색하면서 달러의 가치는 다른 통화에 비해 크게 평가 절하되었다. 한편, 다이아몬드를 경성 통화hard currency이자 안정적인 가치 저장 수단으로 관심 있게 보는 사람들이 크게 늘어나면서 품질 높은 다이아몬드 원석에 대한 수요도 증가했다. 하지만 이 시기에 드비어스는 다이아몬드 공급량을 조금만 늘렸다. 그 결과 가격은 더욱 상승했고 잠재적 투자자들은 더욱더 많이 몰려들었다.

한편, 이스라엘에서도 다이아몬드 원석이 투자 대상으로 선호되었다. 이스라엘 정부는 텔아비브를 다이아몬드 가공의 중심지로 만들기 위해 좋은 조건으로 대규모 은행 대출을 허가했다. 다이아몬드 투자회사들은 증가했고 개인 투자자들에게 다이아몬드를 직접 판매했다.

다이아몬드 투자 광풍은 악순환을 부추겼다. 1979년 다이아몬드의 평균 가격은 두 배로 뛰었다. 최상품 다이아몬드 1캐럿의 가격은 열 배로 올라 한동안 약 6만 달러에 거래되었다. 드비어스는 공급량을 확대해 시장을 서서히 진정시키려고 했지만 성공하지 못했다. 결국 다이아몬드 시장은 혼란에 빠졌다. 급기야 다이아몬드를 대출 담보로 받아주던 일본에서부터 필연적인 붕괴가 시작되었다. 시장이 지나치게 과열되었다고 판단한 은행이 더 이상 다이아몬드를 담보로 받지 않자 다이아몬드 시장은 모래 위에 지은 집이 무너지듯 붕괴되었다.

일단 가격이 하락하자 다들 경쟁하듯 다이아몬드를 팔기 시작했다. 투기자들이 다이아몬드를 처분하면서 다이아몬드의 담보 가치가 떨어지자 대출자들은 더욱 대출 상환 압박에 시달렸다. 시장을 안정시키려고 했던 드비어스의 노력 때문에 오히려 이미 과포화 상태였던 시장에 다이아몬드가 넘쳐났다. 중앙판매기구가 다이아몬드 판매를 중지하고 환매에 나섰는데도 소용없었다. 다이아몬드 가격은 폭락했고 이런 하락세는 세계적 불경기로 더욱 심화되었다.

1년도 지나지 않아 다이아몬드의 가치는 6만 달러에서 6,000달러로 하락했다. 투자 광풍이 불기 전의 수준과 비슷했다. 그 후 가격이 천천히 회복되었지만 1980년대 초에 중앙판매기구는 60억 달러가 넘는 다이아몬드를 회수하는 작업을 했으며, 드비어스는 채굴량을 줄이고 남아프리카공화국의 광산 하나를 폐쇄했다. 2009년에 시작된 세계 금융 위기 이후에도 다이아몬드 가격을 안정시키기 위해 그와 비슷한 조치를 취했고, 이로 인해 사치품의 수요가 감소했다.

◆ 드비어스는 앵글로 아메리칸 그룹의 소속으로 오랫동안 국제 다이아몬드 생산과 판매를 장악했다.

◆ 1979년 드비어스는 다이아몬드 시장에 대한 통제력을 잃었다. 다이아몬드 투자 광풍이 불어 다이아몬드의 평균 가격은 1년도 안 되는 기간 동안 두 배로 뛰고, 다이아몬드 1캐럿 가격이 열 배로 상승했다. 이같은 투자 광풍은 악순환을 부추겨 급속하게 거품이 붕괴되면서 1년 사이 가격이 90퍼센트까지 하락했다.

1980년
시장 조작의 상징이라는 꼬리표

넬슨 벙커 헌트와 윌리엄 허버트 헌트 형제는 1980년 은 시장에서 매점매석을 시도하다가 크나큰 실패를 경험한다. 1980년 3월 27일 '실버 목요일'에 은 가치는 하루 만에 3분의 1로 하락한다.

"미국 정부는 인쇄 기술을 보유하고 있으므로
얼마든지 달러를 찍어낼 수 있다."

| 벤 버냉키, 연방준비제도이사회 의장 |

헌트가家는 미국에서 가장 화려한 가문 중 하나다. 텍사스의 전설적인 석유 재벌 해럴드슨 라파예트 헌트Haroldson Lafayette Hunt는 35세가 되던 해인 1924년 홍수로 농장을 잃은 뒤 포커판에 뛰어들었다. 프로 포커 선수로 활동하면서 목돈을 마련한 그는 아칸소 엘더레이도의 시추권에 투자했고 첫 시추에서 석유를 발견했다. 그는 엘더레이도에서 벌어들인 수익금으로 투자를 계속 이어가며 텍사스 킬고어에서의 시추권을 추가로 구매했고, 당시 세계 최대 규모로 알려진 유정을 발견했다. 그렇게 마침내 1936년, 헌트 오일Hunt Oil

Company을 설립했다. 헌트 오일은 미국 최대의 석유 생산업체로 자리 잡았으며, 1957년 《포춘》은 헌트의 순자산을 7억 달러까지 추정하면서 미국 10대 부자 리스트에 올렸다. 또한 1970녀대 초 무아마르 카다피가 몰수하기 전까지 리비아 유전의 상당수를 소유하기도 했다.

헌트의 두 아들 넬슨 벙커 헌터와 윌리엄 허버트 헌터는 1970년대 은 시장에서 흔하지 않은 기회를 포착했던 최초의 대형 투자자들이었다. 넬슨 벙커는 금본위제가 폐지된 후 '종이돈'에 대한 혐오를 숨기지 않았다. "바보 멍청이도 인쇄기를 살 수 있고, 무엇이든 종이돈보다는 낫다." 헌트 형제는 가문의 재산을 지키기 위해 부동산과 은 시장에 집중 투자했다. 1970~1973년 사이에 헌트 형제는 약 20만 트로이온스의 은을 사들였다. 그 3년 내에 은 가격은 트로이온스당 1.5달러에서 3달러로 상승했다.

귀금속 시세의 변화

지난 50년 동안 귀금속 시세에 가장 큰 영향을 미친 두 가지 요소는 미국에서 공포된 금 소유 금지 명령과 1944년에 수립된 브레턴우즈체제의 붕괴다. 1933년 프랭클린 루스벨트 대통령은 시가 100달러가 넘는 금을 사적으로 소유하는 것을 불법으로 선언했다. 이 조치는 40년 넘게 유지되었다. 1971년 닉슨 쇼크 당시에 미국은 정부

부채 증가, 통화 공급 확대, 인플레이션 심화로 달러화의 금태환을 종식했다. 1973년에는 브레턴우즈체제(달러를 금으로 뒷받침하는 주요 통화로 확립한 국제 통화 시스템, 즉 금본위제)가 무너졌다. 은본위제와 금본위제가 폐지되자 금과 은 모두 경제적 중요성을 잃고 시장에 대량으로 풀렸다. 그 결과 은 가격은 트로이온스당 2달러로 하락했다. 이런 가격 하락은 은 생산에 지속적으로 나쁜 영향을 미쳤다. 이렇게 낮은 가격에도 은을 생산할 수 있는 나라는 얼마 되지 않았다.

이런 투자 성공에 힘입어 헌트 형제는 활동 영역을 선물 거래소로 확장해 1974년 초에 5,500만 온스의 은을 선물 계약했다. 그리고 나서 그들은 실물 인도를 기다렸다. 요즘과 마찬가지로 당시에도 실물 인도는 흔하지 않은 일이었다. 헌트 형제는 현물 시장에서 계속해서 은을 구매해 일부러 은 부족 현상을 초래했다. 그들은 40년 전 금본위제 폐기 선언 후 금 소유가 금지된 상황을 떠올리고 대부분의 은을 취리히와 런던의 은행으로 옮겼다. 미국 당국의 눈을 피해 안전하게 은을 비축할 수 있는 곳이라고 생각했기 때문이다.

1974년 봄에는 은 가격이 6달러 이상으로 상승했다. 그리고 전 세계 은 공급량의 10퍼센트 가까이를 소유한 헌트 형제가 독점적인 시장 지위를 노리고 있다는 소문이 돌았다. 1978년이 되기 전에 헌트 형제는 다시 한번 2,000만 온스의 은을 인도받았다. 그들은 더욱 많은 투자자를 파트너로 끌어들이려고 했다. 그들은 사우디아라비아 지도자 두 명과 함께 국제금속투자그룹을 설립했고, 1979년에는 뉴욕상업거래소와 시카고상품거래소에서 4,000만 온스를 초과하는 은을 추가로 선물 계약했다.

헌트 형제와 그의 파트너들은 10년이 넘는 기간 동안 약 5,000톤에 달하는 1억 5,000만 온스의 은을 비축했다. 이는 미국의 은 보유량의 절반, 전 세계 보유량의 15퍼센트에 해당했다. 헌트 형제는 환거래 선물 계약의 형태로 약 2,000만 온스의 은을 보유했다. 전 세계의 은 수요는 약 4,500만 온스로 증가했다. 하지만 몇 년 전에 은 가격이 낮았던 탓에 생산량은 2,500만 온스 미만에 이르지도 못했다. 그 사이 은 가격은 8달러까지 올랐는데, 은 부족 현상이 심화되면서 불과 두 달 만에 16달러까지 급등했다. 뉴욕상업거래소와 시카고상품거래소가 힘을 합쳐도 인도 가능한 은은 1,200만 온스에 불과했다. 헌트 형제의 전략을 모방하는 시장 참가자들이 점점 많아졌기 때문이다.

1979년 말 시카고상품거래소는 어떤 투자자도 은 선물 계약을 300만 건 이상 할 수 없다고 발표했다. 한도를 넘어선 계약은 모두 매도해야 했다. 넬슨 벙커는 이런 조치가 은 부족 사태를 예언하는 징조라고 여겼다. 그래서 계속 은을 사들이며 라마르와 함께 3억 달러를 투자했다. 이때 넬슨 벙커는 해외에 4,000만 온스의 은을 보유하고 있었고 추가로 국제금속투자그룹 파트너들과 함께 9,000만 온

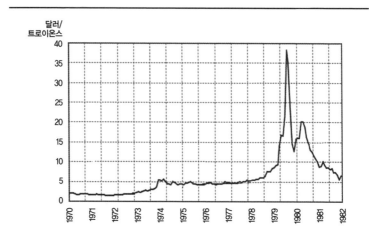

달러/
트로이온스

출처 | 블룸버그, 2019.

스의 은을 확보했다. 결과적으로 국제금속투자그룹은 9,000만 온스
에 달하는 1980년 3월 인도분 선물 계약을 추가로 얻은 셈이었다. 은
가격은 1979년 말 34.50달러로 상승했고 1980년 1월 중순에는 50달
러 이상(오늘날 가치로 120달러 이상)으로 급등했다. 실물을 거둬들이는
방식을 통해 가격을 띄운 것이다. 헌트 가문의 은 비축량은 45억 달
러를 넘어섰다.

하지만 운명의 수레바퀴는 돌아갈 준비를 하고 있었다. 뉴욕상업
거래소가 청산 명령을 받아들이자마자 은 가격이 하락하기 시작했
다. 연방준비제도는 금리를 올렸고 달러 강세는 금과 은의 가격에 부

정적인 영향을 미쳤다. 은 가격은 1980년 3월 중순에 21달러로 떨어졌다. 하락세는 헌트 형제를 뒤따라 미친 듯이 매각에 뛰어든 일부 소규모 투자자 때문에 가속화되었다. 기록적인 가격 탓에 다른 사람들도 개인적으로 보유한 은과 은화를 현금화했고 이로 인해 실질적인 공급량이 증가했다.

1980년 3월이 끝나갈 무렵, 헌트 형제는 더 이상 선물 포지션의 증거금을 감당할 수가 없어 1억 달러어치 이상의 은을 대량 매도해야만 했다. 물론 이로 인해 은의 가격이 더욱 떨어지는 악순환이 일어났다. 1980년 3월 27일 목요일에 은 시장은 트로이온스당 15.80달러로 장을 시작했다가 10.80달러로 마감했다. 이날은 '실버 목요일'이란 이름으로 역사에 기록되었다. 은 선물의 평균 진입 가격이 35달러였기 때문에 헌트 형제는 15억 달러의 빚을 지게 되었다. 공매도 포지션을 유지했던 뉴욕상업거래소 등 많은 투자자가 하락세를 부추겼다. 1980년대 중반에 은 가격이 약 17달러까지 회복되기는 했지만 헌트 형제는 파산 신청을 해야 했고 시장 조작 혐의로 기소되었다.

헌트 형제의 몰락을 부른 것은 막대한 차입 자본이었다. 차입 자본을 이용하지 않았다면 어마어마한 양의 포지션을 청산하지 않고도 은 가격 폭락을 버틸 수 있었을 것이다. 그들의 투기에서 비롯된 은 가격 폭락은 개인 투자자들에게 엄청난 손실을 가져다주었고 은 시장에 크나큰 오점을 남겼다. 이때부터 헌트 형제에게 시장 조작의 상징이자 최악의 은 투기 실패라는 꼬리표가 영원히 따라다닌다.

◆ 해럴드슨 라피엣 헌트 가문의 재산 기반은 원유였다. 그 뒤를 이은 헌트 형제는 미국 10대 부자에 들었다.

◆ 넬슨 벙커 헌트와 윌리엄 허버트 헌트 형제는 은에 투자해 자산을 유지하려고 했다. 그들은 은 실물을 사들이고 선물 포지션을 대거 늘려서 은 시장을 장악하려고 했다.

◆ 1980년 1월에 은 가격은 트로이온스당 2달러 미만에서 50달러 이상까지 치솟았다. 이때 헌트 가문의 재산은 45억 달러를 넘어섰다. 하지만 1980년 3월 27일 '실버 목요일'에 은 가격이 30퍼센트 폭락했다. 헌트 형제는 파산 신청을 해야 했고 은 시장 조작 혐의로 기소되었다.

1990년
원유 전쟁, 치솟는 유가

중동에서 힘의 정치가 판을 친다. 이라크가 쿠웨이트를 침공하지만 미국이 이끄는 다국적연합군에 밀려 후퇴해야 한다. 이라크군은 물러나면서 쿠웨이트 유전에 불을 지른다. 그 여파로 3개월 만에 유가가 20달러 미만에서 40달러를 초과해 두 배 넘게 오른다.

"사담 후세인은 쿠웨이트를 점령하자마자
전 세계 에너지 정책의 미래를 좌우할 수 있는 자리를 차지했고,
미국을 비롯한 대부분의 나라의 경제를 지배할 힘을 얻었다."

| 리처드 브루스 체니, 미국 국방장관 |

1980년대 이란-이라크전쟁 당시 이라크는 미국 및 유럽과 협력 관계를 유지하고 있었다. 서방 국가들은 이란의 호메이니 정권을 견제하고 이슬람과 소련의 영향력 확장을 방어하기 위해 특히 군사적으로 이라크를 지원했다.

1980년 이라크는 하루에 약 600만 배럴의 원유를 생산했고, 이란은 약 500만 배럴의 원유를 생산했는데, 그중 대부분은 석유가 풍부한 후제스탄 남서쪽에서 채유되었다. 이 두 나라의 원유 생산량을 합치면 전 세계 하루 원유 소비량의 약 20퍼센트를 차지했다. 하지만

8년 동안 이어진 전쟁으로 양국 모두 100만 명 이상이 희생되었다. 이로 인해 주로 아랍 국가들, 특히 사우디아라비아와 쿠웨이트의 지원을 받은 이라크의 경제가 크게 영향을 받았다. 전쟁이 끝난 후 이라크는 엄청난 부채를 떠안게 되었다.

게다가 이라크는 언제나 쿠웨이트를 자국 영토의 일부로 여기면서 쿠웨이트 독립의 합법성을 부인했다. 1961년 쿠웨이트가 영국으로부터 독립한 이후 국경 지대에서는 분쟁이 점점 심해졌다. 한편, 이라크는 부채를 탕감하기 위해 사우디아라비아, 쿠웨이트와 재협상하려는 노력을 했고 또한 원유 생산을 줄임으로써 부채를 줄이려고 했다. 가격을 높여 수익을 늘리려는 것이다. 하지만 쿠웨이트는 자국의 시장점유율을 높이기 위해 생산량을 늘리고 수출 가격을 낮추었다.

1990년 7월 17일 이라크는 이웃 국가들과 아랍에미리트가 석유수출국기구에서 합의한 내용보다 훨씬 많은 원유를 생산해 유가 하락을 부추김으로써 자국에 140억 달러의 손실을 끼쳤다고 비난했다. 또한 이웃 국가들이 국경선 근처의 이라크 유정에서 원유를 훔쳐간다고도 목소리를 높였다.

긴장을 완화하기 위한 이라크와 이란의 협상은 7월 31일에 실패로 끝났고 이라크는 쿠웨이트 국경에 군대를 배치했다. 미국 대사는 이라크 대통령 사담 후세인과 만나서 미국이 아랍의 국내 분쟁에 개입하거나 이라크와 쿠웨이트의 국경 분쟁에 관여하지 않겠다고 했다. 미국과 쿠웨이트는 따로 방어 조약이나 안보 조약을 맺지 않았다. 그렇기 때문에 이라크 대통령은 보다 공격적인 조치를 취해도 무방하다고 생각했다. 그렇게 1990년 8월 2일 10만 명의 이라크 군인들이 쿠웨이트로 진격하면서 걸프전쟁이 시작되었다.

전쟁이 유가에 미친 영향은 명백했다. 1990년 6월 이전 몇 달 동안 15달러에서 25달러 사이를 오가던 배럴당 유가는 6월에 15달러로 떨어졌다. 전쟁 직전인 7월 말에는 이미 20달러로 회복되었다. 8월 3일, 유가의 기준이 되는 서부 텍사스 중질유의 가격은 25달러 미만으로 하락했다. 같은 달에 유가는 30달러까지 치솟았고 9월 말에 처음으로 40달러에 거래되었다. 1990년 10월 유가는 배럴당

1989~1991년 유가

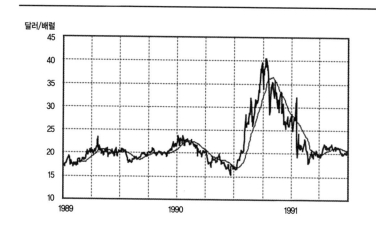

자료 | 블룸버그, 2019.

40달러를 웃돌며 최고치를 경신했다.

쿠웨이트는 이라크에게 전략적으로 매우 중요한 나라였다. 면적이 2만 제곱킬로미터밖에 되지 않았지만 해안선의 길이는 500킬로미터에 이르렀다. 반면 이라크는 면적은 거의 45만 제곱킬로미터였지만 해안선의 길이는 60킬로미터밖에 되지 않았다. 이라크는 침공 당시 5억 달러 이상의 금을 확보했을 뿐 아니라 그보다 중요한 쿠웨이트 석유 자원까지 손에 넣었다.

사담 후세인은 미국이 아랍 내전에 간섭하지 않을 것이라고 계산했지만 조지 H. W. 부시 대통령은 예상과는 완전히 다른 반응을 보였다. 미국의 이익이 쿠웨이트 유전뿐 아니라 이라크 유전과도 간접적으로 관련이 있는 것 같았다. 게다가 미국 국방장관(훗날 석유 대기업 핼리버턴Halliburton의 CEO) 리처드 브루스 체니가 이라크 침공 몇 주 후에 이렇게 말했다. "이라크 군대가 전 세계 원유 매장량의 25퍼센트를 보유한 사우디아라비아 동부에서 몇백 킬로미터밖에 떨어지지 않는 곳에 주둔하고 있다."

침공 몇 시간 만에 유엔안전보장이사회는 이라크군의 후퇴를 요구하는 결의 660호를 채택했다. 일주일 내에 유엔안전보장이사회는 이라크에 대한 경제적·재정적 제재 조치인 결의 661호를 취했다. 이라크의 원유 수출을 중단시키려는 조치였다. 한편, 미국은 노먼 슈워츠코프 장군의 지휘 아래 34개 나라가 군사동맹을 맺고 이라크에 대항했다. 90만 명 이상으로 구성된 다국적연합군 중에서 미군은 약

75퍼센트를 차지했다. 8월 8일 미 해군 항공모함 두 대가 걸프만에 도착했고 부시 대통령은 사우디아라비아를 지키기 위해 '사막의 방패' 작전을 지시했다.

유엔안전보장이사회는 결의 662호를 채택해 이라크의 쿠웨이트 병합을 무효로 선언하고 쿠웨이트의 주권 회복을 요구했다. 8월 25일에는 사막의 방패 작전 중 연합군의 봉쇄 조치를 승인했다. 이때 전함 70척이 페르시아만에 배치되었다.

점령당한 쿠웨이트에서는 체포, 납치, 고문, 처형이 일상적으로 일어났고 이라크 정부는 인질들을 인간 방패로 썼다. 9월 5일 사담 후세인은 페르시아만에서 미국에 대항하는 성전을 선포했고 사우디아라비아 파드 국왕의 퇴진을 요구했다. 쿠웨이트의 왕족은 이미 달아난 후였다.

11월 29일 유엔안전보장이사회는 1991년 1월 15일까지 쿠웨이트에서 물러나라고 이라크에 최후통첩을 했다. 1월 12일 미국 의회는 군사 조치를 승인했고 5일 후 마침내 이른 아침부터 다국적연합군은 이라크에 대규모 공습을 단행했다. 사막의 폭풍 작전이 시작되고 24시간 안에 대략 1,300회의 공격을 쏟아부었다.

미국은 다시 한번 최후통첩을 하고 2월 24일 지상전을 벌였다. 이틀 후 이라크군이 공식적으로 쿠웨이트에서 물러나면서 전쟁은 끝났다. 하지만 후퇴하던 이라크군은 쿠웨이트 유전에 불을 질렀고 송유 장치의 잠금 장치를 열어 원유를 바다로 흘려보냈다. 쿠웨이트의 보고에 따르면 약 950개의 유전이 불에 타거나 이라크 군인들에게 약탈당했다. 그해 11월 화재가 완전히 진압되고 나서야 원유 생산량은 다시 증가했다.

이런 전쟁을 벌였는데도 이라크의 군사력을 제거하고 그 지역에 대한 이라크의 패권 주장을 일축하려는 미국과 영국의 목적은 이루지 못했다. 2003년에 또 다른 전쟁을 치르고서야 사담 후세인 정권은 전복되었다.

─────── |K|E|Y| |P|O|I|N|T| ───────

◆ 이라크 대통령 사담 후세인은 세계에서 원유가 가장 풍부한 중동의 패권을 차지하려 했지만 1980년대에 8년 동안 전쟁을 치르고도 이란을 전복시키지 못했다.

◆ 쿠웨이트는 작은 나라지만 석유 자원과 해안 접근성 때문에 이라크에게 전략적으로 중요한 나라였다.

◆ 1990~1991년의 걸프전쟁은 이라크의 쿠웨이트 침공으로 시작되었고 미국의 개입으로 종식되었다. 유가는 공급 불안정과 유전 화재로 15달러에서 40달러 이상으로 치솟았다.

◆ 9 · 11테러 이후 사담 후세인은 대량 살상 무기를 보유하고 있다는 비난을 받았다. 이라크의 후세인 정권은 2003년에 붕괴되었다.

1993년
독일 메탈게젤샤프트의 파국

메탈게젤샤프트는 원유 선물 때문에 지급 불능 직전까지 몰린다. 제2차 세계대전 이후 독일의 최대 기업이 파산의 위기에 이른 것이다. CEO인 하인츠 시멜부슈는 1993년에 10억 달러 이상의 손실을 내고 말았다.

"돌아왔노라, 해냈노라."

| 카요 노이키르헨, 메탈게젤샤프트 CEO |

하인츠 시멜부슈Heinz Schimmedlbusch는 독일 재계의 스타였다. 1989년 그는 독일 역사상 최연소 CEO가 되었으며 1811년에 설립되어 광업과 상품 거래에 주력하는 거대 복합기업 메탈게젤샤프트MG를 이끌었다. 시멜부슈의 등장으로 회사에 새로운 바람이 불었다. 전통적으로 그룹의 매출과 수익의 거의 3분의 2를 차지했던 금속 사업에 대한 의존도를 줄이고 엔지니어링과 환경 기술, 금융 서비스를 새로운 성장 부문으로 키우려 한 것이다.

시멜부슈는 펠트뮐레Feldmühle, 노벨Nobel, 다이너마이트 노벨

Dynamit Nobel, 부데루스Buderus, 세라시브Cerasiv를 인수해 150억 달러 가치의 제국을 건설했다. 이 제국은 250개 이상의 자회사도 거느렸다. 1991년에《매니저 매거진》은 시멜부슈를 '올해의 경영자'로 선정했다. 하지만 그가 메탈게젤샤프트에 들어간 지 4년 만에 그의 왕국은 재앙을 맞이했다.

시멜부슈가 이끄는 동안 메탈게젤샤프트그룹은 점점 더 커지기는 했지만 관리하기가 복잡해졌다. 1990년대 초 독일 경제는 얼어붙어 있었다. 동유럽 경쟁자들의 압력에 자동차 산업은 약해졌고 메탈게젤샤프트는 높은 부채에 허덕이기 시작했다. 메탈게젤샤프트의 미국 자회사는 금방이라도 무너질 듯한 상황에 처해 있었다.

뉴욕에 있는 메탈게젤샤프트 리파이닝 앤드 마케팅MGRM은 연료유와 휘발유, 경유를 장기 고정 요율로 대형 고객들에게 판매했다. 이 회사는 매달 고정 가격에 일정량의 원유 인도를 약속하는 5년에서 10년 만기 계약을 거래했다. 메탈게젤샤프트 리파이닝 앤드 마케팅의 고객들은 유가 상승에 대비해 헤징hedging(손실 최소화−옮긴이)을 하고 있었다. 하지만 메탈게젤샤프트 리파이닝 앤드 마케팅은 자사의 공급량이나 재고로 수요를 충당하지 못하고 원유를 더 사들여야 했다.

메탈게젤샤프트 리파이닝 앤드 마케팅은 변동이 심한 유가 때문에 6억 달러 이상의 가격위험 price risk(시장 가격의 변동으로 인한 손해 위험−옮긴이)에 직면했다. 이는 모회사 대차대조표의 10분의 1에 가까운

액수였다. 메탈게젤샤프트 리파이닝 앤드 마케팅은 점점 더 많은 원유 선물을 확보하고 만기 직전에 고객들의 계약 물량에 맞추어 여유 물량을 롤오버했다.

하지만 1993년에 유가가 크게 하락하고 백워데이션에서 현물 가격이 선물 가격보다 낮은 "콘탱고contango"로 뒤집히면서 상황이 달라졌다. 배럴당 18.50달러 미만이었던 유가가 이후 1년 동안 1달러 이상 상승했다. 메탈게젤샤프트 리파이닝 앤드 마케팅의 손실은 매달 점점 더 커졌고 계약 만기에 높아지는 현금 흐름 위험을 무시했다.

만기일에 선물 거래한 원유의 양과 인도해야 하는 원유의 양이 일치하자 메탈게젤샤프트 리파이닝 앤드 마케팅은 점점 더 많은 증거금을 지급해야 했다. 이는 메탈게젤샤프트 리파이닝 앤드 마케팅의

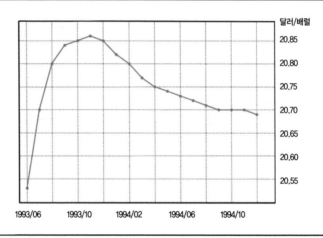

1993~1994년 원유 선물 기간구조

달러/배럴
20.85
20.80
20.75
20.70
20.65
20.60
20.55

1993/06   1993/10   1994/02   1994/06   1994/10

출처 | 블룸버그, 2019.

대차대조표에 직접적인 영향을 미쳤다. 실현 손실을 잠재적인 미래 이익으로 상쇄할 수 없었기 때문이다. 메탈게젤샤프트 리파이닝 앤드 마케팅이 유동성 문제와 신용 등급 하락을 겪으면서 상황은 계속 악화되었다. 유가가 계속 떨어지는 상황에서 메탈게젤샤프트 리파이닝 앤드 마케팅은 악순환에 빠져들었다.

지사는 모든 것을 운에 맡기고 고객들과 계속 추가 계약을 맺었다. 위기 상황이 악화되면서 메탈게젤샤프트 리파이닝 앤드 마케팅은 미결제된 1개월 선도 계약의 10~20퍼센트를 책임져야 했다.

한편, 메탈게젤샤프트의 자산도 급감하기 시작했다. 경기 둔화와 높은 부채 비율 탓에 비밀 적립금을 감액 조정하면서 1991~1992년도 배당금을 간신히 지불할 수 있었다. 이듬해 적자는 거의 3억 5,000만 마르크(약 2억 달러)까지 상승했다. 이때 미국에서 악재가 날아들었고 메탈게젤샤프트 리파이닝 앤드 마케팅은 채권자들의 압력에 15억 달러 손실을 입고 파산 신청을 해야 했다. 이로써 그룹 전체가 파산 직전에 이르렀다.

1993년 2월 시멜부슈는 6억 달러를 만회하기 위해 대대적인 투자 프로그램을 진행했다. 하지만 미국 자회사의 손실은 점점 커져 10억 달러를 초과했다. 시멜부슈는 이제 대주주인 도이체 방크Deutsche Bank와 드레스드너 방크Dresdner Bank에 추가 지원을 요청해야 했다. 도이체 방크의 중역이자 메탈게젤샤프트 감사회 의장인 호나우두 슈미츠Ronaldo Schmitz는 임박한 손실에 놀라 즉각 조치를 취했다. 메탈게젤샤프트그룹은 모든 원유 계약을 청산해 10억 달러 이상의 손실을 입었고 그룹의 총부채는 거의 50억 달러로 불어났다.

1993년 12월 17일 시멜부슈와 CFO 마인하르트 포르스터Meinhard Forster는 통보도 받지 못한 채 감사회에서 쫓겨났다. 슈미츠는 회사를 살리기 위해 외부 인사인 카요 노이키르헨을 CEO로 고용해 20억 달러의 구제 금융을 신청하고 엄격한 원가 절감에 나서는 한편, 7,500명의 직원을 해고해 메탈게젤샤프트그룹을 재조직했다. 이제 메탈게젤샤프트그룹은 무역과 공장 건설, 화학 약품, 건설 기술에 주력해야 했다. 2000년 2월 메탈게젤샤프트그룹은 MG테크놀로지스로 이름을 바꾸었고 2005년에는 GEA그룹으로 탈바꿈했다. 메탈게 젤샤프트그룹은 이렇듯 치욕스러운 결말을 맞이했다.

◆ 하인츠 시멜부슈는 독일 최연소 CEO가 되어 유서 깊은 거대 기업 메탈게젤 샤프트를 이끌었다. 1991년《매니저 매거진》은 시멜부슈를 '올해의 경영자' 로 선정했다.

◆ 메탈게젤샤프트의 자회사 메탈게젤샤프트 리파이닝 앤드 마케팅은 그룹 전 체에 악영향을 미치는 관행을 따랐다.

◆ 메탈게젤샤프트 리파이닝 앤드 마케팅은 선물 시장에서 가격위험을 헤지하 면서 고객들에게 고정 가격에 원유를 판매했다. 정상적인 시장 상황에서 원 유의 백워데이션 기간구조term structure는 안정적인 가격 상승을 유발했다.

◆ 유가가 1991년 40달러 이상에서 1993년 20달러 미만으로 하락하자 기간 구조가 콘탱고로 뒤집어졌다. 손실은 총 10억 달러 이상으로 늘어났고 메탈 게젤샤프트그룹은 파산 직전으로 몰렸다.

1994년

워런 버핏, 조지 소로스, 빌 게이츠가 모두 뛰어든 투자

1990년대에 워런 버핏, 빌 게이츠, 조지 소로스는 은 시장에 관심을 갖고 에이펙스 실버 마인스와 팬 아메리칸 실버, 그리고 은 실물에 투자한다. 그리고 이제 은 실물과 은 채굴 사이에 대결이 펼쳐진다. 누가 앞서고 누가 뒤처질까?

"금융 시장은 일반적으로 예측할 수 없다."

| 조지 소로스 |

2006년 5월 초 볼리비아의 대통령 에보 모랄레스Evo Morales는 약간의 무력을 과시하며 자국의 광산업을 국유화하겠다고 위협했다. 볼리비아의 주요 광산인 산크리스토발San Cristóbal(에이펙스 실버 마인스가 최대 지분을 소유하고 있었다)과 산바르톨로메San Bartolomé(쾨르 달렌 마인스의 소유였다)를 고려하면 엄청나게 많은 은이 걸린 조치였다. 이로 인해 에이펙스 실버 마인스의 주가는 4월에 26달러에서 6월에 13달러 미만으로 급락했다. 광산에 대한 투자가 정치 상황에 얼마나 영향을 받는지를 보여주는 사례였다.

은에 대한 기본 지식

은은 금보다 20배 정도 흔한 광물로서 북아메리카와 남아메리카에 가장 많이 매장되어 있다. 산업 수치에 따르면 전 세계에서 경제성 있는 은 광산은 25개뿐이고 생산되는 은 중 상당량은 다른 금속들, 특히 납과 아연 또는 금 추출과 연관되어 있다. 실버 인스티튜트Sliver Institute에 따르면 산업용이 총수요의 약 50퍼센트를 차지하고 그다음은 보석업계와 사진업계의 수요가 많다.

상품 거래소에서 은을 거래할 때 XAG는 트로이온스당 달러를 뜻한다. 은 실물거래의 중심지는 런던 금 시장이며 런던금시장연합회 LBMA는 하루 한 번 공식적인 고정 가격을 정한다. 뉴욕상업거래소의 일부인 코멕스COMEX는 은 선물과 은 옵션을 거래하는 최대 규모의 거래소다. 은 선물은 SI라는 기호 뒤에 계약 월과 연도를 표기해 거래한다.

하지만 최고의 투자처가 어디인지는 항상 명확하지 않다. 1990년대 중후반에 워런 버핏과 조지 소로스, 빌 게이츠는 주요 전문 투자자로 은 시장에 뛰어들었다. 그들의 행동은 전 세계 금융업계의 관심을 끌었다. 성경에 나오는 세 명의 왕처럼 그들은 개인 투자자와 기관 투자자를 자극해 따르게 만들었다. 소로스와 버핏, 게이츠 모두 은에 투자했지만 은 실물에 투자하거나 은을 채굴하는 기업의 주식

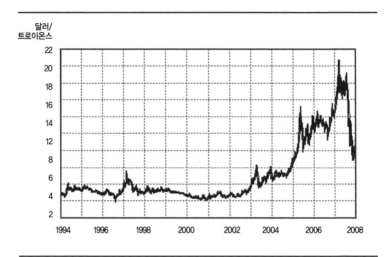

1994~2008년 은 가격

달러/
트로이온스

(세로축: 22, 20, 18, 16, 14, 12, 8, 6, 4, 2)

(가로축: 1994, 1996, 1998, 2000, 2002, 2004, 2006, 2008)

출처 | 블룸버그, 2019.

을 사는 등 각기 다른 방식을 사용했다.

1930년 헝가리에서 태어난 조지 소로스는 짐 로저스와 함께 만든 헤지펀드인 퀀텀펀드Quantum Fund의 성공과 1992년 파운드화의 하락에 베팅해 잉글랜드 은행 BOE을 굴복시킨 일로 유명하다.《포브스》의 추정에 따르면 오늘날 소로스의 순자산은 약 140억 달러 정도다. 1994년 말 소로스는 에이펙스 실버 마인스에 투자했고 형 폴과 함께 일시적으로 그 회사 지분의 20퍼센트 이상을 보유했다. 1993년에 설립된 에이펙스 실버 마인스는 볼리비아 남서부의 은·아연·납 광산인 산크리스토발의 지분 65퍼센트를 소유했다. 산크리스토발

광산의 은 보유량은 4억 5,000만 온스로 추정되었다. 또한 에이펙스 실버 마인스는 아르헨티나, 볼리비아, 멕시코, 페루에서도 공격적으로 활동했다.

소로스와 마찬가지로 1930년에 태어난 워런 버핏은 개인 순자산이 약 470억 달러인 것으로 추산된다. 버핏은 자신이 설립한 투자회사인 버크셔 해서웨이Berkshire Hathaway의 CEO로서 수십 년 동안 놀라운 투자 성과를 올렸다. 버크셔 해서웨이의 연례 주주회의는 '투자자들을 위한 우드스톡 축제'라 불리고 2만 명 이상의 투자자가 '오마하의 현인'으로 알려진 버핏의 모든 결정에 따른다.

빌 게이츠는 1975년에 폴 앨런과 함께 마이크로소프트를 설립했고, 530억 달러의 자산을 보유해 세계에서 두 번째로 부유한 사람이 되었으며(2019년 기준), 자선활동에도 앞장서고 있다. 1999년에는 팬 아메리칸 실버Pan American Silver에 투자해 소로스와 버핏을 이어 은 시장에서 세 번째로 큰 투자자가 되었다.

버핏은 다른 전략을 구사했다. 1998년 연례 회계보고서가 공식적으로 발간되기 전에 버크셔 해서웨이는 1997년 7월 25일부터 1998년 1월 12일까지 총 1억 3,000만 트로이온스(중량으로는 약 4,000톤)의 은을 구매했다고 발표했다. 전 세계 연간 생산량의 약 20퍼센트에 해당하는 양이었다. 하지만 금액으로는 버크셔 해서웨이의 총투자금의 2퍼센트에 불과했다.

금속 실물 투자는 전 세계 금융업계를 경악에 빠뜨렸다. 항상 가

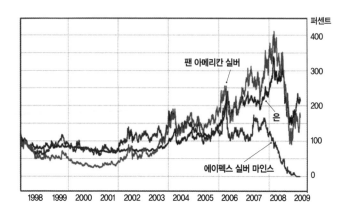

출처 | 블룸버그, 2019.

치 투자를 하던 버핏이 몇 년간에 걸친 수급 불균형과 급격한 재고량 하락을 근거로 은 투자에 나섰기 때문이다. 뒤이은 은 가격 상승은 버핏의 판단이 옳았음을 증명해주었다. 버핏은 엄청난 수익을 올렸다.

1999년 9월 빌 게이츠가 캐스케이드 인베스트먼트 LCC를 통해 팬 아메리칸 실버 주식을 평단가 5.25달러에 300만 주 이상 구매했다는 사실이 알려졌다. 1994년에 설립된 팬 아메리칸 실버 주식의 10퍼센트에 해당하는 양이었다. 팬 아메리칸 실버는 멕시코, 페루, 볼리비아, 아르헨티나에서 은 채굴 프로젝트를 진행 중이었다.

1997년 이후 은 가격 성과를 에이펙스 실버 마인스와 팬 아메리칸 실버의 주가 성과와 비교해보면 흥미로운 그림이 그려진다. 2008년 말에는 은이 최고의 수익을 안겨주었고 그다음은 팬 아메리칸 실버의 주식이 높은 수익을 냈다. 에이펙스 실버 마인스 주식은 처음에는 은과 팬 아메리칸 실버 주식과 함께 거래되다가 나중에 폭락했다. 1997년에 기업 공개된 에이펙스 실버 마인스 주가는 2008년 말에 90퍼센트 하락했고 결국 파산에 이르고 말았다. 그 사이에 대체 무슨 일이 있었던 것일까?

볼리비아 광산을 국유화하겠다는 모랄레스 대통령의 위협에 투자자들은 불안에 떨었다. 하지만 실제로는 직접적으로 국유화하지 않고 세금 부담을 급격히 높였다. 그럼에도 불구하고 에이펙스 실버 마인스는 일본 스미토모상사에 주요 자산의 일부를 매각해야 했다. 게다가 에너지 원가가 폭발적으로 오르면서 산크리스토발의 광산 개발 비용도 점점 더 높아졌다. 에이펙스 실버 마인스는 은, 아연, 납 선물을 대량으로 팔아야 했다. 하지만 상품 가격이 상승하면서 손실이 커졌고 결국 2009년 1월 에이펙스 실버 마인스는 파산을 발표한다.

그렇다면 어떤 투자가 더 나았을까? 에이펙스 실버 마인스와 팬 아메리칸 실버의 주가는 한때 은의 가치를 뛰어넘었다. 연간 생산량과 광물 보유량이 레버리지 효과를 가져왔기 때문이다. 하지만 레버리지는 투자자들이 사업상의 위험과 시장 위험에 대해 지불하는 대가다. 그러나 결과적으로 에이펙스 실버 마인스보다는 은 실물에 투자하는 것이 훨씬 안전한 것으로 증명되었다.

◆ 워런 버핏과 빌 게이츠, 조지 소로스는 1990년대 은 시장에 관심을 가졌다.

◆ 4달러 미만이었던 은 가격은 10여 년 뒤인 1997년에 8달러 이상으로 상승했다. 2008년에는 22달러에 달했다.

◆ 은에 대한 직접 투자보다는 은을 채굴하는 기업에 투자하는 것이 훨씬 높은 수익률을 보장했다. 하지만 훨씬 높은 기대 수익에는 대가가 따랐다.

◆ 은 가격이 상승하자 볼리비아 대통령 에보 모랄레스는 광산을 국유화하겠다고 위협했다. 에이펙스 실버 마인스는 1997년의 상장가보다 90퍼센트 이상 주가가 하락했다. 결국 에이펙스 실버 마인스는 파산을 발표했다.

1996년
국제 금융 시장에서
최대 규모의 손실을 불러온 선택

스미토모의 스타 트레이더 하마나카 야스오는 도쿄에서 이중적인 삶을 살아간다. 구리 시장을 조작해 상사들에게 기록적인 수익을 안겨주는 동시에 위험한 개인 트레이더로도 활동한 것이다. 결국 스미토모는 26억 달러의 기록적인 손실을 입었고, 하마나카 야스오는 8년형을 선고받는다.

FROM TULIPS TO BITCOINS

하마나카 야스오浜中泰男는 일본 복합기업 스미토모의 자회사인 도쿄 스미토모 트레이딩Sumitomo Trading의 수석 트레이더로 오랫동안 일했다. 내부자들 사이에서는 전 세계 구리 시장의 5퍼센트를 장악했다는 뜻에서 '구리 손가락'이나 '미스터 5퍼센트'라는 별명으로 알려져 있었다. 하마나카 야스오는 회사에 엄청난 수익을 안기는 직원이었으나 1996년 6월 5일, 그는 회사에 16억 달러의 손실을 입혔다고 밝혔다. 이후 스미토모 스캔들은 대형 금융 사기 중 하나로 기록되었다.

상품으로서의 구리

건설, 전기, 기계공학에 주로 사용되는 구리의 전 세계 생산량은 약 2,000만 톤이다. 최대 구리 생산국인 칠레가 전 세계 생산량의 약 3분의 1을 생산하고, 인도네시아, 미국, 오스트레일리아가 그 뒤를 잇고 있다. 구리는 알루미늄과 함께 자주 거래되는 산업용 금속이다. 가장 중요한 구리 거래소는 런던금속거래소LME와 뉴욕상업거래소NYMEX다. 런던금속거래소에서는 구리가 톤당 달러로 거래되고, 뉴욕상업거래소에서는 파운드당 센트로 거래된다. 미국에서는 구리를 HG로 표기한 다음 계약 월과 연도를 붙인다.

1985년 스미토모상사Sumitomo Corporation는 상품 선물 시장의 구리 거래 전문가인 서른일곱 살의 하마나카 야스오를 고용했다. 하마나카 야스오의 부서는 1980년대 중반에 상당한 손실을 보고 있었지만 거래 담당자는 물론 나중에 하마나카 야스오까지 비밀 거래로 손실을 은폐했다. 보통 트레이더는 일정 시간이 지난 후에 자리를 옮기는 것이 관행이었지만 하마나카 야스오는 엄청난 수익을 창출했기 때문에 11년 동안 자기 자리를 지켰다.

런던금속거래소의 시장 조작과 사기 의혹은 모두 무시된 반면, 구리 수요의 증가와 인위적 공급 부족에 관한 하마나카 야스오의 분석은 종종 언론에 실렸다. 스미토모의 스타 트레이더이면서도 겸손

한 인상을 주었던 그는 사실 다른 얼굴을 가지고 있었다. 낮에는 스미토모를 위해 공식적인 거래를 하면서 밤에는 비밀리에 런던금속거래소와 뉴욕상업거래소에서 자신을 위한 거래를 했던 것이다. 물론 여기에 그치지 않았다. 별 볼일 없는 도쿄 교외 지역인 가와사키의 작은 집에서 네 가족과 함께 살았고 소형차를 몰았던 하마나카 야스오는 동시에 긴자 유흥가 출신의 애인과 사치스러운 여행을 즐겼고 스위스 은행 계좌도 보유하고 있었다.

1993년 초 하마나카 야스오는 중국의 급속한 산업화로 구리 수요가 크게 증가할 것이라 예측하고 구리 가격 상승에 베팅했다. 하지만

1995~1997년 구리 가격

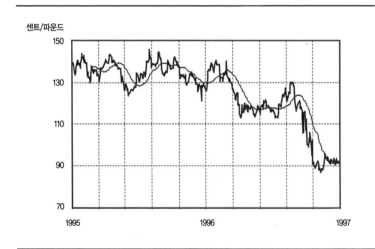

출처 | 블룸버그, 2019.

중국은 시장을 압박해 가격을 내렸다. 하나마카 야스오의 손실은 점점 불어났다. 하마나카 야스오는 대차대조표와 매매보고서, 상사들의 서명을 위조해 신용 대출을 추가로 받아 자신의 포지션을 늘리고 시장을 '올바른' 방향으로 움직이려 했다. 하지만 중국은 서둘러 구매에 나설 기미가 없어 보였다. 1995년 말과 1996년 초, 상황은 서서히 위태롭게 변해갔다.

1996년 6월, 결국 하마나카 야사오는 자신의 손실을 인정할 수밖에 없었다. 순수 선물 포지션uncovered future position(한 가지 상품에 투자해 가격 변동 위험에 노출되는 것-옮긴이)이 18억 달러에 달했던 것이다. 충격을 받은 스미토모는 하마나카 야스오를 해고했고 모든 포지션을 빠르게 청산했다. 구리 가격이 하루에 27퍼센트 하락하면서 스미토모는 또다시 8억 달러의 손실을 입었다. 결국 스미토모상사는 26억 달러의 손실을 보았다. 국제 금융 시장에서 기업 한곳의 손실로는 최대 규모였다.

하마나카 야스오는 대중들에게 범죄자로 취급당했다. 법정에서 자신의 죄를 인정한 그는 1998년에 8년형을 선고받았다. 훗날 기자들은 트레이더 한 사람이 전례를 찾아보기 힘든 엄청난 손실을 어떻게 숨길 수 있었는지 의아해했다. 엄청난 거래량에도 하마나카 야스오의 상사들 중 누구도 그의 거래를 자세히 알지 못했다. 내부 감사와 관리 감독에 실패가 기업의 기록적인 손실을 가져온 것이다.

◆ 하마나카 야스오는 1985년에 일본 복합기업 스미토모에서 구리 거래를 시작했다. 그는 전 세계 구리 시장의 5퍼센트를 장악하면서 '구리 손가락', '미스터 5퍼센트'라는 별명을 얻었다.

◆ 1993년 이후 하마나카 야스오는 중국의 구리 수요 증가로 구리 가격 상승에 베팅했다. 하지만 구리 가격은 계속 떨어졌고 하마나카 야스오는 추락했다. 그럼에도 불구하고 가격 회복을 기대하면서 누적되는 손실을 숨겼다.

◆ 1996년, 결국 하마나카 야스오는 18억 달러의 손실을 밝힐 수밖에 없었다. 충격을 받은 상사들은 모든 포지션을 즉시 청산하라고 지시했다. 그러자 단 하루 만에 구리 가격이 27퍼센트 하락했으며 스미토모는 추가로 8억 달러의 손실을 입었다.

◆ 1996년 일본의 스미토모 구리 스캔들은 단 한 사람이 26억 달러의 손실을 초래한, 역사상 최대 금융 사기였다.

1997년
정글에서 금광을 발견하다, 캐나다 최대 광산 스캔들

캐나다 회사 브렉스는 보르네오 정글에서 총 추정 가치가 2,000억 달러 이상에 달하는 금광을 발견한다. 여기에 대형 광산회사들과 인도네시아 대통령 수하르토가 한몫 챙기려고 뛰어든다. 그러나 1997년 3월 금광 발견은 역대 최대 금 사기극으로 드러난다.

FROM TULIPS TO BITCOINS

"평생 본 것 중에 지질학적으로 가장 놀라웠다.
아주 크고 무서운 것, 진짜 엄청 무서운 것이다!"

| 존 펠더호프, 브렉스 |

세인트폴은 대략 5,000여 명이 거주하는 캐나다 앨버타 북동쪽에
있는 외딴 마을로, 유일한 관광명소는 1967년 6월에 만들어진 UFO
착륙지뿐이었다. 1990년대 중반에 그 작은 마을은 국제 언론의 집
중적인 관심을 받았다. 주민 중 한 명이 불과 3년 사이에 500배 증가
한 광산회사 브렉스Bre-X의 주주였던 것이다. 결과적으로 세인트폴
에서 백만장자 수가 갑자기 급증했다. 이때 관심의 중심에는 지역 저
축은행 직원인 존 쿠틴John Kutyn이 있었다. 그는 일찍부터 브렉스에
투자하기 위해 자동차와 오토바이를 포함해 모든 것을 다 정리했다.

그리고 브렉스가 붕괴되기 직전에 빠져나간 몇 안 되는 사람 중 한 명이었다.

상품으로서의 금

세계금협회World Gold Council의 추정에 따르면 역사적으로 약 19만 톤의 금이 생산되었다. 그중 5분의 1은 중앙은행 금고에 저장되어 있다. 주요 금 생산국으로는 중국, 오스트레일리아, 러시아, 미국, 캐나다가 있고 페루, 인도네시아, 남아프리카공화국, 멕시코, 가나가 그 뒤를 잇고 있다. 이 10개국의 금 생산량을 모두 합치면 전 세계 금 생산량의 약 75퍼센트를 차지한다.

전 세계 금 거래의 중심지는 런던 금 시장이다. 대부분의 금 수요는 보석업계에 몰려 있고 그다음으로는 투자용과 산업용 수요가 높다. 양적인 측면에서 최대 금 생산기업에는 배릭 골드Barrick Gold와 뉴몬트 마이닝Newmont Mining, 골드코프Goldcorp가 있다.

1980년대에 캐나다에서는 원유와 금을 비롯해 각종 상품을 찾는 탐사회사가 폭발적으로 증가했다. 그중에는 1980년대 말경에 전직 증권 중개인 데이비드 월시David Walsh가 설립한 브렉스도 있었다. 처음에 0.30캐나다달러였던 브렉스의 주가는 1993년에 몇 센트 수준으로 떨어졌다. 하지만 월시와 지리학자 존 펠더호프John

Felderhof가 인도네시아 보르네오 정글에 위치한 부상Busang의 탐사권을 사들인 이후 상황이 바뀌었다. 펠더호프는 동료 마이클 데 구즈만Michael De Guzman과 함께 1980년대 중반에 또 다른 회사에서도 부상을 탐사했고 소량의 금 흔적을 발견했다. 1993년 5월 6일 브렉스는 부상의 채굴권을 얻었다고 발표했다. 그때 주가는 약 0.50캐나다달러였다. 그러나 시추 샘플을 분석한 결과 바위 1톤당 6그램 이상의 금이 함유된 것으로 밝혀졌다. 금이 3그램만 함유되어 있어도 놀라운 일이었기 때문에 이런 결과는 돌풍을 불러일으켰다.

머지않아 분석가들은 브렉스에 대한 이야기를 들었다. 1994년 3월 주가는 2.40캐나다달러로 올랐다. 탐사와 테스트가 끝나고 1년이 지난 9월 브렉스 경영진은 부상의 금 매장량이 300만 온스에서 600만 온스라고 추정했다. 브렉스의 시추 결과가 점점 더 긍정적으로 나오자 금 전문가들과 분석가들은 훨씬 더 낙관적인 전망을 내놓았다.

1995년 11월 부상의 금은 3,000만 온스를 초과하는 것으로 추정되었고 그해 말 브렉스의 주가는 50캐나다달러 이상으로 상승했다. 1996년 5월 연례 주주 총회에서 브렉스 주가는 200캐나다달러였고 주식 한 주를 열 주로 분할했다. 금 매장량 추정치는 계속 올라갔다. 브렉스는 1996년 6월에 금 매장량이 3,900만 온스 이상이라고 보고했고 7월에는 4,700만 온스, 12월에는 5,700만 온스, 1997년 2월에는 7,100만 온스라고 발표했다. 얼마 후 펠더호프는 금 매장량이 1억 온스 이상인 것 같다고 밝혔다. 그것이 사실이라면 부상은 역대 최대 금광이었다. 시장에서는 금 매장량이 그보다 두 배는 많다는 소문이 돌았다. 약 2억 온스, 톤으로는 6,000톤 정도의 금이 보르네오 정글에 숨겨져 있다는 것이었다.

1996년 9월 초, 주가도 절정에 이르러 28캐나다달러(주식 분할 전의 280캐나다달러와 같은 가치)까지 치솟았고 시가 총액은 40억 달러를 넘었다. 불과 3년 사이에 브렉스 주가는 500배 넘게 올랐다. 실제로 금은 1온스도 생산하지 못했는데 말이다.

한편, 플레이서 돔과 뉴몬트 마이닝, 배릭 골드, 프리포트-맥모런 같은 동종업계의 유명기업들도 부상 금맥 투자에 경쟁적으로 뛰어

1992~1997년 브렉스 주가

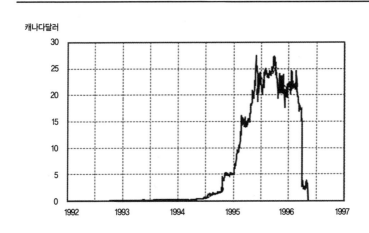

출처 | 블룸버그, 2019.

139

들었다. 인도네시아 대통령 하지 모하맛 수하르토도 한몫 챙기고 싶어했다. 그리고 1996년 12월에 인도네시아 정부와 브렉스, 배릭 골드는 부상을 나누어 갖기로 했다. 이듬해 2월 프리포트-맥모런도 합류했다.

그러나 상황이 악화되기 시작했다. 1997년 3월 19일, 느닷없이 마이크 데 구즈만이 헬리콥터에서 뛰어내려 자살했다. 뒤이어 여러 개의 시추공을 뚫어 탐사한 결과 미미한 양의 금밖에 없다는 사실이 밝혀졌다. 그리고 그로부터 일주일이 지난 뒤 브렉스가 초기 샘플을 조작했다는 사실이 드러났다. 이 소식에 투자자들은 공황 상태에 빠졌다. 브렉스의 주가는 폭락했고 브렉스의 주식 거래는 중지되었다. 훗날 브렉스는 파산을 선언했고 주식은 휴지 조각이 되었다.

브렉스의 사기 사건은 캐나다 최대의 자본 시장 스캔들이자, 역대 최대 광산 스캔들로 역사에 기록되었다. 이 사건은 캐나다 주식 시장에 쉽게 사라지지 않는 오점을 남겼다. 다양한 규모의 투자자들이 투자금을 허공에 날렸다.

하지만 모두가 피해를 입은 것은 아니었다. 브렉스 설립자 월시는 회사가 파산하기 직전에 주식을 팔아 3,500만 달러를 챙겨 바하마로 떠났다. 펠더호프는 1996년 4월에서 9월 사이에 브렉스 주식을 거의 300만 주 가까이 팔아서 약 8,500만 캐나다달러를 챙겼고 케이맨제도에 새로운 보금자리를 마련했다. 브렉스 스캔들은 2002년에야 마무리되었지만 법적 분쟁은 지금까지도 계속되고 있다.

◆ 브렉스 스캔들은 캐나다 역사상 최대 광산 스캔들로 남아 있다.

◆ 1993년 데이비드 월시와 존 펠더호프는 보르네오에서 세기의 금광을 발견
했다고 주장했다. 그들의 회사 브렉스는 투기적 저가주로 30캐나다센트에
거래되다가 시가 총액 40억 달러의 기업이 되었다. 1993년 중순부터 1996
년 중순까지 브렉스 주가는 500배 상승했다. 인도네시아 대통령 하지 모하
맛 수하르토와 대규모 다국적 금 기업들이 서둘러 한몫 챙기고 싶어했다.

◆ 하지만 1997년 3월에 보르네오 정글에서 금광을 발견했다는 주장은 역대
최대 금 사기극으로 밝혀졌다. 브렉스가 금 샘플을 조작했다는 사실이 드러
난 것이다. 브렉스는 파산을 선언했고 브렉스 주식은 휴지 조각이 되었다.

2001년

금보다 더 값진 금속,
팔라듐

2001년 팔라듐은 거래량이 많은 4대 귀금속 금, 은, 백금, 팔라듐 중 최초로 온스당 1,000달러라는 심리적 지지선을 뚫고 값이 오른다. 가장 중요한 팔라듐 생산국인 러시아가 지속적으로 인도를 지연한 탓이다.

"러시아의 실제 팔라듐 비축량은 국가 기밀이다."

| 유엔 무역개발회의 |

러시아는 1970~1980년대에 팔라듐을 과잉 생산하고 전략적으로 재고를 비축해 전 세계 팔라듐 시장의 중심지가 되었다. 팔라듐은 대체로 백금이나 니켈 같은 다른 금속들의 부산물이기 때문에 공급이 충분하고 가격이 낮을 때도 계속 생산될 수밖에 없다.

대다수의 팔라듐은 러시아 시베리아 북쪽의 노릴스크 니켈 매장지 단 한 곳에서 산출된다. 노릴스크의 니켈 공급량으로 수요를 맞추지 못하면 러시아 국가귀금속준비국 고크란Gokhran은 재무부와 러시아 중앙은행 감독 아래 보유하고 있는 재고로 부족분을 메운다.

1990년대 말 자동차 촉매의 개발로 팔라듐은 중요한 산업용 금속이 되었고 비교적 낮은 가격 덕분에 백금 대신 점점 더 많이 사용되었다. 하지만 러시아의 팔라듐 물량이 부족해지면서 가격이 오르기 시작했다.

상품으로서의 팔라듐

팔라듐은 백금, 루테늄, 로듐, 오스뮴, 이리듐과 함께 백금족 원소PGM다. 금속 팔라듐은 시장의 50퍼센트 이상이 자동차 촉매 등의 산업용으로 쓰이지만 사실 보석으로도 사용된다. 지난 5년간 러시아에서 생산된 팔라듐이 연간 생산량의 50퍼센트를 넘었다. 다른 주요 생산국으로는 남아프리카공화국, 미국이 있다. 연간 생산량이 약 220톤인 팔라듐 시장은 금이나 은 시장(연간 금 생산량은 3,000톤, 연간 은 생산량은 2만 4,000톤)에 비하면 상당히 작은 편이다.

런던금시장연합회가 매일 두 차례 발표하는 가격이 국제적으로 가장 널리 인정받는 참조 가격이다. 팔라듐 선물은 미국(뉴욕상업거래소)과 일본(도쿄상품거래소)에서 거래된다.

그러다 1997년에 러시아의 팔라듐 인도가 7개월 동안 중단되었다. 이듬해에도 다시 인도 중단 사태가 발생했다. 분석가들은 팔라듐확보 가능성에 의문을 제기하기 시작했다. 1997년 러시아의 금융

1998~2004년 팔라듐 가격

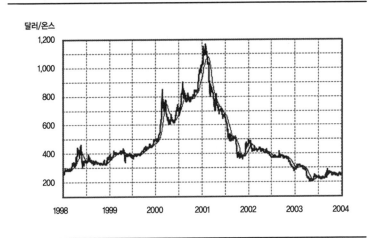

달러/온스

출처 | 블룸버그, 2019.

위기 이후 서구 은행들이 팔라듐 재고를 담보로 잡고 있는 듯했다.

1997년 초 온스당 120달러였던 팔라듐 가격은 1998년에 200달러 이상으로 치솟았다. 그해 4월에는 계속되는 러시아의 공급 중단 사태로 1971년 이후 처음으로 금 가격을 넘어선 것이다. 팔라듐 가격은 400달러에서 600달러까지 계속 올랐다. 2000년 2월에는 800달러 이상으로 급등했다. 이 시기에 금 가격은 평균 300달러 미만이었다. 그렇게 이쯤에서 가격 상승이 멈추는가 싶더니 다시 1,000달러까지 올랐다.

2001년 초에도 가격이 상승하면서 팔라듐은 거래량이 많은 4대

귀금속(금, 은, 백금, 팔라듐) 중에서 최초로 온스당 1,000달러라는 심리적 지지선이 무너졌다. 2001년 1월 말에는 물량 부족으로 팔라듐 가격은 거의 1,100달러까지 치솟았다. 팔라듐의 가치는 불과 4년 만에 거의 열 배가 올랐다.

하지만 이런 상황은 오래가지 않았다. 러시아가 일본과 장기 공급 계약을 맺고 2001년 1월부터 팔라듐을 공급하기로 했다는 발표가 나오자마자 팔라듐 가격은 200달러까지 떨어졌다. 하지만 그러고 얼마 지나지 않아 뉴밀레니엄의 첫 10년 동안 원자재 붐이 일면서 팔라듐 가격은 다시 600달러까지 상승했다. 열 배가 오른 2001년에 비하면 세 배 상승한 가격이었다.

2015년 자동차업계에서 대형 배기가스 조작 스캔들(디젤게이트)이 터지면서 팔라듐 가격이 또다시 반등했다. 그해 9월에 미국 환경보호청EPA은 대기오염방지법을 위반한 혐의로 폭스바겐을 고발했다. 독일 자동차 제조업체 폭스바겐은 배기가스 기준을 맞추기 위해 디젤 엔진의 데이터와 소프트웨어를 조작했다. 이 스캔들은 다른 제조업체들에게도 영향을 미쳐 디젤 자동차의 배기가스 오염에 대한 경각심을 높여주었다. 휘발유 자동차 촉매로 사용되는 팔라듐 가격은 2015년 중순에 500달러 미만에서 2018년 말 1,100달러 이상으로 두 배 넘게 올랐다. 2019년 초에 팔라듐은 또다시 금보다 비싼 1,320달러에 거래되었다. 투자자들은 이런 가격 반등이 이번에는 얼마나 오래갈지 궁금해하고 있다.

◆ 팔라듐 비축량의 90퍼센트 이상이 러시아와 남아프리카공화국에 몰려 있다. 팔라듐은 백금과 함께 주로 자동차 촉매와 관련된 산업용으로 사용된다.

◆ 2001년 1월 팔라듐 가격은 4년 전 가격보다 열 배 상승한 1,100달러였다.

◆ 팔라듐의 최대 생산국이자 수출국인 러시아가 팔라듐 선적을 보류하면서 팔라듐이 금과 은 또는 백금보다 귀한 금속이 되었다.

◆ 디젤 자동차의 배기가스 조작 스캔들인 디젤게이트가 터지면서 팔라듐 가격이 새롭게 반등해 2015년 이후 또다시 두 배 이상 상승했다.

2005년
베팅에 실패한 구리 트레이더,
흔적도 없이 사라지다

중국 국가물자비축국의 트레이더가 구리 20만 톤을 공매도하고 가격이 떨어지길 기다린다. 하지만 구리 가격이 기록적으로 상승하자 그는 자취를 감춘다. 한 편의 스릴러물 같은 이 소식을 전해 들은 전 세계 금속 트레이더들은 충격에 휩싸인다.

"직원 중에 로그 트레이더가 한 명 있을 수는 있다.
하지만 중국이 그처럼 중요한 역할을 맡은 시장에서
로그 네이션rogue nation(불량 국가)이라는 명성을
얻고 싶어했다면 정말 놀라운 일이다."

| 익명의 트레이더 |

2005년 11월의 런던, 뉴욕, 상하이의 선물 거래소에서 가장 뜨거웠던 화제의 인물은 중국인 구리 트레이더 리우 취빙劉啓斌이었다. 당시 구리 시장에 대량의 투기성 공매도 포지션이 잡혀 있다는 소문이 돌았다. 중국국가물자비축국SRB 트레이더 리우 취빙이 런던금속거래소에서 최소 10만 톤에서 20만 톤에 달하는 선물 계약을 공매도했다는 것이었다.

거의 10년 전 일본의 하마나카 야스오와는 달리 리우 취빙은 구리 가격 하락에 베팅했다. 하지만 가격은 계속 상승했고 대량의 공매

도 포지션이 알려지면서 런던에서 3개월 후에 인도될 구리의 가격은 톤당 거의 4,200달러로 최고치를 기록했다.

구리 가격은 뉴밀레니엄 시대가 시작되면서 오르기 시작했다. 전년도 평균 가격은 1,500달러를 약간 웃도는 데 그쳤던 구리 가격이 2003년 12월에 처음으로 톤당 2,000달러를 돌파했다. 몇 달 후 구리 가격은 4,000달러 선을 넘었다. 기반 산업과 건설업계에서 구리가 점점 더 많이 필요해지면서 중국 경제의 구리 수요가 증가한 것이 요인이었다. 당시 경제협력개발기구OECD 국가들이 세계 구리 생산량의 약 80퍼센트를 소비했지만 중국의 역동적 성장과 함께 구리 소비량도 더욱 늘어났다. 경제협력개발기구 국가들의 구리 소비량은 지난 5년간 매년 평균 2.5퍼센트씩 상승했다. 같은 기간 중국의 수요는 매년 약 15퍼센트씩 증가했다. 수요가 최고조에 이르렀을 때 중국의 구리 수요 증가량은 전 세계 수요 증가량의 80퍼센트 이상을 차지했다.

산업용 구리 가격은 계속 올랐다. 생산자들이 공급을 천천히 늘렸기 때문이다. 그들이 공급을 늦춘 데는 몇 가지 이유가 있었다. 첫째, 새로운 광산을 개발해 구리 1톤을 생산하기까지는 보통 몇 년이 걸리는 것을 고려한 결정이다. 둘째, 높은 가격이 계속 유지될 것이라고 생각하지 않아서 장기 투자를 보류한 생산자들이 많았다. 하지만 2004년에 기존 투자 프로젝트는 확대되었고 신규 광산이 가동되면서 결정적인 국면에 들어섰다. 세계 최대 구리 생산업체인 칠레의 코델코Codelco와 중국국가물자비축국을 비롯한 전문가들은 2005년 말에 구리 공급량이 증가할 것이라고 예측했다. 구리 가격 상승도 끝났어야 했다. 하지만 예측은 빗나갔고 중국은 값비싼 대가를 치렀다.

예측과 달리 주요 생산국들의 구리 생산에 문제가 생겼다. 고유가와 파업, 심지어 지진까지 지속적인 영향을 미치면서 비용이 상승했다. 시장에 구리를 추가 공급하려는 프로젝트는 지지부진했고 중국의 역동적 경제 성장으로 수요는 급증했다. 그 결과 가격이 꾸준히 상승했다. 리우 취빙의 포지션에 관한 소문이 가격 상승을 부추겼고 런던과 뉴욕, 상하이 상품선물거래소의 구리 재고는 30년 만에 최저치를 기록했다.

2003~2007년 구리 가격

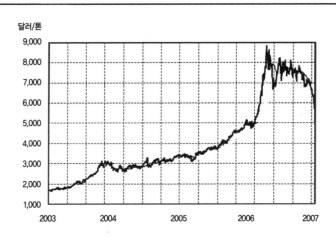

달러/톤

출처 | 블룸버그, 2019.

《차이나 데일리》는 중국국가물자비축국의 리우 취빙이 13만 톤의 구리를 톤당 평균 가격 3,300달러에 팔았다고 보도했다. 구리 가격이 4,000달러를 넘었을 때 리우는 런던과 중국의 다른 트레이더들과의 계약을 파기하고 종적을 감추었다. 휴대전화는 연결되지 않았고, 베이징에 있는 집 문은 절대 열리지 않았으며, 상하이의 직장에서도 그를 찾아볼 수 없었다.

처음에 리우의 상사는 그런 직원이 없다고 했다. 나중에 중국 국가물자비축국은 리우가 단독으로 저지른 일이라고 주장했다. 후베이성 농부 집안에서 태어난 리우는 1990년부터 중국국가물자비축국에서 근무했고 런던금속거래소에서 선물 거래와 옵션 거래를 배웠다. 2002년에서 2004년 사이에는 중국 국가물자비축국에서 일하며 위험성 높은 구리 거래에서 3억 달러 이상의 수익을 냈다. 1953년에 설립된 중국국가물자비축국은 본래 투기로 수익을 올리는 것이 아니라 상품 거래를 통해 가격을 안정시키고 공급량을 확보해야 했다. 업계 전문가들은 중국 소식통에 따르면 서른여섯 살의 트레이더가 범법자라기보다는 하수인에 불과하다고 생각했다.

이제 수억 달러의 손실에 직면한 중국 정부는 구리 경매를 통해 세계 시장의 가격을 떨어뜨리려고 했다. 처음 발행한 트랑슈tranche(프랑스어로 분할 발행분이란 뜻으로 특정 채권의 일부분으로 발행된 채권의 한 종류─옮긴이)로 5만 톤의 구리를 팔았다. 뒤이어 비슷한 규모의 트랑슈를 발행했고 베이징 지도부는 130만 톤의 구리를 비축하고 있다는 소문을 퍼뜨렸다. 하지만 시장 참가자들은 중국이 130만 톤의 절반 수준에 불과한 구리를 비축했을 것으로 추정했다. 결국 중국 정부의 조치는 실패했다. 점점 더 많은 시장 참가자가 반대 포지션을 취하면서 중국은 12월 말에 구리 실물을 인도해야 했다.

중국에서 '악어'라고 불리는 헤지펀드는 단기 이익을 창출할 기회를 포착했다. 구리 가격은 2006년 1월 5,000달러를 넘어 4월 초에는 6,000달러, 그달 말에는 7,000달러까지 올랐다. 5월에는 톤당 거의 8,800달러까지 치솟았다. 이후 몇 달에 걸쳐 구리 가격은 다시 정상화되었다.

| K | E | Y | P | O | I | N | T |

◆ 약 10년 전의 일본 트레이더 하마나카 야스오처럼 중국트레이더 리우 취빙은 가격 하락에 베팅해 큰 손실을 입었다.

◆ 리우는 중국 경제의 증가하는 원자재 수요를 관리하는 중국국가물자비축국에서 일했다. 리우의 공매도 포지션 물량은 구리 약 10만 톤에서 20만 톤인 것으로 추정되었다.

◆ 구리 가격은 2003년에 톤당 1,500달러에서 2006년에 9,000달러까지 상승했고 이와 동시에 리우는 흔적도 없이 종적을 감추었다.

2005년

뉴올리언스 창고 침수가
가져온 결과

미국 뉴올리언스는 재즈와 마르디그라 축제, 크리올 요리로 유명하다. 하지만 세계 아연 재고의 약 4분의 1이
비축되어 있다는 사실은 잘 알려져 있지 않다. 그러나 2005년, 뉴올리언스에 허리케인 카트리나로 홍수가
일어나 아연 창고에 접근하기 어려워지고 아연 가격은 역대 최고치까지 오른다.

"완전히 다 쓸어 갔습니다······ 대단히 파괴적이었죠."

| 조지 W. 부시 |

런던금속거래소에서 톤당 달러로 거래되는 아연은 구리와 알루미늄 다음으로 큰 금속 시장이다. 하지만 뉴밀레니엄이 시작되고 첫해에 아연과 납은 구리와 알루미늄에 비해 홀대당했다. 수년간 낮은 가격에 머물러 있었고 광산기업의 이윤이 적었기 때문이다. 전 세계 공급량은 정체되어 있었다.

2003년 중국 경제의 급성장으로 산업용 금속에 대한 관심이 높아졌을 때도 아연 가격은 다른 산업용 금속에 비해 뒤늦게 상승했다. 그럼에도 불구하고 중국은 금속 부족 현상에 큰 역할을 했다. 2004년

런던금속거래소

런던금속거래소에서는 몰리브덴, 코발트, 철강뿐 아니라 구리, 알루미늄, 아연, 납, 니켈, 주석 등이 거래된다. 근래에 들어 전자화와 전기차에서 기회를 포착하고 리튬, 망간, 흑연에 대한 선물 거래를 도입할 예정이다. 거래는 오전과 오후, 하루에 두 번 오픈 링open ring에서 공개 호가open outcry로 이루어지는데, 일일 공식 거래 가격은 이때 결정된다. 2012년에 인터콘티넨털 익스체인지ICE, 시카고상업거래소, 나스닥과의 9개월에 걸친 경매전쟁 끝에 홍콩증권거래소HKEx가 개장 137주년을 맞은 런던금속거래소를 10억 파운드에 인수하기로 합의했다. 런던금속거래소는 매출 규모가 연간 12조 달러 이상으로 세계 최대 금속 거래소다. 그다음은 싱가포르와 뉴욕 금속거래소다.

런던금속거래소의 선도 계약은 실물로 인도가 가능하다. 금속 재고가 런던금속거래소 창고에 보관되어 있기 때문이다. 금속을 인도받으려면 인도증이 있어야 한다. 런던금속거래소 인도증은 소유주가 지정된 장소에 있는 특정 양의 금속에 대한 권리를 증명해주는 서류다. 현재 런던금속거래소는 미국, 유럽, 중동, 아시아 등의 32개 지역에 400개 이상의 창고가 있다.

중국은 아연의 순수입국이 되었고 2005년 초반 7개월 동안은 약 6만 7,000톤을, 그 전년도에는 1만 5,000톤의 아연을 수입했다. 국제납·아연연구그룹은 첫 5개월 동안 재고가 5만 톤이 넘었음에도 불구하고 2005년 말까지 아연 20만 톤이 부족할 것이라고 예측했다.

전 세계 아연 재고량이 감소하기 시작했는데도 생산국들은 공급량을 늘리는 데 회의적이었다. 2005년 엑스트라타Xtrata와 테크 코민코Teck Cominco에 이어 세계에서 세 번째로 큰 아연 생산업체인 지니펙스Zinifex의 상무이사 그레이그 게일리Greig Gailey는 이렇게 말했다. "이 시점에 신규 광산을 서둘러 개발하려는 사람은 아무도 없습

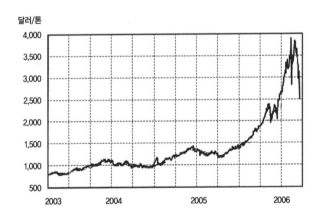

2003~2006년 아연 가격

출처 | 블룸버그, 2019.

니다. 우리는 테크 코민코도, 팰컨브리지Falconbridge도 아닙니다."

이 무렵 아연 가격은 톤당 약 1,200달러 수준을 맴돌았다. 2년 전부터 750달러와 850달러 사이에서 근소한 폭으로 움직이던 아연 가격은 2004년 초에 1,000달러를 돌파했다. 이런 상황은 2005년 8월까지 계속되었다. 그러던 어느 날, 허리케인 카트리나가 핵폭탄처럼 뉴올리언스를 강타했다. 5등급 허리케인 카트리나는 미국 남동부 지역에 막대한 피해를 입혔지만 특히 거의 대부분의 시가지가 해수면보다 낮은 지대에 있는 뉴올리언스의 상황이 심각했다.

24개의 런던금속거래소 창고는 지리적 이점과 경제 상황 때문에 미시시피 삼각주에 위치한 뉴올리언스 일대에 자리잡고 있었다. 그곳에는 25만 톤의 아연 외에도 알루미늄 1,200톤과 구리 900톤이 보관되어 있었다. 국제납·아연연구그룹은 전 세계 아연 재고량이 100만 톤을 겨우 넘어설 것으로 추정했는데, 이는 전 세계에 35일간 공급되는 아연의 양에 해당했다. 따라서 뉴올리언스의 아연 재고량은 전 세계 비축량의 약 4분의 1을 차지했고 런던금속거래소에서 거래되는 아연 양의 약 절반 수준이었다. 하지만 뉴올리언스에 홍수 피해가 나면서 아연 창고 이용이 힘들어졌다.

소시에테 제네랄의 금속분석가 스티븐 브리그스Stephen Briggs는 당시 상황을 이렇게 요약했다. "우리는 잠재적으로 심각한 국면에 처해 있었다…… 시장의 추측에 따르면 금속은 손상되었고 장기간 이용이 불가능할 것이다."

최악의 상황이 예상되었다. 9월 2일 뉴올리언스 창고의 침수로 아연 인도가 지연될 것이라는 예상에 아연 가격은 5개월 만에 최고치를 기록했다. 9월 6일 런던금속거래소는 아연 공급을 잠시 중단하기로 했다. 아연을 인도하겠다던 일주일 전의 발표를 뒤집은 것이었다. 이에 따라 런던의 아연 가격은 톤당 1,454달러로 치솟아 1997년 이래 최고치에 이르렀다. 이틀 후 런던금속거래소의 CEO 사이먼 힐Simon Heale은 뉴올리언스 항구에 접근하기가 힘들어서 아연 인도가 2006년까지 중단될 수도 있다고 했다.

그해 말 아연 가격은 1,900달러를 돌파했고 그로부터 채 2주도 지나지 않아 런던에서는 2,400달러까지 폭등했다. 하지만 이것은 시작에 불과했다. 상황이 악화되면서 2006년 상반기 아연 가격은 4,000달러로 상승했고 그해 11월에는 톤당 4,600달러 직전까지 올랐다. 이런 공황 상태는 2007년에 끝났다. 8월부터 12개월 동안 가격이 계속 하락해 3,500달러에서 1,500달러 미만으로 떨어졌다.

|K|E|Y|P|O|I|N|T|

◆ 전 세계 아연 비축량의 4분의 1이자 세계 최대의 금속 시장인 런던금속거래소에서 거래되는 아연의 약 절반이 뉴올리언스의 창고에 보관되어 있다는 것은 시장 내부자들만 알고 있는 사실이었다.

◆ 2005년 8월 허리케인 카트리나가 대규모 홍수를 일으키면서 뉴올리언스는 황폐화되었고 아연 창고에도 접근할 수 없게 되었다.

◆ 공급 부족으로 인해 아연 가격은 2005년 여름에 톤당 1,200달러에서 2006년 11월에 4,600달러까지 상승했다.

2006년
브라이언 헌터와
애머랜스 어드바이저의 몰락

에너지 기반 헤지펀드 머더록의 폐쇄 여파로 애머랜스 어드바이저의 파산이 금융업계를 흔들어놓는
다. 1998년 롱텀캐피털매니지먼트의 붕괴 이후 헤지펀드업계에서는 최대의 실패 사례다. 그 원인은 미
국 천연가스에 대한 선물 투자 실패 때문이다. 애머랜스 어드바이저의 에너지 트레이더 브라이언 헌터는
몇 주 만에 60억 달러를 잃는다.

"당신이 지불 능력을 유지할 수 있는 기간보다
훨씬 더 오랫동안 시장이 비논리적으로 돌아갈 수도 있다."

| 존 메이너드 케인스 |

2006년 9월 100억 달러 규모의 미국 대형 헤지펀드 애머랜스 어드바이저Amaranth Advisors가 천연가스에 베팅해 2주 만에 자본금의 약 3분의 2를 날리고 파산하기 직전이라는 소식이 금융 시장을 지진처럼 뒤흔들어놓았다. 겨우 몇 주 전에 천연가스 선물을 전문적으로 운용하는 또 다른 헤지펀드 머더록MotherRock도 폐쇄되었다. 이와 같은 사건들의 원인을 찾기 위해서는 몇 년 전으로 거슬러 올라가야 한다. 2004년과 2005년에 기록적인 허리케인이 발생하자 많은 헤지펀드가 에너지 시장에 관심을 가졌다. 허리케인 아이번, 카트리나, 리

타, 월마는 멕시코만의 원유와 천연가스 생산 시설을 파괴했고 그 결과 공급량이 크게 감소했다.

겨울철 내내 비교적 일정했던 수요뿐 아니라 극심한 날씨 탓에 가격 변동성이 커졌고 경우에 따라서는 에너지, 특히 천연가스의 실질 가격이 급등했다. 2004년과 2005년 상반기 동안 6달러에서 7달러에 거래되었던 가스 가격이 허리케인 시즌이 닥치자 15달러 이상으로 치솟았다. 하지만 몇 달 동안 생산이 중단되었어도 큰 태풍 없이 따뜻한 겨울 날씨와 많은 수입량 때문에 2006년에는 천연가스 가격에 별 변동이 없었다. 그해 최고치와 비교했을 때 뉴욕의 천연가스 기준 가격은 3분의 2 정도 하락했다. 9월에 천연가스는 거의 4달러에 거래되었다.

큰 폭의 가격 변동 탓에 단타 트레이더들이 천연가스에 관심을 보였지만 더욱 매력적인 투자처는 천연가스 선물 계약이었다. 만기가 각기 다른 계약들의 가격 차에 투자하는 것, 특히 헤지펀드를 통한 거래가 인기 있는 거래 전략이다. 트레이더들은 동일 상품에 공매도 포지션과 공매수 포지션을 동시에 취한다. 이런 거래는 가격 차의 확대나 축소, 다시 말해 기간구조의 기울기 변화를 기반으로 이루어진다.

2006년 미국 천연가스 시장에서 최고의 헤지펀드 투자자로 명성을 떨친 두 명이 있었다. 그중 브라이언 헌터Brian Hunter는 펀드 가치가 90억 달러에 달하는 애머랜스 어드바이저의 에너지 부문 수석 트레이더로 일했다. 또 다른 한 명인 로버트 콜린스Robert Collins는 약

4억 달러의 자금을 운용했던 머더록의 최고경영자였다. 머더록 에너지마스터펀드는 2004년 12월에 출시해 2005년에 투자자들에게 투자금의 20퍼센트를 돌려주었다.

당시 몇몇 투자자는 콜린스와 헌터가 3월에서 4월 천연가스 계약과 10월에서 1월 천연가스 계약에 대해 서로 상반된 포지션을 취했음을 알아차렸다. 헌터는 추운 겨울이 다가오기 때문에 가격 차이가

상품으로서의 천연가스

천연가스는 미국 에너지 시장의 거의 25퍼센트를 차지하는 중요한 에너지원이다. 천연가스 사용량의 80퍼센트 정도는 난방용, 발전용, 각종 산업용이다. 하지만 총수요의 약 20퍼센트를 차지하는 난방 수요는 특정 계절에만 일시적으로 생겨난다. 난방 수요는 겨울에는 증가하지만 여름에는 감소한다.

미국의 경우 천연가스는 텍사스, 멕시코만, 오클라호마, 뉴멕시코, 와이오밍, 루이지애나에서 집중적으로 생산된다. 텍사스와 멕시코만 지역의 생산량이 미국 내 생산량의 50퍼센트 이상을 차지한다. 미국에서 소비되는 천연가스의 15퍼센트 이상은 캐나다에서 수입되거나 액화천연가스LNG 형태로 다른 나라에서 수입된다. 뉴욕상업거래소에서는 천연가스를 의미하는 NG 뒤에 계약 월을 표기해 1만 MMBtu당 달러로 거래된다.

2003~2007년 천연가스 가격

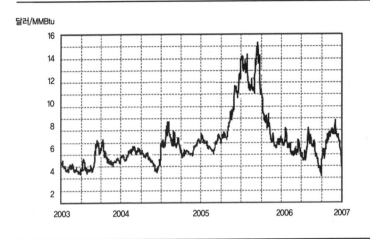

달러/MMBtu

출처 | 블룸버그, 2019.

커질 것이라 예상하고 투자 결정을 한 반면, 머더록은 가격 차이가 조정되리라는 쪽에 베팅했다.

360명 정도의 직원이 일하는 투자사 애머랜스 어드바이저는 처음에는 전환사채 차익 거래에 주력했다. 하지만 수익을 창출할 기회가 줄어들자 에너지 부문으로 시선을 돌렸다. 애머랜스 어드바이저는 매일 수천 건, 때로는 수십만 건의 계약을 사고팔면서 뉴욕상업거래소와 인터콘티넌털 익스체인지 같은 금융시장에서 미국 천연가스 거래를 장악했다. 애머랜스 어드바이저는 한 달 만에 약 10만 건의 천연가스 계약을 체결했다. 이는 미국 연간 가스 소비량의 약 5퍼

브라이언 헌터

1975년에 태어난 브라이언 헌터는 캐나다 수학자이자 헤지펀드 매니저다. 2001년에서 2004년까지 도이체 방크 뉴욕 지사에서 일했다. 2001년과 2002년에 천연가스 선물 거래로 1,700만 달러와 5,200만 달러의 수익을 올렸다. 하지만 단 한 주 만에 500만 달러 이상을 잃고 해고당했다. 이후 애머랜스 어드바이저로 이직했다.

　그는 허리케인 카트리나와 리타가 지나간 후에 천연가스 선물 거래로 10억 달러 이상을 벌어들임으로써 월스트리트의 전설이 되었다. 2006년 8월까지 약 20억 달러의 수익을 올렸다. 하지만 일주일 만에 세 배에 달하는 손실을 입어 애머랜스 어드바이저에 심각한 문제를 안겨주었다. 애머랜스 어드바이저에서 나온 그는 2007년에 새로운 헤지펀드를 설립했다.

센트에 해당했다. 2006년에서 2007년 겨울 시즌(10월~3월) 뉴욕증권 거래소에서만 미결제 계약의 40퍼센트와 11월 미결제 계약의 4분의 3 이상을 장악했다.

　2006년 6월과 7월에 머더록 에너지마스터펀드는 변동이 심한 가격 때문에 막대한 손실을 입었다. 가스 재고가 12퍼센트 증가했다고 미국 상무부가 일찌감치 발표한 후였다. 그 결과 가스 가격이 일주일 사이에 12퍼센트 하락했다. 게다가 투자자들의 펀드 환매로 머더록의 고충은 가중되었고 이로 인한 손실액은 2억 달러 이상으로 증가했다. 하지만 이처럼 헤지펀드의 높은 손실은 정상적인 가격 하락 탓이 아니었다. 뒤이은 상원 조사에서 애머랜스 어드바이저의 3월 거래 구매량과 4월 거래 판매량 때문에 천연가스 가격이 왜곡되어 2006년 7월 31일 가격이 70퍼센트 이상 치솟았다는 사실이 드러났다. 머더록의 포지션은 더욱 악화되어 급기야 증거금을 지불할 수 없는 지경에까지 이르렀다. 결국 머더록 펀드는 파산했고 포지션은 2006년 8월에 청산되었다. 헌트가 승리했지만 그의 승리는 오래가지 못했다.

늦여름에 천연가스 가격은 하락세로 돌아섰다. 뉴욕상업거래소에서 10월 인도분 천연가스 가격은 7월에 8.45달러에서 9월에 4.80달러 아래로 떨어졌다. 2년 6개월 만에 가장 낮은 가격이었다. 2007년 3월 만기와 2007년 4월 만기 선물 계약의 가격 차는 6월에 거의 2.50달러에서 9월에 50센트 미만으로 하락했다. 약 75퍼센트가 폭락한 것이다.

8월 말경 애머랜스 어드바이저가 공매도하거나 공매수한 9월분과 10월분 선물 거래는 대략 10만 건이었다. 모두 합치면 포지션 규모가 엄청나게 컸다. 10만 건에 달하는 계약의 가치는 건당 1센트만 달라져도 약 1,000만 달러가 오르거나 내리기 때문이다. 순전히 거래 규모가 컸기 때문에 천연가스 가격에 변동을 일으켰고 선물 기간 구조에도 영향을 미쳤다.

애머랜스 어드바이저가 보유한 포지션의 가치를 모두 합하면 대

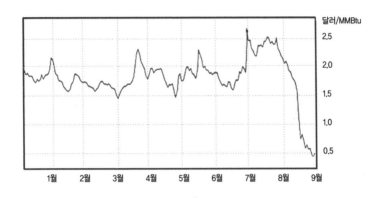

2007년 인도분 천연가스의 가격 차

출처 | 블룸버그, 2019.

략 180억 달러였다. 9월분 거래가 60센트 상승하고 가격 차이가 하락하면서 애머랜스 어드바이저는 크나큰 손실을 보았다. 8월 29일 애머랜스 어드바이저가 보유한 천연가스의 가치는 단 하루 만에 6억 달러 미만으로 하락했다. 다음 날 추가적인 가치 하락으로 증거금은 9억 4,400달러까지 상승했다. 이틀 후 애머랜스 어드바이저의 증거금은 25억 달러를 초과했다. 일주일 후인 9월 8일에는 30억 달러를 넘어섰다.

에너지 시장의 가격 변동성과 누적 손실이 커지자 모건 스탠리 Morgan Stanley(크레디트 스위스Credit Suisse, 도이체 방크와 함께 애머랜스 어드바이저의 중요한 투자자였다)는 애머랜스 어드바이저에 투자금 반환

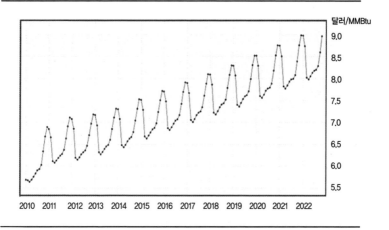

출처 | 블룸버그, 2019.

을 요구했다. 애머랜스 어드바이저가 관리하던 펀드들은 단 일주일
만에 90억 달러에서 45억 달러로 줄었다. 창립자 니컬러스 마우니
스Nicolas Maounis는 투자자들에게 서한을 보내 미국 가스 시장의 가
격 변동으로 회사 포지션이 급감해 그해 말이면 투자자들이 35퍼센트
손실을 입을 수도 있다고 알렸다. 애머랜스 어드바이저는 불과 4주 전
만 해도 26퍼센트 수익을 기록했다.

애머랜스 어드바이저라는 이름은 그리스어 '불멸'에서 유래되었
다. 하지만 애머랜스 어드바이저의 수익은 불멸과는 거리가 멀었다.
개인 투자자 외에도 크레디트 스위스와 모건 스탠리, 도이체 방크의
엄브렐러 헤지펀드umbrella hedge fund(서로 다른 하위 펀드들의 교환이 자

유로운 펀드-옮긴이)도 손해를 입었다. 2007년 7월 25일 상품선물거래위원회는 애머랜스 어드바이저와 헌터가 천연가스 가격을 조작하려 했다고 비난했다. 애머랜스 어드바이저를 떠났던 헌터는 이미 신규 헤지펀드인 솔렝고 캐피털 어드바이저Solengo Capital Advisors를 설립한 후였다.

2006년 9월 애머랜스 어드바이저가 파산했을 때 투자자들은 일시적으로 환매가 중지될 것이라는 소식을 전해 들었다. 그로부터 10년 후인 2016년에도 애머랜스 어드바이저 투자자들은 여전히 자신들의 투자금을 돌려받을 날을 기다리고 있었다.

─────── |K|E|Y|P|O|I|N|T| ───────

◆ 2005~2006년은 에너지 시장이 화제의 중심이었다. 천연가스 가격은 6달러에서 15달러 이상으로 올랐지만 늦여름에 시장이 식으면서 하락세가 시작되었다. 2006년 9월에 천연가스 가격은 5달러 미만으로 떨어졌다.

◆ 브라이언 헌터는 180억 달러의 천연가스 포지션을 보유했다. 2006년 8월에 그는 거래로 20억 달러의 수익을 얻었다. 하지만 그 후에 시장은 그에게 등을 돌렸다. 몇 주 만에 그는 60억 달러를 잃었고 애머랜스 어드바이저는 2006년 9월에 파산했다.

2006년
오렌지주스 가격을 흔들어놓은
폭풍의 시기

"크게, 긍정적으로 생각해. 약한 모습은 절대 보이지 마, 항상 숨통을 노려. 싸게 사서 비싸게 파는 거야."
1983년 영화 <대역전>에서 에디 머피가 열연했던 빌리 레이 밸런타인의 철학이다. 영화 마지막 부분에서
에디 머피와 댄 에이크로이드가 농축 오렌지주스 시장을 장악한다. 실제 2004년에서 2006년 사이에 냉동
농축 오렌지주스 가격은 뉴욕상업거래소에서 네 배로 상승한다. 기록적인 허리케인 시즌 탓이었다.

FROM TULIPS TO BITCOINS

"맙소사, 듀크 형제가
오렌지주스 시장을 장악하려고 해!"

에디 머피와 댄 에이크로이드 주연의 1983년 작 블록버스터 영화 〈대역전〉은 농축 오렌지주스 거래를 둘러싸고 혼란에 휩싸인 뉴욕 상업거래소의 모습을 재현하며 끝난다. 뉴욕상업거래소의 농축 오 렌지주스, 아니 보다 정확하게는 냉동 농축 오렌지주스 거래는 기후 의 영향을 받기 때문에 영화 속 마지막 장면은 절대 비현실적인 상황 이 아니었다. 오렌지 주요 재배지인 미국 플로리다와 브라질 상파울 루 주변 지역이 허리케인과 서리 또는 가뭄의 피해를 입으면 농축 오 렌지주스의 가격 변동이 심해지고 다른 농산품들도 영향을 받을 수 있다. 5월(브라질의 서리)과 11월(플로리다의 허리케인)에는 리스크 프리미엄 risk premium 때문에 가격이 높고 2월과 9월에는 가격이 낮다. 약한 폭풍도 과일 수확에 영향을 미칠 수 있다.

상품으로서의 농축 오렌지주스

오렌지는 거의 모든 열대기후 국가나 아열대기후 국가에서 재배되지만 브라질 상파울루와 미국 플로리다가 농축 오렌지주스 생산을 장악하고 있다. 수확기에 오렌지는 보통 90파운드나 40.8킬로그램용 상자에 포장된다. 과일을 농축액으로 가공하면 오렌지나 오렌지주스에 비해 저장, 유통, 운송이 유리하다.

오렌지주스는 뉴욕에서 냉동 농축 오렌지주스 선물로 거래된다. 선물 계약 한 건당 단위는 냉동 농축 오렌지주스 1만 5,000파운드(오렌지 상자로는 2,300개에서 2,500개)다. 평년의 플로리다 오렌지 수확량은 2억 상자 정도로 그 가치는 약 12억 달러다.

거센 폭풍이 몰아치면 농장 전체가 파괴될 수 있고 최악의 경우에는 몇 년간 수확량이 줄어들기도 한다. 새로 심은 작물은 3, 4년 후부터 수확이 가능한데, 수확량이 최고 수준에 이르려면 8년 정도가 지나야 하기 때문이다. 또한 폭풍은 해충과 질병을 확산시키므로 결과적으로 단일재배 농장의 수확량에도 커다란 영향을 미칠 수 있다.

2004~2006년은 냉동 농축 오렌지주스 가격을 흔들어놓은 완벽한 폭풍의 시기였다. 이에 비하면 2005년 허리케인 시즌의 유가 폭등도 무색할 정도였다.

플로리다의 오렌지 산업은 보조금을 지원받아 과잉 생산을 하게 되면서 휘청거렸다. 그런 탓에 풍년이 들면 오히려 오렌지 농가의 소득은 낮아진다. 2004년 오렌지 수확량이 크게 늘면서 2004년 5월 오렌지 가격은 전년도보다 약 35퍼센트 하락했다. 미국 농무부는 2004년 수확량을 2억 4,500만 상자로 추정했다. 전년도 수확량(2억 300만 상자)은 물론, 1997년에서 1998년의 기록적인 수확량(2억 4,400만 상자)을 넘어서는 양이었다. 게다가 당시에는 탄수화물(오렌지주스에 함유된

2002~2006년 냉동 농축 오렌지주스 가격

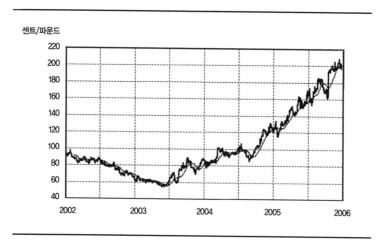

센트/파운드

출처 | 블룸버그, 2019.

174

설탕도 포함) 섭취를 피하는 저탄수화물 다이어트가 미국에서 유행하면서 오렌지 수요가 눈에 띄게 감소했다. 2004년 5월 말 냉동 농축 오렌지주스는 뉴욕에서 파운드당 0.54달러에 거래되었다.

하지만 그새 저탄수화물 다이어트의 인기는 시들해졌고 오렌지 수요는 늘어나기 시작했다. 동시에 2004년과 2005년에 발생한 허리케인 찰리, 프랜시스, 진, 윌마는 플로리다의 오렌지 공급에 영향을 미쳤다. 플로리다시트러스협회에 따르면 허리케인 윌마는 수확기의 과일 약 17퍼센트 또는 약 3,500만 상자에 달하는 손실을 초래했다.

2005년 미국 농무부는 약 1억 3,500만 상자의 오렌지를 수확할 것으로 예상했다. 평균 미만이었던 전년도 수확량에 비해 거의 10퍼센트 감소한 것이다. 전문가들은 태풍과 해충 피해로 수확량이 17년 만에 최저치를 기록할 것이라고 예상했다. 2004년 5월에 0.55달러 미만이었던 뉴욕의 농축 오렌지주스 가격은 계속 올라 2년 6개월 만에 네 배로 뛰었다.

2005년 10월 냉동 농축 오렌지주스 가격은 심리적 지지선인 1달러가 무너지면서 가격 상승세가 계속 이어졌다. 급기야 2006년 12월에 2달러를 넘어섰다. 서리가 심하게 내린 후 냉동 농축 오렌지주스 가격은 2달러를 웃돌았던 1990년 1월 이후로 최고 수준에 달했다. 2006년 12월 냉동 농축 오렌지주스 가격은 또다시 2달러를 넘어섰다.

2005~2006년 미국과 브라질에서 오렌지 수확량이 전년도보다 조금 회복되기 시작했다. 하지만 공급량은 2003~2004년 수준의 30퍼

센트 미만에 머물렀다. 2007년 냉동 농축 오렌지주스 가격은 1.20달러에서 1.40달러로 다시 하락했고 2008년에는 정상화되어 다시 1달러 미만으로 떨어졌다.

| K | E | Y | P | O | I | N | T |

◆ 에디 머피와 댄 에이크로이드 주연의 영화 〈대역전〉에서는 미국 농무부의 보고서에 따라 냉동 농축 오렌지주스 시장을 장악하는 이야기가 펼쳐진다.

◆ 농산품 가격은 기후에 매우 민감하다. 2004~2006년 역대 최악의 허리케인 시즌을 맞으면서 냉동 농축 오렌지주스 가격은 네 배로 상승했다.

◆ 2005년 10월 냉동 농축 오렌지주스 가격은 1달러를 넘어 가격 상승세는 계속 이어졌다. 2006년 12월에는 2달러를 초과했다. 1990년 1월 이후 최고 수준이었다.

2006년
세계 최대의 양식기업의 탄생

존 프레드릭센은 원유 수송을 기반으로 설립된 기업제국을 장악한다. 그 제국의 보물들 중에는 세계 최대 양식회사인 마린 하베스트가 있다.

"넌 죽은 자의 다리를 달고 서 있는 거야.
네 다리는 아예 가져본 적이 없겠지.
단 하루도 네 두 발로 혼자 걸을 수 없는 인간이야.
네 배를 채울 고기도 혼자 힘으로 구하지 못하고……."

| 소설 『바다늑대』 |

《포브스》가 선정한 '가장 핫한 억만장자 상속녀' 명단에서 이방카 트럼프와 홀리 브랜슨 다음으로 이름이 오른 이들이 카트리네와 세실리에 자매였다. 그들의 아버지는 존 프레드릭센John Fredriksen으로, 《포브스》에 따르면 80억 달러가 넘는 자산을 보유한, 가장 부유한 노르웨이 사람이다. 그는 노르웨이의 높은 세금 부담 때문에 런던에 살고 있고 키프로스 시민권을 갖고 있다.

1944년 5월 11일 오슬로 근교에서 태어난 프레드릭센은 이전의 거부들처럼 원유 사업으로 부자가 되었다. 그는 오일쇼크가 있었던

1970년대에 이미 선박회사를 설립해 유조선을 건조했다. 그 회사는 오늘날 세계적인 대형 선박회사들 중 하나가 되었다. 프레드릭센은 1980년대 이란-이라크전쟁 당시에 위험한 투자로 돈을 벌었고 남아프리카공화국의 인종차별 지역에 원유를 공급했다.

오늘날 프레드릭센은 버뮤다에서 인가받은 선박회사 프런트라인Frontline의 최대 주주다. 프런트라인은 골라LNG Golar LNG와 함께 액화천연가스LNG 유조선단을 장악하고 있으며, 석유시추회사 시드릴SeaDrill, 선박회사 골든 오션 그룹Golden Ocean Group과 오버시즈 십홀딩 그룹Overseas Shipholding Group에도 관여하고 있다. 독일에

2000~2011년 노르웨이산 연어 가격

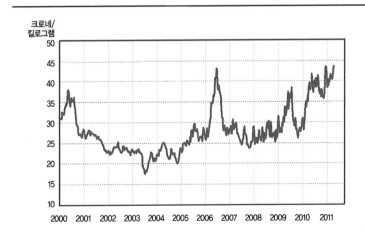

출처 | 블룸버그, 2019.

서 프레드릭센은 TUI그룹의 대주주로서 업계의 통폐합을 위해 컨테이너 운송사 하파크로이트Hapag-Lloyd의 매각을 지지한 것으로 유명하다. 2010년 이전에는 TUI 트래블TUI Travel의 가장 큰 지분을 보유했고 그 회사의 사업 방향과 전략에 막대한 영향을 미쳤다. 노르웨이 출신인 프레드릭센은 이미 양식업계에서 이름을 떨쳤고 오늘날에는 세계 최대 양식회사 마린 하베스트Marin Harvest를 장악하고 있다.

1971년에 잭 런던의 유명한 모험소설 『바다늑대The Sea Wolf』가 독일에서 드라마로 제작되었다. 이 드라마에서 주인공 울프 라르센은 으깬 생감자로 자신의 세계관, 먹느냐, 먹히느냐를 설명한다. 이는 노르웨이 출신의 바다늑대 프레드릭센의 거래 전략을 설명해주는 적절한 비유이기도 하다.

뉴밀레니엄 초반에 노르웨이의 양식 산업은 낮은 생선 가격 때문에 어려움을 겪고 있었다. 특히 1992년에 설립된 팬 피시Pan Fish는 2000년부터 심각한 재정난에 시달리고 있었다.

상품으로서의 어류

세계 최대의 어업 국가는 중국, 페루, 인도, 일본이다. 유럽에서는 노르웨이, 덴마크, 에스파냐가 최고의 조업량을 자랑한다. 전 세계 어류와 수산물 수출량의 가치는 2015년에 960억 달러에 달했다. 양식이란 생선, 홍합, 게, 조류를 인공적으로 기르는 것이다. 이런 세계 어업 관련 시장은 빠르게 성장하고 있다. 유엔식량농업기구에 따르면 거의 1억 5,000만 톤에 달하는 어류의 3분의 1 이상이 양식으로 공급된다. 그 수는 점점 더 증가하고 있다. 경제협력개발기구와 유엔식량농업기구는 2020년까지 양식 어류의 비율이 50퍼센트에 이를 것이라고 추정했다.

양식 어류는 가격이 저렴하다는 이점이 있다. 또한 양식이야말로 어류 남획에 대응할 방법이라고 주장하는 사람들도 있다. 유엔식량농업기구에 따르면 어장의 70퍼센트 이상은 이미 '남획'되고 있다. 하지만 양식에는 단점도 있다. 연어와 송어 같은 육식성 양식 어류는 자연산 어류의 무게보다 몇 배나 많은 양의 먹이를 먹는다. 게다가 크고 밀집된 인공 양식장에서 물고기를 키우면 사료 공급 과잉이나 항생제 사용으로 부정적인 결과들이 발생한다. 특히 동남아시아나 남아메리카처럼 생태 환경 기준이 낮은 국가에서는 더더욱 그렇다.

프레드릭센은 투자회사 그리니치 홀딩스와 제버란 트레이딩, 웨스트버러 홀딩스를 통해 팬 피시의 지분을 거의 50퍼센트까지 장악했다. 2005년 6월 프레드릭센은 팬 피시의 나머지 주식까지 사들였다. 2005년 2분기에는 제버란 트레이딩을 통해 피오르 시푸드Fjord Seafood의 주식 24퍼센트도 인수했다. 머지않아 프레드릭센은 피오르 시푸드의 주식을 50퍼센트 가까이 확보했다. 그러던 2005년 10월

피오르 시푸드는 국영 양식회사인 세르마크Cermaq에 입수 제안을 했지만 노르웨이 정부의 반대로 실패했다.

2006년 3월 프레드릭센은 파격적인 행보를 보였다. 오늘날 세계 최대 어류 사료 제조업체인 뉴트레코Nutreco가 마린 하베스트 지분의 75퍼센트를 9억 유로에 제버란 트레이딩에 매각했다. 남은 25퍼센트의 지분은 노르웨이 회사 스톨트닐센Stolt-Nielsen이 인수했다. 2006년 12월 29일, 팬 피시와 피오르 시푸드, 마린 하베스트를 합병해 새로운 마린 하베스트 그룹으로 새롭게 출범했다. 오랜 투자 끝에 세계 최대의 양식기업을 지배하게 된 것이다.

|K|E|Y|P|O|I|N|T|

◆ 잭 런던의 『바다늑대』 현대판이라고 할 수 있는 존 프레드릭센은 원유 시장에서 큰돈을 벌었고 이후 원유 시추와 원유 수송, 선박, 액화천연가스 사업에 진출했다. 오늘날 그는 광범위한 기업제국을 장악하고 있다.

◆ 뉴밀레니엄 첫해에 노르웨이 양식업계는 낮은 연어 가격 때문에 심각한 재정적 어려움을 겪었다.

◆ 프레드릭센은 2년에 걸친 적극적인 통폐합을 통해 2006년에 마린 하베스트 그룹을 건설했다. 마린 하베스트는 양식업 분야에서 세계적인 선두기업이 되었다.

2006년
21세기 철강왕,
락시미 미탈

중국 경제의 역동적 성장으로 원자재 수요가 증가하자 거의 종말 직전이었던 철강 산업이 되살아날 조짐을 보인다. 락시미 미탈은 기업 인수와 기업 회생을 통해 인도의 작은 사업가에서 전 세계 철강업계의 거물이 된다. 주요 경쟁자이자 세계 2위의 철강 제조업체인 아르셀로를 인수한 덕분이다.

FROM TULIPS TO BITCOINS

"최고를 목표로 삼아라."

| 앤드루 카네기 |

『천일야화』에 나올 법한 꿈의 결혼식이었다. 2004년 6월 22일 폭죽이 파리의 밤하늘을 밝혔을 때 발리우드Bollywood 스타 아이슈와라 라이와 샤 루크 칸이 게스트로 등장했다. 팝 스타 카일리 미노그의 공연이 펼쳐졌고 1986년에 생산된 무통 로스차일드 와인이 5,000병 넘게 준비되어 있었다. 스물세 살의 바니샤 미탈Vanisha Mital과 런던 투자 은행가이자 스워드피시 투자 창립자인 스물다섯 살의 아미트 바티아Amit Bhatia의 5일에 걸친 결혼식에서 가장 인기 있는 행사는 저녁 축제였다. 12대의 보잉 제트기를 전세 내어 1,500명 이상의 하

객을 인도에서 프랑스로 초대했다. 프랑스에서 하객들은 튈르리 정원과 베르사유궁전, 보르비콩트성을 구경했다. 은색의 결혼식 초대장에는 5성급 르그랑드 호텔과 인터콘티넨털 호텔 숙박권이 포함되어 있었다. 이 호텔의 600개 객실은 모두 예약되었다. 하객에게 주는 답례 선물은 보석이 가득 박혀 있는 디자이너 핸드백이었다. 이 호화로운 결혼식 비용은 6,000만 달러 정도였다고 한다. 모든 비용은 신부의 아버지 락시미 미탈Lakshmi Mittal이 지불했다.

락시미 미탈의 아버지는 인도의 라자스탄 지역에서 작은 철강 공장을 운영했다. 그들 가족은 훗날 캘커타로 이주했고 그곳에서 그의 아버지는 큰 공장을 인수했다. 락시미 미탈은 철강 사업을 처음부터 배우기 시작했다.

캘커타에서 경영학을 공부한 후 1976년에 미탈은 가족이 150만 달러에 인수한 인도네시아의 낡은 제강소를 현대화하는 일을 맡았다. 그는 적자를 내거나 가동률이 떨어지는 철강 제조업체들을 인수해 비용 절감과 마케팅, 정리 해고와 작업장 폐쇄 등을 지시하며 그 제조업체들을 구조 조정했다. 중국 경제가 빠르게 성장하면서 철강 산업이 활황을 맞자 락시미 미탈은 불과 몇 년 만에 세계적인 부자의 반열에 올랐다.

미탈은 점점 대형 업체를 인수 대상으로 삼았다. 1989년에는 트리나드섬과 토바고섬의 버려진 철강 공장을 사들여 개조했다. 1992년에는 멕시코에서 커다란 성공을 거두었다. 멕시코는 최첨단 철강 제작 장비에 22억 달러를 투자했지만 오일쇼크가 끝날 무렵 전부 매각해야 했다. 멕시코 대통령 카를로스 살리나스는 인도인 기업가 미탈에게 부실 철강회사 매각 대금으로 2억 2,000만 달러를 제시했고 그 중 미탈은 현금으로 2,500만 달러를 마련해야 했다. 미탈은 그 회사의 이름을 이스팟 멕시카나Ispat Mexicana로 바꾸었다(이스팟은 힌디어로 '철강'이라는 뜻이다).

1995년은 미탈에게 또 다른 전환점이었다. 소련이 붕괴되고 카자흐스탄의 거대한 석탄광산기업 카르메트웨르크Karmetwerk가 민영화를 앞두고 있었다. 서구 기업들은 적극적으로 투자하지 않았지만 미탈은 4억 달러를 투자했다. 그는 카르메트웨르크 직원의 3분의 1을 해고하고 1년 사이에 수익성 높은 회사로 탈바꿈시켰다. 그뿐 아니라 루마니아의 민영화된 시덱스Sidex도 매입했다. 이 시덱스 인수는 미탈에게서 정당 기부금을 받은 영국 총리 토니 블레어가 루마니아 대통령 아드리안 너스타세에게 추천 편지를 써준 뒤에 이루어졌기 때문에 논란거리가 되었다.

철강의 흥망성세

철강업계의 역사에서 미국의 카네기와 밴더빌트Vanderbilt, 독일의 티센Thyssen과 크루프Krupp를 빼놓을 수 없다. 오늘날의 철강 산업은 다른 산업에 비해 극히 세분화되어 있다. 전 세계 10대 자동차 제조업체는 시장의 90퍼센트 이상을 점유하고 있지만 10대 철강 제조 업체는 전 세계 공급량의 3분의 1도 채 생산하지 못한다. 철강 산업의 선두 주자는 아르셀로미탈이다. 그 뒤를 니폰 스틸, 바오샨 아이언 앤드 스틸, 포스코, JFE스틸이 멀찍이서 그다음으로 따르고 있다.

1990년대는 서구의 철강 제조업체들에게 암흑기였다. 특히 미국 철강 산업은 생산 과잉과 값싼 수입품 때문에 심각한 위기를 겪었고 1990년대 후반 이후 30개 이상의 기업은 파산 및 채권자 보호 신청을 해야 했다. 그러나 중국의 급격한 경제 성장으로 상황이 급변했다. 2000년에 전 세계 시장의 약 15퍼센트였던 중국의 철강 수요가 그로부터 10년 후에는 거의 50퍼센트로 증가했다. 철광석과 연료탄 같은 원자재 시장의 불균형으로 조강crude steel(가공 전 철강―옮긴이) 가격은 크게 올랐다. 철강 가격은 밀레니엄 초반에 톤당 약 200달러였고 2008년에는 1,100달러로 상승했다.

2004년 10월 미탈은 개인적으로 보유한 LNM홀딩과 주식 시장에 상장된 이스팟 인터내셔널을 미국 인터내셔널 스틸 그룹ISG과 합병한다고 발표했다(인터내셔널 스틸 그룹은 LTV스틸의 자산뿐 아니라 예전의 대형 기업인 애크미 스틸Aceme Steel과 베들레헴 스틸Bethlehem Steel의 자산을 인수하면서 성장했다). 45억 달러 규모의 이 거래는 2005년 봄에 체결되었다. 이로써 네덜란드에 기반을 둔 미탈 스틸이 탄생되었다.

미탈은 7,000만 톤 이상을 생산할 수 있는 세계 최대 철강 제조 업체를 건설했다. 이 회사의 지분 중 약 90퍼센트는 미탈 가문이 소유했다. 하지만 그는 만족하지 못했다. 그는 앤드루 카네기Andrew Carnegie와 베들레헴 스틸의 찰스 슈와브Charles Schwab 같은 거물들을 능가하고 싶었다.

같은 해 10월 미탈 스틸은 우크라이나 철강 제조업체 크리보리즈스탈Kryvorizhstal을 48억 달러에 인수했다. 우크라이나 대통령이 전직 대통령의 사위(쿠츠마 집권 말기에 컨소시엄을 구성해 크리보리즈스탈을 터무니없이 낮은 8억 달러에 매입했다-옮긴이)가 이끄는 컨소시엄에 반기를

2000~2010년 철강 가격

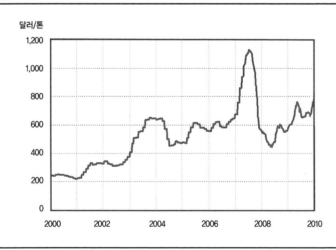

출처 | 블룸버그, 2019.

든 직후였다. 하지만 그 이면에는 철강 산업을 크게 바꾸어놓을 더 큰 거래가 기다리고 있었다.

2006년 1월 27일 미탈은 업계 2위 기업인 아르셀로의 주주들에게 주식을 공개 매입하겠다고 밝혔다. 그는 전날 종가에 27퍼센트의 프리미엄을 얹어 거의 200억 달러에 달하는 매입가를 제시했다. 아르셀로는 프랑스, 에스파냐, 룩셈부르크, 벨기에의 제강소들의 합병으로 탄생되었고 2005년에는 거의 5,000만 톤의 조강을 생산했다. 미탈의 적대적 인수 시도는 아르셀로의 경영진을 자극했다. 룩셈부르크, 프랑스, 벨기에 정부는 합병에 반대했다.

"그 인도인은 우리의 위대한 문화에 어울리지 않는다." 아르셀로의 프랑스인 회장 기 돌레Guy Dolle가 말했다. 실제로 이 인수전쟁은 문화전쟁으로 변질되었다. 아르셀로가 자구책으로 러시아 철강 제조업체 세베스탈Sevestal과 합병을 추진했기 때문이다. 그리하여 위험한 도박판이 벌어졌다. 아르셀로는 가격이 너무 낮다는 이유로 미탈의 제의를 한 달 동안 두 차례 거절했다. 2006년 6월 아르셀로 이사회는 장장 9시간에 걸친 협상을 요청했다. 마침내 아르셀로는 전날 종가의 15퍼센트를 프리미엄으로 더 요구한 금액이 거의 340억 달러의 가격으로 매각에 동의했다. 이는 미탈이 처음 제안했던 액수보다 약 45퍼센트 오른 가격이었다.

아르셀로와 미탈의 합병으로 '아르셀로미탈'이라는 세계 최대 철강 제조업체가 탄생되었다. 이 회사의 조강 생산량은 1억 2,000만 톤에 육박했고, 시장점유율은 전 세계 시장의 약 12퍼센트에 달했으며, 매출액은 600억 달러였고, 직원은 32만 명이 넘었다. 철강업계 2인 자인 니폰 스틸은 아르셀로미탈 생산량의 3분의 1도 채 생산하지 못할 만큼 아르셀로미탈은 막강한 영향력을 가지며 지금까지도 건재하다.

|K|E|Y|P|O|I|N|T|

◆ 중국 경제의 역동적 성장으로 자원 수요가 급증하자 쇠퇴되어가던 전 세계 철강업계가 변화를 맞이했다. 2000년에서 2008년 사이에 전 세계의 철강 가격이 5배 이상 상승했다. 이런 철강 산업의 추세를 다른 사람들보다 훨씬 빠르게 알아차린 기업가가 있었다.

◆ 인도의 거물인 락시미 미탈은 2005년에 인터내셔널 스틸 그룹과 애크미 스틸과 베들레헴 스틸을 합병해 미탈 스틸을 설립했다. 하지만 그것만으로는 충분하지 않았다. 인수 열풍 이후 2006년 여름, 미탈은 아르셀로를 인수해 아르셀로미탈이라는 세계 최대 강철 기업을 건설했다.

2007년

세븐 시스터스의 귀환

배타적인 기업들이 석유 생산과 전 세계 석유 매장량을 장악하고 있다. 하지만 석유수출국기구의 설립과 서방세계 이외 지역에서 국영석유기업의 등장으로 그 영향력은 감소된다.

"석유 사업 같은 비지니스는 없다."

| C. C. 포콕, 셸 회장 |

2007년 《파이낸셜 타임스》는 경제협력개발기구에 소속되지 않은, 영향력 있는 에너지기업들을 '뉴 세븐 시스터스'라고 불렀다. 1950년 대의 원래 세븐 시스터스는 록펠러의 스탠더드 오일 후계자 격인 뉴 저지 스탠더드 오일, 뉴욕 스탠더드 오일 컴퍼니, 캘리포니아 스탠더 드 오일, 걸프 오일, 텍사코Texaco, 로열 더치 셸Royal Dutch Shell, 앵글 로-페르시안 오일 컴퍼니Anglo-Persian Oil Company를 가리켰다.

세븐 시스터스는 이란 정부와의 기본 협정 덕분에 제3세계 국가 에서 원유 생산업체들의 수요를 통제하는 카르텔을 형성했다. 원유 생산국들은 이런 독점기업들에 자국의 원유 대부분을 장기간 고정 가격에 팔아야 했다.

또한 세븐 시스터스는 1970년대까지 전 세계 석유 매장량의 약 85퍼센트를 장악했기 때문에 업계의 룰을 정할 수 있었다. 하지만 1970년대 초반에 주요 생산국들이 석유 산업을 국유화하기 시작했다. 알제리가 1971년에 처음으로 국유화에 나섰고 리비아가 그 뒤를 바짝 따랐다. 이듬해 이라크는 서방 기업들의 양허 계약을 파기하고 국유화했다. 1973년에는 이란도 국내 석유 산업을 국유화했다. 세븐 시스터스의 세력이 약해졌고 1960년에 석유수출국기구가 두각을 드러내기 시작했다. 석유수출국기구는 공급 측면에서 세븐 시스터스에 대응하기 위해 설립된 기구였다.

오늘날 석유수출국기구 가입국들은 전 세계 원유의 약 40퍼센트를 공급한다. 석유수출국기구 데이터에 따르면 가입국들의 매장량은 전 세계 매장량의 약 75퍼센트를 차지한다. 한편, 서방 국가들의 석유 생산은 최근 들어 하락세를 보였다.

석유 대기업들은 석유 가격의 지속적 하락과 커다란 가격 변동성에 대처하기 위해 합병과 인수를 이용했다. 예컨대 엑손(뉴저지 스탠더드 오일)과 모빌 오일(뉴욕 스탠더드 오일 컴퍼니)은 1999년에 합병해 세계 최대 오일회사인 엑손모빌이 되었다. 이 회사의 연간 매출은 많은 국가의 경제력을 넘어선다.

캘리포니아 스탠더드 오일에서 탄생된 셰브론은 1985년에 걸프 오일Gulf Oil을 인수했고 2001년에는 텍사코와도 합병했다. 브리티시 앵글로-페르시안 오일 컴퍼니는 처음에 앵글로-이라니안 오일 컴퍼니, 그다음에 브리티시 페트롤리엄British Petroleum, BP가 되었다. 이 회사는 아모코Amoco(예전의 인디애나 스탠더드 오일)와 애틀랜틱 리치필드를 인수한 후 2000년에 BP로 회사명을 바꾸었다. 주요 석유기업인 세븐 시스터스 중에서 엑손모빌과 셰브론, 로열 더치 셸, BP만 남은 셈이다.

미국 회사 코노코필립스ConocoPhillips와 프랑스 회사 토탈Total은 토탈과 페트로피나(1999)의 합병, 토탈과 엘프 아키텐(2000)의 합병, 코노코와 필립스 퍼트롤리엄(2002)의 합병 같은 추가 합병으로 대형 석유기업으로 거듭났다. 이들을 포함한 6대 슈퍼 메이저급 기업인 BP, 셰브론, 코노코필립스, 엑손모빌, 로열 더치 셸, 토탈은 종종 '빅 오일Big Oil'이라고 불린다. 하지만 오늘날 빅 오일의 영향력은 50년 전 세븐 시스터스의 영향력보다는 훨씬 약하다. 오늘날 빅 오일은 전 세계 석유와 가스 생산량의 10퍼센트도 장악하지 못했고 전 세계 원유와 가스 매장량에서는 그보다 훨씬 적은 비율을 차지하고 있다.

반면 석유업계의 '뉴 세븐 시스터스'는 전 세계 원유와 가스 생산량뿐 아니라 매장량의 약 3분의 1을 장악하고 있다. 뉴 세븐 시스터스는 바로 사우디 아람코(사우디아라비아)와 가스프롬(러시아), 중국석유천연가스집단공사(중국), 이란국영석유공사(이란), 베네수엘라석유공사(베네수엘라), 페트로브라스(브라질), 페트로나스(말레이시아)다.

사우디아라비아 다란에 위치한 아람코ARAMCO는 뉴 세븐 시스터스 중에서도 가장 중요한 기업이다. 세계 최대 석유회사인 아람코는 매일 1,200만 배럴의 원유를 생산하고 2,600억 배럴의 원유 매장량을 장악하고 있다. 전 세계 매장량의 거의 4분의 1에 달하는 양이다. 또한 사우디 아람코는 세계 최대의 가와르 유전을 운영하고 있다. 2015년에서 2016년에 석유 가격이 크게 떨어진 후 사우디아라비아는 자금을 마련하기 위해 사우디 아람코의 IPO(기업 공개)를 고민했다. 하지만 상장은 아직 실현되지 않았다.

2006년 말 러시아의 가스프롬Gazprom과 중국석유천연가스집단공사CNPC의 자회사 페트로차이나Petro China의 시장 가치는 대다수 서방 에너지회사들의 시장 가치를 훌쩍 뛰어넘었다. 중국석유천연가스집단공사는 중국해양석유총공사CNOOC, 시노펙Sinopec과 함께 중국 3대 석유회사다. 과거에 러시아 국영기업이었던 가스프롬은 세계 최대 천연가스 생산회사로서 2005년 말에도 우크라이나와의 가스 분쟁을 겪으면서 유럽에 그 영향력을 과시했다(이 기업은 러시아의 가스 수출 독점권도 갖고 있다).

테헤란에 있는 이란국영석유공사NIOC는 이란 석유부에 속해 있다. 베네수엘라석유공사PDVSA는 전직 베네수엘라 대통령 우고 차베스의 권력 도구였다. 석유 산업 국유화를 위해 설립된 베네수엘라석유공사는 현재 라틴아메리카에서 가장 큰 석유기업이다. 반관반민 기업인 페트로브라스Petrobras(공식 명칭은 페트롤레오 브라질레이로Petróleo Brasileiro)는 브라질의 석유 생산량의 80퍼센트 이상을 캄푸스 유역에서 생산하고 있다. 이 회사는 해양 굴착과 심층 굴착의 선구자이기도 하다. 이 회사가 찾아낸 투피 유전은 세계 3위가 될지도 모른다. 페트로나스Petronas(공식 명칭은 페트롤리암 나시오날 베르핫 Petroliam National Berhad)는 쿠알라룸푸르의 랜드마크인 페트로나스타워로 유명한 국영석유기업으로서 30개 이상의 나라에 100개가 넘는 자회사와 대표들을 두고 있다.

◆ 록펠러의 스탠더드 오일 제국이 해체된 후 '세븐 시스터스'가 등장했다. 세븐
시스터스는 뉴저지 스탠더드 오일, 뉴욕 스탠더드 오일 컴퍼니, 캘리포니아
스탠더드 오일, 걸프 오일, 텍사코, 로열 더치 셸, 앵글로-페르시안 오일 컴
퍼니를 말한다. 세븐 시스터스는 1970년대 중반까지 전 세계 원유 매장량의
85퍼센트를 장악했다.

◆ 석유수출국기구의 설립과 서방세계 지역 국영석유기업의 등장으로 세븐
시스터스의 영향력은 약해졌다. 오늘날 석유수출국기구는 전 세계 원유와
가스 생산량의 약 40퍼센트를 장악하고 있다.

◆ 세븐 시스터스의 유산은 '빅 오일'이라 불리는 슈퍼 메이저급의 6대 석유
가스기업 집단으로 남아 있다. 빅 오일은 BP, 셰브론, 코노코필립스, 엑손
모빌, 로열 더치 셸, 토탈을 가리킨다. 원래의 세븐 시스터스에 비해 빅 오
일은 전 세계 석유가스 생산량의 10퍼센트도 장악하지 못하고 있다.

◆ '뉴 세븐 시스터스'는 사우디아람코, 가스프롬, 중국석유천연가스집단공
사, 이란국영석유공사, 베네수엘라석유공사, 페트로브라스, 페트로나스
를 가리킨다. 이들 7대 기업은 전 세계 석유가스 생산량과 매장량의 약
3분의 1을 차지하고 있다.

2007년
오스트레일리아 밀 생산의 붕괴

7년 동안 오스트레일리아 농업계를 강타한 밀레니엄 가뭄으로 국제 밀 가격은 사상 최고치를 기록한다. 수천 명의 오스트레일리아 농부는 최악의 흉작을 예상한다. 기후 변화가 전 세계에 미칠 영향력을 미리 보여주는 것일까?

"100년에 한 번이 아니라
1,000년에 한 번 있을 법한 가뭄,
어쩌면 그보다 더 건조한 기후였다."

| 데이비드 드리버먼, 머리-달링 유역청 청장 |

오스트레일리아 원주민 언어로 '우암비uamby'는 '물이 만나는 곳'
이라는 뜻이다. 하지만 와인을 제조하고 양을 기르는 오스트레일리
아의 도시 머지에서 북서쪽으로 50킬로미터 떨어진 우암비 농장은
예외였다. 그곳에서는 더 이상 물이 흐르지 않았다. 2006년은 오스트
레일리아 대륙에서 기상 관측 이래 유난히 더운 해이자 강수량이 가
장 적은 해였다.

농장은 극심한 가뭄으로 이미 심각한 피해를 입고 있었지만 12월
에 시작되어 3월에 끝나는 오스트레일리아의 최악의 여름은 이제 겨

우 시작에 불과했다. 저수지는 바닥을 드러냈고 동물들은 먹이를 구하지 못했다. 초원이 메마르고 황폐해져 물과 식량을 사야만 했다. 원래 4,800마리였던 양 중에 2,800마리만 남았다. 그마저도 키울 여력이 없어 농장주는 40달러 정도 받을 수 있는 양을 한 마리당 5달러에 팔아야 했다.

전 세계의 밀 현황

연간 생산량이 6억 톤 미만인 다양한 품종의 밀은 옥수수, 쌀과 함께 세계에서 가장 널리 경작되는 곡물 중 하나다. 밀은 전 세계 섭취 칼로리의 약 5분의 1을 차지한다. 또한 밀은 가축의 중요한 사료 작물이자 에탄올 같은 생물 연료의 원료다. 헥타르(1헥타르는 1만 제곱미터, 축구장 하나 크기)당 평균 생산량은 3톤 미만이다. 생산된 밀 대부분은 생산국 내에서 소비되기 때문에 총생산량 중 약 1억 톤만 세계 시장으로 수출된다. 그렇기 때문에 밀이 부족해지면 가격 변동이 심해진다.

40만 명 이상이 오스트레일리아에서 매우 중요한 산업의 하나인 농업 분야에 종사하고 있었지만 상황은 매우 심각했다. 2007년 초 끔찍한 여건에 처한 농부들이 4일에 한 명꼴로 자살했다. 그 이듬해 초에는 농지의 70퍼센트 이상인 약 3억 2,000만 헥타르가 강수 부족과 높은 기온으로 피해를 입었다.

머리-달링 유역의 상황은 특히 심각했다. 프랑스와 에스파냐를 합친 만큼 넓은 이 지역은 수천 킬로미터에 달하는 수계河系를 통해 오스트레일리아 용수의 약 15퍼센트를 공급한다. 2007년에 머리-달링 유역은 전년도보다 약 50퍼센트 적은 용수를 공급했고 2006년에는 용수 공급량이 기록적으로 낮았다. 이 유역은 오스트레일리아 식량의 40퍼센트가 경작되는 곳이기 때문에 오스트레일리아의 곡창 지대로 불린다. 한편, 멜버른에서 330킬로미터쯤 떨어진 오스트레일리아의 밀 생산지인 딤볼라 같은 작은 마을들은 유령 마을이 되어가고 있었다.

세계 2위의 밀 수출국인 오스트레일리아는 중요한 역할을 하고 있었다. '정상적인' 상황에서 오스트레일리아는 매년 2,500만 톤의 밀을 수출한다. 하지만 7년에 걸친 최장기 가뭄으로 오스트레일리아의 상황은 전혀 정상적이지 않았다. 2006년은 날씨를 관측하기 시작한 1900년 이래 세 번째로 가뭄이 심한 해였다. 오스트레일리아농업 자원경제국ABARE은 2006년에서 2007년 겨울 밀 수확량을 전년도보다 36퍼센트 감소한 2,600만 톤으로 추정했다. 게다가 2007년은 더위가 훨씬 심해질 것으로 알려지자 전문가들은 밀레니엄 가뭄에 대해 이야기하기 시작했다. 오스트레일리아 총리 존 하워드는 "평생 최악의 가뭄"이라고 선언했다. 가뭄의 직접적인 원인은 엘니뇨였다. 엘니뇨는 태평양의 바닷물 수온이 상승하면서 기후에 영향을 미치는 현상이다. 환경과 기후 전문가들은 전 세계적인 기후 변화 속에서 엘니뇨 현상의 빈도가 늘고 강도가 커지고 있다고 말한다.

엘니뇨와 라니냐

엘니뇨El Niño는 적도 부근 태평양의 해수면 온도가 상승하고 태평양 위쪽의 풍계가 달라져서 남아메리카 서쪽의 차가운 훔볼트Humboldt 해류가 약해지는 기후 현상이다. 난류가 동남아시아에서 열대의 동태평양을 지나 남아메리카로 이동하고, 오스트레일리아와 인도네시아의 바닷물 수온이 내려간다. 그 결과 전 세계의 기후 패턴이 달라진다. 대체로 남아메리카와 북아메리카 서부 해안에 폭우가 쏟아지고 오스트레일리아, 인도, 동남아시아에 가뭄과 흉작, 산불이 일어난다.

이와는 대조적으로 라니냐La Niña는 적도 부근 태평양의 수온이 이례적으로 내려가면서 인도네시아에 비가 지나치게 많이 내리고 페루에 가뭄이 드는 현상이다.

2006~2007년도 전 세계의 밀 수확량이 전년도의 6억 2,100~6억 2,800만 톤보다 훨씬 적은 5억 9,800만 톤에 그쳤기 때문에 오스트레일리아의 밀 수확량은 매우 중요했다. 가장 큰 밀 생산국 15개국에서 총생산량의 약 80퍼센트를 제공했다. 당시 미국에 이어 세계

2위였던 밀 수출국 오스트레일리아는 전 세계 밀 수출량의 약 16퍼센트를 담당했다. 밀 수요가 증가하고, 경기가 개선되고, 경제 성장이 활발해졌을 때 밀 수확기가 닥쳤다. 당시 전 세계의 밀 소비 예상량은 6억 1,100톤이었다.

오스트레일리아의 밀 생산이 붕괴되면서 전통적으로 오스트레일리아에서 곡물을 수입하는 아시아와 중동이 가장 먼저 영향을 받았다. 이후 이들 나라는 미국과 캐나다에서 밀을 조달하려고 했다. 한편, 유럽 국가들도 영향을 받았다. 우크라이나에서는 2006년도 수확량이 반으로 줄어들었다.

곧이어 시카고상품거래소에서는 밀 가격이 이례적으로 반등하기 시작했다. 2006년 이전 몇 년간 밀 가격대는 2.50달러에서 4달러였다. 하지만 2004년 초 밀 재고량은 1980년 이래 최저 수준으로 떨어졌다. 유럽과 중국의 흉작으로 중국은 4년 연속 밀을 수입해야 했다. 곡물 가격이 급격하게 상승하기 시작했다. 2006년 10월 밀 가격은 처음으로 5달러 선을 돌파했고 그 수준에 계속 머물렀다. 그러다가 2007년 6월에 다시 올라 6달러가 되었고, 8월에는 7달러, 9월 초에는 8달러, 9월 말에는 9달러, 10월 초에는 9.50달러까지 상승했다.

한편, 전 세계의 밀 재고량은 계속 감소해 26년 만에 최저치를 기록했다. 게다가 또 다른 주요 밀 수출국인 캐나다의 곡물 비축량도 7월 말에 전년 대비 29퍼센트 줄어들었다. 한편, 이집트, 요르단, 일본, 이라크는 밀을 대량으로 주문했다. 이처럼 빠른 가격 반등 후에

2005~2008년 밀 가격

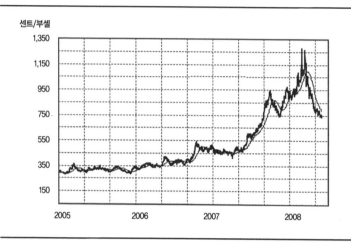

센트/부셸

출처 | 블룸버그, 2019.

국제 밀 가격은 안정되었지만 사실 그 기간은 짧았다. 2008년 2월 초 밀 가격은 10달러 장벽을 돌파했고 가격 상승세는 계속되었다. 2008년 2월 27일 종가는 12.80달러로 2006년 초 이래 세 배로 상승한 가격이었다.

극심한 가뭄으로 오스트레일리아의 밀 수확량은 약 50퍼센트 감소했다. 다행히 2007~2008년 수확량이 6억 900만 톤에 달하면서 상황은 다소 호전되었다. 밀 가격의 급격한 상승으로 많은 농부가 휴경지에 밀을 심은 덕분이었다. 2008~2009년 전 세계의 밀 수확량은 6억 8,800만 톤으로 추산되었다. 이때쯤에는 이례적인 오스트레일리아의 가뭄도 마침내 끝이 났다. 하지만 기후 전문가들은 농업의 미래를 암울하게 내다보고 있다.

| K E Y P O I N T |

◆ 2006년은 기상 관측을 시작한 1900년 이래 오스트레일리아에서 세 번째로 가뭄이 심한 해였다. 하지만 2007년은 그보다도 심한 가뭄이 들었고 역사상 가장 무더운 해였다.

◆ 7년간 지속된 밀레니엄 가뭄으로 오스트레일리아 농업은 극심한 피해를 입었다. 오스트레일리아의 밀 수확량은 50퍼센트 하락했고 전 세계 곡물 시장은 요동쳤다. 오스트레일리아가 미국에 이어 세계 2위의 밀 수출국이었기 때문이다.

◆ 2006년 10월 밀 가격은 처음으로 5달러를 돌파했다. 2007년 여름에 밀 가격은 더욱 올랐다. 2008년 2월에 밀 가격은 10달러라는 심리적 지지선이 무너졌고 같은 달에 12.80달러로 장을 마감했다. 2006년 초 이후 세 배로 상승한 가격이었다.

2007년
캐나다에 불어닥친
천연가스 스캔들

몬트리올 은행의 신임 은행장 빌 다운은 가격 예측 실패로 2007년 2분기에 기록적인 손실을 입었다고 발표한다. 애머랜스 어드바이저가 파산하고 반년이 지났을 때 또다시 천연가스 스캔들이 터지면서 시장을 뒤흔든다.

"현실적으로 어떻게 갑자기
4억 5,000만 달러의 손실이 날 수 있단 말인가?
위험 관리에 문제가 있었나?
아니면 누군가가 거래를 숨긴 것인가?"

| 리 파킨슨, 리스크 어드바이저리 |

뉴욕 상품 거래 중개회사 옵셔너블Optionable의 임원 세 명이 4월 중순, 거의 3,000만 달러에 달하는 자사 지분을 팔았다. 며칠 후 회계법인 딜로이트Deloitte와 투셰Touche는 천연가스 포트폴리오에서 3억 5,000만 달러에서 4억 5,000만 달러의 손실이 났다고 몬트리올 은행에 보고했다. 은행장이 된 지 겨우 한 달밖에 되지 않았던 빌 다운Bill Downe에게는 청천벽력 같은 소식이었다. 그는 몬트리올 은행의 분기 실적을 발표하려던 참이었다.

몬트리올 은행의 책임 트레이더 데이비드 리David Lee는 뉴욕상업거래소와 장외 거래에서 천연가스 옵션을 거래했다. 20대 중반에 몬트리올 은행에 입사한 그는 이전 직장이었던 뉴욕 은행에서 파생상품 개발에 처음부터 참여했다. 분석가로 일을 시작했다가 곧이어 거래 분야에 뛰어들어 천연가스 옵션을 전문적으로 다루었다.

몬트리올 은행에서 리는 옵서너블을 통해 대부분의 거래를 처리했다. 직원이 20명도 되지 않는 옵서너블과 같은 중개회사에게는 총 매출액의 30퍼센트를 차지하는 대형 거래였다. 리와 옵서너블 CEO 케빈 캐시디Kevin Cassidy가 절친한 친구 사이인 것은 놀라운 일이 아니었다.

천연가스 거래는 몬트리올 은행에 매력적인 추가 수익을 안겨주었다. 몬트리올 은행의 상품 거래는 캐나다 시장의 선두 주자인 캐나다왕립은행 거래의 15~20배에 달했다. 몬트리올 은행의 에너지 거래 부문은 트레이더 25명 규모로 성장했다. 몬트리올 은행 사무실은 휴스턴, 뉴욕, 캐나다의 에너지 대도시 캘거리에 있었다. 2006년 3월 캘거리에서 열린 몬트리올 은행 연례 총회에서 컴퍼는 주로 석유와 가스 거래에서 발생한 수익 덕분에 투자은행 부문에서 놀라운 성과를 거두었다고 발표했다.

상품 거래가 호황을 누리던 시기였다. 2005년 허리케인 카트리나의 피해가 심각해 천연가스 가격은 상승했다. 2004년과 2005년 상반기에 천연가스 가격은 6~7달러 사이를 맴돌았지만 허리케인 시즌 이후에는 헤징 거래에 관심을 보이는 기업 고객이 많아졌다. 2005년

12월에 미국 천연가스 가격은 MMBtu당 15달러를 넘어섰다.

하지만 이런 추세는 영원히 계속되지 않았다. 몇 주 만에 뉴욕의 가스 기준 가격은 3분의 2가량 떨어졌다. 허리케인의 영향을 받지 않는 포근한 겨울에는 가스가 충분히 공급되었다. 소비자의 관심은 크게 줄었지만 몬트리올 은행의 에너지 거래는 계속 증가했다.

누군가가 뉴욕상업거래소와 장외 거래에서 엄청난 규모의 옵션 포지션을 확보했다는 사실이 분명해졌다. 하지만 가격은 계속 떨어졌고 변동성은 하락했다. 콜 옵션call option(기초 자산을 정해진 일시나 기간 내에 미리 정해진 가격으로 살 수 있는 권리. 기초 자산 가격 상승이 예상될 때 콜 옵션을 매수해 시기 차익을 올린다−옮긴이)의 가치도 폭락했다.

2003~2007년 천연가스 가격

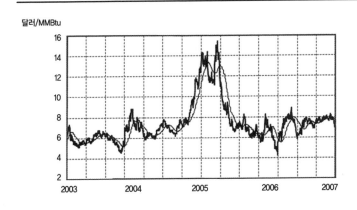

달러/MMBtu

출처 | 블룸버그, 2019.

리의 팀에서 확보한 트레이딩 포지션trading position(단기 매매 차익을 목적으로 하는 포지션-옮긴이)에서 손실을 내고 있었지만 리는 옵서너블의 도움으로 손실을 은폐할 수 있었다. 훗날 법률회사 샤츠 노벨 이저드Schatz Nobel Izard는 옵서너블이 리의 장부 위조를 도왔을 뿐 아니라 부정확한 가격을 실제 가격인 것처럼 확증해주었다고 고발했다. 딜로이트와 투셰의 감사가 시작되면서 리는 손실을 더는 숨길 수 없었다. 딜로이트와 투셰는 적자가 3억 5,000~4억 5,000만 캐나다달러에 이를 것으로 추정했다. 몬트리올 은행은 옵서너블과의 협력을 즉각 중단했고 옵서너블의 주식 가치는 90퍼센트 가까이 하락했다.

2007년 4월 말 분기별 발표 며칠 전에 몬트리올 은행은 실적이 낮을 것이라고 경고했고 상품 시장에서 이연된 트레이딩 포지션들, 즉 천연가스 포지션들이 분기 수익을 크게 떨어뜨렸다고 지적했다. 골드만삭스와 시타델Citadel(시카고의 주요 헤지펀드사) 등은 몬트리올 은행의 포트폴리오 인수에 관심을 보였다. 하지만 몬트리올 은행 경영자들은 그 상황을 자체적으로 해결할 수 있다고 믿었다. 그러나 트레이딩 포지션을 줄이기 전에 공개한 것은 잘못된 전략이었다. 손실이 계속 증가했기 때문이다.

5월에 분기별 실적이 발표되었을 때 몬트리올 은행의 상품 거래 장부에 기록된 손실은 6억 8,000만 달러가 넘었다. 연간 총수익의 약 12퍼센트에 해당하는 금액이었다. 다운은 캐나다 은행 역사상 최대 규모의 거래 손실을 발표했고 시장의 유동성 부족과 낮은 변동성을 원인으로 꼽았다. 틀린 주장은 아니었지만 시장의 반응은 회의적이었다. 분석가들은 몬트리올 은행의 사업 전략과 리스크 관리에 관해 불편한 질문들을 던졌다. 결국 상품 담당 전무이사 밥 무어Bob Moore와 리는 회사를 떠나야 했다. 리는 50만 달러의 벌금형을 선고받았고 은행업계에서 더 이상 일하지 못하게 되었다. 몬트리올 은행의 총 손실액은 약 8억 5,000만 달러에 달했다.

| K | E | Y | P | O | I | N | T |

◆ 애머랜스 어드바이저가 파산하고 반년이 지난 2007년에 또 다른 천연가스 스캔들이 터지면서 상품 시장을 흔들어놓았다.

◆ 몬트리올 은행의 스타 트레이더였던 리와 그의 팀은 최악의 허리케인 시즌으로 인해 기록적으로 높았던 15달러에서 급락한 천연가스 가격의 반등에 베팅했다.

◆ 하지만 가격은 더욱더 떨어졌다. 심지어 천연가스 거래가 일시적이지만 4달러 미만에서 이루어졌다. 한동안 리는 중개회사 옵셔너블의 도움을 받아 3억 5,000만~4억 5,000만 달러에 달하는 손실을 은폐할 수 있었다. 하지만 얼마 후 회계 감사로 그 사실이 밝혀졌다.

◆ 리는 천연가스 거래로 전년도에 기록적인 수익을 낸 후 8억 달러 이상에 달하는 거래 손실을 초래했다.

2008년

남아프리카공화국 정전 사태로 들썩이는 백금 가격

아프리카 최대 전력회사인 에스콤은 전기 공급에 지속적으로 차질을 겪는다. 이로 인해 남아프리카공화국의 주요 광산기업들은 생산에 제약을 받았고 백금 가격은 폭발적으로 치솟는다.

"국가의 에너지 안보를 회복하는 것이 절대적인 과제다."

| 시릴 라마포사, 남아프리카공화국 대통령 |

2010년 6월 남아프리카공화국 월드컵이 열리기 2년 전이었다. 남아프리카공화국은 수십 년 만에 최악의 전력 부족을 겪고 있었다. 남아프리카공화국 정부는 2008년 봄 에너지 비상사태를 선언했다. 아프리카 최대 전력회사인 국영기업 에스콤Eskom은 전기 공급이 수요를 따라가지 못하자 몇 주간 매일 몇 시간 동안 전력을 차단했다. 남아프리카공화국 경제는 20년 동안 급성장했고, 전기 수요는 1994년에 인종차별 정책을 끝낸 이후 50퍼센트 증가했다. 하지만 남아프리카공화국 정부와 에스콤은 전기 공급을 늘리지 못했다. 전력회사 에스

콤은 국내 발전소들을 점검하고 새로운 발전소를 지어야 한다고 거듭 강조했지만 남아프리카공화국 정부는 그런 경고를 무시했다.

전력이 충분하지 않은 탓에 지역별, 시간대별로 전기를 배급했다. 결과적으로 매일 2, 3시간은 정전 사태가 발생했다. 특히 금과 백금 생산 중심지인 요하네스버그와 하우탱 지역은 상황이 심각했다. 광산회사의 전력 수요 중 절반 정도는 기반 시설 유지에 필요했다. 전기 없이는 광산에서 물을 퍼낼 수 없었다. 게다가 땅속 수십 킬로미터 깊이에서 일하는 광부들에게 산소를 공급하는 것도 중요했다. 이런 전기 부족 현상이 실제 생산에 미치는 영향은 매우 심각했다. 광부노조는 기업들이 수천 명의 직원을 해고하거나 연수를 보냈다고 했다. 2008년 1월 말에 상황은 악화되었다. 에스콤은 세계 최대의 석탄 화력발전소인 켄들 발전소를 운영했는데, 에스콤의 석탄 비축량이 비에 모두 젖으면서 국제 귀금속 가격이 들썩이기 시작했다.

상품으로서의 백금

백금족 원소PGM에는 백금, 팔라듐, 로듐, 이리듐, 오시뮴, 루테늄이 있다. 그중 경제적으로 중요한 금속은 백금과 팔라듐이다. 백금과 팔라듐은 런던백금팔라듐시장LPPM에서 거래된다. 전 세계 백금의 약 90퍼센트는 남아프리카공화국과 러시아에서 생산된다. 그 밖의 백금 생산국으로는 캐나다, 미국, 짐바브웨가 있다. 주요 백금 생

산기업으로는 남아프리카공화국의 앵글로 아메리칸 플래티넘(앰플
라츠Amplats), 임팔라 플래티넘(임플라츠Implats), 론민Lonmin과 러시
아의 노릴스크 니켈Norilsk Nickel이 있다. 최근에는 시반예Sibanye가
인수 합병을 통해 주요 백금기업으로 성장했다.

백금은 주로 촉매(50퍼센트)와 보석(25퍼센트)으로 사용된다. 그 밖
에 치과학과 전자공학에도 중요한 자원으로 쓰인다. 백금과 팔라듐
의 가격은 러시아와 남아프리카공화국의 생산량, 러시아의 재고량,
전 세계의 경제 성장률에 따라 결정된다.

남아프리카공화국은 19세기 말부터 전 세계 금 생산의 중심지로
떠올랐다가 지난 30년 사이에 세계 8위의 금 생산국으로 순위가 하
락했다. 하지만 백금 생산에서는 여전히 지배적인 위치를 차지하고
있다. 전 세계 백금의 약 80퍼센트는 남아프리카공화국에서 생산되
고 그중 대다수는 부시펠트 복합암체Bushveld complex에서 나온다.
백금 가격은 남아프리카공화국의 불안정한 정치 상황에 매우 민감
하게 반응한다.

백금 가격은 2005년 중반부터 천천히 상승했지만 2007년 말과
2008년 초에는 상승세가 가속화되었다. 전 세계 자동차 촉매 산업
을 이끌며 세계에서 가장 많은 백금을 소비하는 다국적기업 존슨 매
시Johnson Matthey는 7년 만에 처음으로 백금 출하량이 줄어들 것이

라고 예측했다.

2008년 1월 말 남아프리카공화국 3대 금 생산업체들과 최대 백금 생산업체들이 모든 광산의 생산량을 감축할 것이라는 소식에 가격이 급등했다. 시장점유율 40퍼센트의 앵글로 아메리칸 플래티넘은 하루 9,000온스의 생산량 감소를 예상했다. 2위 기업인 임팔라 플래티넘은 하루 약 3,500온스의 생산량을 감소할 것이라고 했다. 남아프리카공화국의 백금 광산기업들은 2008년에 모두 50만 온스의 백금 생산량이 감소될 것을 우려했다.

백금 가격은 하룻밤 사이에 거의 100달러까지 상승해 1,700달러

2004~2009년 백금 가격

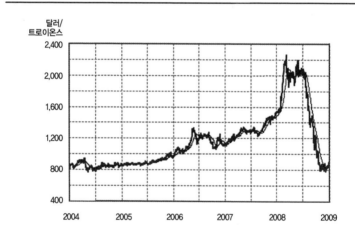

출처 | 블룸버그, 2019.

를 웃돌았다. 2008년 3월 초 백금 1트로이온스의 가격은 2,250달러 이상을 기록했다. 최고가였다. 전력회사 에스콤은 천천히 상황을 수습했지만 전력 생산량은 여전히 90퍼센트 수준에 머물렀다. 이런 전력 부족은 적어도 2020년까지 지속될 것으로 예측되었다.

그리고 수년간 부실 경영과 부패는 계속되었다. 2019년 2월에 상황은 다시 악화되었다. 제이컵 주마에 이어 남아프리카공화국 대통령이 된 시릴 라마포사는 케이프타운에서 열린 인다바Indaba 광업회의에서 에스콤이 "너무나 크고 중요한 기업이라서 망해서는 안 된다"고 했다. 에스콤은 노후화된 화력발전소 외에도 300억 달러가 넘는 부채로 고전하고 있다. 에스콤을 살리기 위해 전기세를 15퍼센트 올리고 에스콤을 분할하는 정부의 대책이 2019년에 시행될 예정이었다. 당시 백금 1온스의 가격은 800달러에 달했다. 새로운 가격 상승기가 다가오고 있다(여전히 전력 부족을 겪는 에스콤은 2021년 6월에 순환 정전을 실시했고 2021년 9월 백금 가격은 온스당 1,000달러를 넘어섰다—옮긴이).

◆ 2008년 남아프리카공화국은 수십 년 만에 최악의 전력 부족 사태에 직면하고 에너지 비상사태를 선포했다. 아프리카 최대의 전력회사이자 국영기업인 에스콤은 매일 몇 시간 동안 전력 공급을 차단했다.

◆ 금광의 황금기는 끝났지만 여전히 전 세계 금의 약 80퍼센트는 남아프리카공화국에서 생산되었다. 백금족 금속 역시 남아프리카공화국에서 주로 생산되었다.

◆ 2008년 1월 말 3대 금 생산업체들과 최대 백금 생산업체들은 지속되는 정전 사태로 생산을 감축했다.

◆ 2005년 중반부터 서서히 상승해 이미 1,000달러에 달했던 백금 가격은 더욱 치솟았다. 2008년 3월에 백금 가격은 트로이온스당 2,200달러 이상으로 상승했다.

2008년
쌀 시장에 영향을 미치는 요인들

태국의 비차이 시쁘라숫은 2007년에 쌀 가격이 300달러에서 1,000달러로 오를 것이라고 전망하고 조롱거리가 된다. 하지만 쌀 수확량에 영향을 미칠 일련의 상황들이 아시아에서 벌어지기 시작하고 사이클론 나르기스가 발생하면서 재앙이 일어난다.

"국가 차원의 비축은 시장에 전혀 도움이 되지 않는다."

| 로버트 자이글러, 미작연구소 |

예순다섯 살의 비차이 시쁘라숫Vichai Sriprasert은 태국의 거물급 쌀 수출업자다. 공급과 수요, 가격의 상관관계에 관해 수년간의 경험을 쌓은 그는 많은 돈을 벌었고 태국 쌀거래자협회의 명예 회장이 되었다. 세계 최대의 쌀 수출국인 태국은 세계 쌀 시장에서 결정적인 역할을 했다.

2007년 비차이는 다음 해의 쌀 가격이 톤당 1,000달러를 넘어설 것이라고 예측했으나 돌아온 반응은 불신과 조롱뿐이었다. 당시 태국의 쌀 수출 가격은 톤당 약 300달러였기 때문이다. 하지만 유가가 크게 오르고 밀과 옥수수 가격 역시 가파르게 상승하면서 그에게 쏟아졌던 비웃음은 온데간데없이 사라졌다. 2008년 봄 쌀 가격은 비차이가 예측했던 1,000달러 선을 돌파했고 이후에도 계속 상승할 태세였다. 오일쇼크로 쌀 가격이 톤당 약 2,700달러까지 상승했던 상황이 1970년대와 비슷했다.

상품으로서의 쌀

유엔식량농업기구에 따르면 쌀은 밀, 옥수수와 함께 세계에서 가장 널리 경작되는 곡물이다. 연간 생산량은 약 6억 5,000만 톤에 달한다. 최대 생산국은 중국, 인도, 인도네시아, 방글라데시, 베트남, 태국 등이다. 주로 논에서 재배되기 때문에 쌀 1킬로그램당 3,000~5,000리터 정도의 유수流水가 필요하다. 이렇게 물을 채운 논에서 키우는 방식은 해충과 잡초 번식률을 낮추어준다는 장점이 있다. 대신 강수량이 적으면 심각한 흉작이 될 수 있다는 단점이 있다.

쌀의 중요성에도 불구하고 쌀 선물 거래는 밀이나 옥수수 시장보다 저조하다. 가장 중요한 쌀 거래소는 미국의 시카고상품거래소다. 쌀 거래는 미국 센트너centner나 헌드레드웨이트cwt(1헌드레드웨이트는 100파운드, 45.359킬로그램과 동일하다)당 미국 센트로 표기되고 계약 한 건당 거래되는 양은 2,000헌트레드웨이트다.

대체 어떻게 이런 일이 일어났을까? 유가 상승으로 2007년에 여러 농산품의 가격이 급등했다. 이런 현상을 '애그플레이션'이라고 부른다. 유엔식량농업기구에서 산정한 식품 가격지수는 2007년 3월부터 2008년 3월까지 불과 1년 만에 57퍼센트 상승했다. 밀과 콩 가격도 두 배로 뛰었고 옥수수 가격은 2007년 가을 이후로 66퍼센트 올랐다.

그러나 쌀 가격은 여전히 다른 농산물 가격보다 훨씬 높았고 2008년 봄에는 가격 상승이 가속화되었다. 2007년 6월에서 2008년 4월까지 쌀 가격은 약 75퍼센트 상승했고 아시아에서는 상승폭이 훨씬 더 높았다. 쌀 가격은 톤당 400달러에서 1,000달러 이상으로 인상되었다.

가격 급등은 광범위한 결과를 낳았다. 쌀은 약 30억 인구의 주식이며 많은 국가에서 가계 소득의 거의 절반을 식품 소비에 지출한다. 쌀 가격이 오르면서 여러 국가의 정치적 안정을 위협했고 전 세계적으로 심각한 불안을 초래했다. 아이티에서는 시위로 몇몇 사람이 목숨을 잃었고 이집트, 부르키나파소, 카메룬, 인도네시아, 코트디부아르, 모리타니, 모잠비크, 세네갈에서는 폭동이 일어났다. 이런 일이 일어난 이유는 무엇일까?

쌀 시장은 일반적으로 구조적 적자에 시달린다. 전 세계 시장에서 연간 평균 쌀 거래량은 약 3,000만 톤에 달한다. 이는 전 세계 총 생산량 6억 5,000만 톤에 비하면 매우 적다. 그렇기 때문에 전 세계

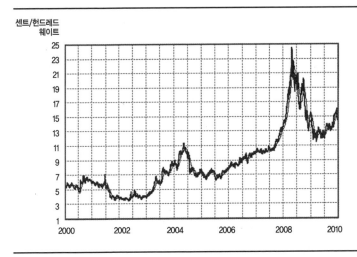

센트/헌드레드
웨이트

출처 | 블룸버그, 2019.

의 쌀 가격은 공급과 수요의 단기 변동성에 크게 영향을 받는다. 도시화와 인구 구조, 대체 에너지 수요, 기상 상태가 쌀 가격에 영향을 미치는 요인들이다. 이런 요인들은 다른 농산품에도 어느 정도 영향을 미친다.

예컨대 아시아의 급속한 도시화로 점점 더 많은 농지가 파괴되었다. 또한 아시아 대륙의 경제 성장이 가속화되면서 육류 소비가 증가하고 그에 따라 가축 사료로 쓰이는 곡물량도 늘어났다. 중국의 육류 소비는 지난 30년 동안 약 150퍼센트 증가했다. 나아가 아시아에서는 연간 약 8,000만 명의 아이가 태어나는데, 이는 논으로 먹여 살려야 할 입이 그만큼 늘어남을 의미했다. 간접적으로는 많은 농부가 쌀보다 수익성 높은 옥수수와 밀 그리고 유지 작물로 재배 작물을 전환하면서 높은 유가와 각종 생물 연료의 수요 증가는 쌀 가격을 끌어올렸다.

몇몇 국가에서는 2007년에서 2008년 악천후 영향으로 쌀 수확량이 크게 감소했다. 폭풍과 홍수로 1년 사이에 2,000만 헥타르 이상의 농지가 파괴되었다. 태국 영토의 두 배에 달하는 면적이었다. 주요 쌀 수출국인 방글라데시는 2007년에 홍수와 사이클론 시드르 때문에 심각한 작황 손실을 입었다. 시드르는 거의 작황 전체를 망쳐놓았다. 베트남의 쌀농사도 심각한 병충해로 타격을 입었다. 결과적으로 쌀 가격은 계속 올랐고 상황은 점점 더 악화되었다.

사재기와 수출 제한으로 도미노 현상이 일어났다. 아시아에서는 사재기가 계속 증가했다. 쌀 수출국인 베트남과 인도는 쌀 수출을 제한했고 인도는 국내 가격을 안정시키기 위해 수출을 늦추었다. 중국, 이집트, 캄보디아 같은 다른 수출국은 수출량을 제한하고 세금을 부과했다. 중국은 자국의 쌀 공급에 문제가 생길 것을 우려해 당분간 쌀 수출을 금지했다. 태국에서는 농부들, 상인들, 정미소들이 쌀을 사재기하기 시작했다.

태국 전역에서 사재기가 기승을 부렸다. 미국에서도 월마트는 소비자들의 쌀 구매량을 제한했다. 세계 최대의 쌀 수입국인 필리핀은 추후 공급이 더욱 부족해질 것에 대비해 대량의 쌀을 구매했다고 발표했다. 방글라데시, 인도네시아, 이란 같은 수입국도 영향을 받았다. 그리고 3월 3일 밤 재앙이 닥쳤다.

사이클론 나르기스가 미얀마 해안을 강타해 한창 수확기에 접어들었던 미얀마의 곡창 지대를 폐허로 만들었고 5만 명에서 10만 명의 사상자를 낸 것이다. 쌀 가격이 다시 치솟으면서 기아와 그로 인한 폭동이 발생할 위험이 높아졌다. 쌀 가격이 네 배로 뛰자 많은 지역이 불안에 휩싸였다. 빠듯한 공급과 악천후 외에도 수출 제한과 사재기로 인위적인 쌀 부족 사태가 초래되었다. 비차이도 상황이 그 정도로 악화될지 예측하지 못했다.

하지만 2008년 5월에 공급 상황이 나아졌다. 대규모 쌀 생산국인 파키스탄이 수출 제한을 완화했고 인도의 수확량은 예상량보다 200만 톤을 초과했다. 하지만 쌀 시장의 구조적 문제는 여전히 남아 있었다. 국제 시장의 규모가 비교적 작기 때문에 아시아의 반복적인 공급 문제는 언제 다시 불거질지 모를 일이다.

◆ 2007년 초 태국의 비차이 시쁘라슛은 쌀 가격이 크게 상승할 것이라고 예측
했다가 조롱거리가 되었다.

◆ 하지만 2007년 후반 유가 상승으로 많은 농산물 가격이 급등했다. 이런 상황
은 특히 쌀 시장에 중대한 영향을 미쳤다.

◆ 2007년 6월부터 2008년 4월까지 아시아의 쌀 가격은 400달러에서 1,000달
러 이상으로 인상되었다. 사재기와 수출 제한으로 이미 빠듯했던 공급 문제
는 더욱 악화되었다.

◆ 2008년 5월 사이클론 나르기스가 미얀마를 강타하면서 쌀 수확을 망쳐놓았
고 10만 명에 달하는 사상자가 발생했다. 쌀 가격은 네 배로 뛰었고 많은 지
역은 불안에 휩싸였다.

2008년
MF글로벌의 파산

밀 가격은 연신 최고가를 갱신한다. 트레이더 에번 둘리는 10억 달러를 운용하다가 베팅에 실패한다. 그 결과 에번 둘리를 고용했던 MF글로벌은 2008년 2월에 1억 4,000만 달러의 손실을 입는다.

"그 돈이 어디에 있는지 모른다."

| 존 코진, MF글로벌 CEO |

제롬 케르비엘Jerôme Kerviel이 유럽 주가지수에 베팅해 프랑스 투자은행 소시에테 제네랄에 거의 50억 달러의 손실을 안겨준 비극적인 사건이 벌어진 지 채 한 달도 지나지 않았을 때였다. 소시에테 제네랄의 또 다른 트레이더가 문제를 일으켰다. 이번에는 밀 선물 투기였다. 2008년 2월 말 세계적인 선물 및 옵션 중개회사인 MF글로벌은 테네시주 멤피스의 트레이더 한 명이 회사 계정으로 밀 선물에 투기했다는 사실을 인정했다. 몇 시간 만에 약 1억 4,000만 달러의 손실이 발생했다.

2007년에 맨 파이낸셜 그룹Man Financial Group에서 분리되어 나온 MF글로벌은 청산과 이행 서비스를 제공하는 상품 중개회사였다. 골드만삭스나 JP모건과 어깨를 나란히 하는 금융 서비스회사가 되겠다는 야심을 품고 있기도 했다. MF글로벌의 CEO 존 코진Jon Corzine은 골드만삭스의 전직 회장이었고 한때 뉴저지 주지사이기도 했다. MF글로벌은 월스트리트에서는 소규모 기업에 불과했지만 시카고상업거래소에서는 액면가가 1,000억 달러를 넘어서는 300만 건의 선물 및 옵션 포지션을 사고팔아서 막대한 영향력을 발휘했다. 시카고상업거래소의 거래량 중 거의 30퍼센트는 MF글로벌의 고객들이 체결한 것이었다.

2007년 11월에 부셸당 7.50달러였던 미국산 밀은 2008년 초에 이미 8달러 이상에 거래되었다. 제한된 공급뿐 아니라 미국 달러화의 약세와 투기 자본도 밀 가격을 계속 상승시키는 요인이었다. 며칠 사이에 밀 가격은 부셸당 9달러를 넘어 10달러를 초과했고 2월 말에는 통제 불가능한 상황까지 이르렀다. 2월 27일 인도일이 임박한 밀 계약은 하루 동안 25퍼센트의 가격 변동을 겪었다. 거래는 호조로 시작되었지만 오후에는 가격이 10.80달러까지 하락했다.

하지만 오후에 밀 가격은 부셸당 13.50달러로 급등했다. 대규모 밀 수출국인 카자흐스탄이 수출을 줄이기 위해 수출 관세를 도입하려 한다는 소식에 미국 밀 가격이 상승한 것이다. 하루 동안의 밀 가격 변동으로는 역대 최고였다.

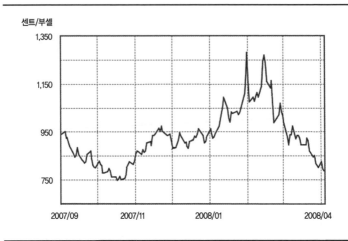

2007~2008년 밀 가격

센트/부셀

출처 | 블룸버그, 2019.

하지만 이런 가격 변동에는 또 다른 원인이 있었다. 2005년 11월
부터 MF글로벌에서 트레이더로 근무했던 에번 둘리Evan Dooly가
2월 27일 오전에 본인 계정으로 상당량의 밀 선물 포지션에 빠르게
진입했다. 마흔 살의 트레이더 둘리는 허가 없이 자신의 권한을 넘어
서는 거래에 나선 것이었다.

둘리는 밀 가격 하락에 베팅하면서 약 1만 5,000건의 선물을 거래
했다. 양으로는 200만 미터톤, 가치는 8억 달러에서 10억 달러에 달
했다. 하지만 밀 가격이 계속 급등하면서 MF글로벌은 손해를 감수
한 채 포지션을 청산해야 했다. 다시 말해 선물 계약을 더 많이 매수

해야 했다. 그러자 밀 가격은 몇 년 만에 최고 수준으로 상승했다.

이날 하루 동안 MF글로벌은 25퍼센트 이상의 손실을 입었다. 손실액은 1억 4,000만 달러로 이전 분기의 네 배에 달했다. MF글로벌은 추가 손실을 우려해 회사의 내규와 리스크 관리를 개선하겠다고 약속했다. 둘리는 즉시 해고되었고 MF글로벌은 트레이더 감독 부실로 1,000만 달러의 벌금형을 선고받았다. 둘리는 5년형을 선고받았고 1억 4,000만 달러를 배상해야 했다.

MF글로벌은 2011년에 1억 9,200만 달러의 분기 손실을 보고하고 파산 신청을 했다. 이후 고객펀드가 사라졌고 이 사건은 엄청난 스캔들로 역사에 남았다. 하지만 400억 달러 이상의 자산을 보유했던 MF글로벌의 실패(미국 역사상 여덟 번째로 큰 파산 사태)는 2008년 리먼브라더스의 실패에 비하면 미미한 수준이었다. 리먼 브라더스는 대차대조표상 자산 규모만 6,910억 달러, 부채는 6,130억 달러였다. 금융 당국은 월스트리트의 모든 금융회사에 대마불사大馬不死(무리를 이룬 말은 결국 살 길이 생겨 쉽게 죽지 않는다—옮긴이)의 원칙이 적용되는 것이 아니라는 사실을 확실히 증명하고 싶어했다. 그들은 MF글로벌의 파산을 가차 없이 진행했다.

◆ 2008년 제롬 케르비엘이 유럽 주가지수에 재앙과도 같은 베팅을 한 지 채 한 달도 지나지 않아 또 다른 트레이더가 문제를 일으켰다. MF글로벌의 에번 둘리는 밀 가격 하락에 베팅하고 거의 10억 달러에 달하는 공매도 포지션을 확보했다.

◆ 하지만 밀 가격은 2007년 말에 부셸당 7.50달러에서 치솟아 2008년 1월에 부셸당 10달러 이상까지 상승했다.

◆ 2008년 2월 27일에 시카고에서 거래된 밀은 하루 동안 25퍼센트의 가격 변동을 겪었다. 부셸당 10.80달러까지 하락했다가 오후에 다시 13.50달러까지 상승한 것이다. MF글로벌은 몇 시간 만에 약 1억 4,000만 달러 손실을 입었다.

2009년
슈퍼 콘탱고의 탄생

서부 텍사스 중질유 가격이 폭락하면서 전 세계의 상품 트레이더들은 혼란에 빠지고, 주민이 1만 명인 오클라호마의 한 지역에 갑자기 세계의 관심이 집중된다. '슈퍼 콘탱고'라는 개념이 생겨나고 투자은행들은 유조선 사업에 진출한다.

"슈퍼 콘탱고는 상품 선도 가격이
일반적인 콘탱고 상태의 금리와 저장 비용으로 설명할 수 있는
현물 가격보다 훨씬 더 높은 상태다."

| 머니텀스 |

쿠싱은 인구 1만 명이 채 되지 않는 오클라호마의 작은 마을로 월마트와 몇 군데의 패스트푸드 식당, 주유소가 있다. 거대한 탱크, 파이프, 정유 공장만이 그 마을에 뭔가 특별한 것이 있음을 알려준다. 마을 남쪽에는 3,500만 배럴의 원유가 보관된, 미국에서 가장 큰 전략적 저유소가 있다.

2009년 초 갑자기 전 세계의 관심이 쿠싱에 집중되었다. 쿠싱은 미국 원유의 기준인 서부 텍사스 중질유WTI가 인도되는 유일한 장소였다. 원유 시장에서 대대적인 원유 비축이 시작되었고 그 규모는

점점 커졌다.

금융 시장의 위기와 악화되는 경제 전망으로 유가는 2008년 하반기 엄청난 압력을 받았다. 그해 여름 원유는 짧은 기간 동안 145달러 이상에 거래되었다. 이후 원유 가격은 다시 45달러 미만으로 떨어졌다. 투자금 인출(디레버리징)도 가격 하락에 크게 기여했다. 이런 상황은 재무적 투자자들이 일반적으로 투자하는 단기 원유 계약을 분석해보면 명확하게 드러났다. 단기 원유 계약은 장기 계약보다 훨씬 더 큰 영향을 받았다.

상품으로서의 원유

원유는 종류와 품질이 다양하기 때문에 시장에서는 몇몇 지역의 유종油種을 기준유 삼아 거래를 한다. 뉴욕상업거래소에서는 미국 서부 텍사스 중질유를, 런던의 인터콘티넨털 익스체인지에서는 북해 브렌트유North Sea Brent를, 싱가포르에서는 태피스유Tapis를 기준유로 삼는다. 그 밖에도 7개 원유의 평균 가격을 계산하는 석유수출국기구 바스켓 유가도 있다. 이 7개의 유종은 사하라 블렌드Sahara Blend(알제리), 미나스Minas(인도네시아), 보니 라이트Bonny Light(나이지리아), 아랍 라이트Arab Light(사우디아라비아), 두바이Dubai(아랍에미리트), 티아후아나 라이트Tia Juana Light(베네수엘라), 이스머스Isthmus(멕시코)를 말한다. 선물 시장에서 서부 텍사스 중질유와 브렌트유는 원유 가격을 정하는 주요 기준유로서 CL(서부 텍사스 중질유)과 CO(브렌트유) 라는 약어와 계약 월로 표기되어 계약 한 건당 1,000배럴 단위로 거래된다.

향후 몇 년간의 원유 인도분 가격을 추적하는 선도 기간구조는 2008년 여름에 거의 평탄했지만 이후에는 원유(서부 텍사스 중질유) 콘탱고 현상이 심화되었다. 콘탱고는 현물 가격이 선물 가격보다 낮은 상황을 일컫는다. 그 원인으로는 보험 비용과 이자를 포함한 창고 보관 비용을 들 수 있다. 물론 공급과 수요의 효과로 상쇄될 수 있다.

2008년 10월에서 12월 사이에 콘탱고가 심해졌다. 서부 텍사스 중질유 계약 단기물의 가격 하락으로 2009년 1월과 12월의 서부 텍사스 중질유 가격 차(스프레드)는 20달러를 초과했다. 상품 트레이더들은 '슈퍼 콘탱고'라는 용어를 사용해 이 같은 상황을 설명했고 상품 분석가들은 이러한 원유 가격의 왜곡이 터무니없다고 말했다.

서부 텍사스 중질유는 브렌트유와 같은 다른 원유 기준유 가격과 완전히 분리되었다. 이로써 서부 텍사스 중질유는 국제 원유 시장의 지표로서의 기능을 잃었고 "초콜릿으로 만든 오븐 장갑"과 같다고 영국 투자은행인 바클리Barclays의 상품 분석가가 평했다. 이런 상황이 발생한 이유는 무엇일까? 아니 그보다 중요한 것은 이 사태의 여파였다.

세상의 관심이 전 세계의 '송유관 교차로'이자 서부 텍사스 중질유의 유일한 인도 장소인 쿠싱으로 쏠렸다. 콘탱고 현상으로 원유를 비축해두는 것이 지지를 얻었다. 현재의 낮은 가격이 아니라 나중에 도래할 만기일에 원유를 더욱 비싼 가격에 팔 수 있었기 때문이다. 원유 소유자가 저장 시설을 갖추고만 있다면 가능한 일이었다. 심화되는 콘탱고로 쿠싱의 석유 저장량은 꾸준히 증가했다.

1월에 원유 재고는 3,300만 배럴(1배럴은 159리터)을 초과했고 저장 공간은 태양 아래 녹아내리는 얼음처럼 순식간에 자취를 감추었다. 결국 슈퍼 콘탱고는 슈퍼 저장 사태로 이어졌다. 적절한 저장고를 갖추지 못한 원유 선물 보유자들은 가격에 상관없이 원유를 팔아야 했다. 미국 원유는 35달러 미만의 낮은 가격에 거래되었다.

슈퍼 콘탱고 현상이 일어난 이유는 무엇일까. 경기 침체로 원유 시장에 단기적 과잉 공급이 이루어져서인지 아니면 선도 거래에서 발생한 인덱스펀드와 헤지펀드 자본의 투자 회수 때문인지는 알 수 없다. 어쨌든 원유 선도곡선foward curve은 계속 가파르게 상승했다. 가격 차이 외에도 이 사태를 과거의 사건들과 구분지어주는 또 다른 요인이 있었다. 경기 침체와 신용 경색으로 국제 화물 운임은 극심한 압박을 받았다. 2009년 초 유조선 화물 운임은 2008년 여름의 최고치보다 약 85퍼센트 하락했다.

2009년에는 잠시 동안 그해 초의 원유 계약과 2009년 12월 인도분의 원유 계약의 가격 차이가 30퍼센트 이상 났다. 그리고 마침내

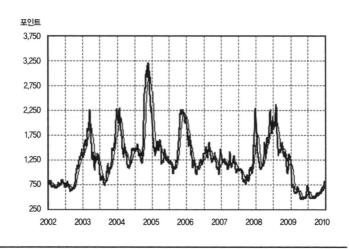

포인트

출처 | 블룸버그, 2019.

슈퍼 콘탱고와 낮은 유조선 운임 덕분에 공해를 떠도는 유조선에 원유를 저장하는 것이 가능해졌다. 원유 트레이더들뿐 아니라 투자은행에도 새로운 장이 열린 셈이었다.

충분한 비축량 덕분에 선물 계약을 통해 아무 위험 없이 55달러를 초과하는 가격에 판매할 수 있다면 40달러 미만의 가격에 원유를 넘기는 것은 이치에 맞지 않는 일이었다. 1월 원유 가격은 12월 계약 가격보다 20달러 낮게 거래된 반면, 2009년 1월에 초대형 유조선에 원유를 저장하는 비용은 배럴당 평균 90센트였다. 수송료와 보험료, 자금을 확보한 석유회사들과 트레이더들에게는 막대한 수익을 올릴

유조선 운임지수

발틱해운거래소Batic Exchange는 선박 중개인들과 선박 소유주들, 용선주들이 모이는 세계적인 시장이다. 다양한 주식 거래지수는 화물의 유형과 선박의 크기, 수송 경로에 따라 차별화되는 운임을 개략적으로 제시해준다. 발틱 클린 유조선 운임지수는 석유 상품(휘발유, 디젤, 연료유, 또는 등유) 같은 정량 화물clean cargo을 운송하는 유조선의 운임을 보여준다. 발틱 더티 탱커 운임지수는 원유와 같은 화물을 운송하는 유조선 운임을 보여준다. 건화물 운임지수Baltic Dry Index로 표시하는 벌크선 운임은 국제 금융 위기가 닥쳤을 때 경기 침체와 신용 경색으로 2009년에 전년도보다 94퍼센트 하락했다. 유조선 운임의 하락세는 그보다 덜해서 약 85퍼센트까지 떨어졌다.

기회였다.

유조선 임대 기간은 대개 3개월에서 9개월 사이였다. 세계 최대의 초대형 유조선업체 프런트라인Frontline은 2009년 2월에 유조선 25척을 임대해주었고 10척 이상의 선박 임대 문의가 들어왔다고 발표했다. 200만 배럴 미만의 원유를 실은 유조선은 통계상 기록되지 않았다. 하지만 전문가들은 당시 해상에 8,000만 배럴의 원유가 있었을 것으로 추정했다. 이는 쿠싱의 공식적인 원유 저장량의 두 배가 넘는 양이었다. 이 수익성 높은 사업은 새로운 국면에 접어들었다.

이제 신규 고객은 BP나 엑손이 아니라 메릴 린치, 모건 스탠리, 골드만 삭스, 시티뱅크, 바클리, 도이체 방크였다.

전 세계의 선박 중개인들은 유조선에 대한 문의가 급증하자 깜짝 놀랐다. 35개의 초대형 유조선은 전 세계 유조선 저장 용량의 대략 10퍼센트를 차지했다. 추가 수요가 생기면서 저렴했던 유조선 운임은 다소 회복되었다. 하지만 그해에 경제 지표가 개선되었음에도 불구하고 물 위에 떠다니는 원유 재고 때문에 원유 가격은 크게 오르지 않았다. 불과 1년 사이에 원유 가격이 거의 75퍼센트 하락하고도 원유의 공급 과잉으로 시장이 흔들렸다. 2008년에 국제에너지기구IEA는 1983년 이래 최초로 석유의 수요가 줄었다고 발표했다.

│K│E│Y│P│O│I│N│T│

◆ 오클라호마의 작은 마을 쿠싱은 전 세계의 송유관 수도이자 서부 텍사스 중질유의 유일한 인도 장소이다. 서부 텍사스 중질유는 가장 중요한 원유 기준이다.

◆ 2008년 여름 원유는 145달러를 초과하는 가격에 거래되었다. 하지만 이후 원유 가격은 45달러 미만으로 급락했고 서부 텍사스 중질유는 백워데이션에서 심각한 콘탱고 상태에 빠졌다. 슈퍼 콘탱고는 이렇게 탄생했다.

◆ 경제 위기로 유조선의 운임이 낮아진데다 슈퍼 콘탱고 현상까지 발생하자 투자은행들은 수익성 높은 사업에 뛰어들었다. 실물 원유를 사들여서 초대형 유조선에 저장했다가 선물 거래소에서 팔아 안정적인 수익을 거두는 것이다.

◆ 슈퍼 콘탱고로 몇 년 동안 원유가 과잉 공급되었다.

2010년
80년 만에 건조한 여름이
형성한 설탕 가격

심각한 가뭄으로 인도의 사탕수수 농업이 위기에 처하면서 세계 2위 설탕 생산국이던 인도는 완전히 수입에만 의존하게 된다. 최대 설탕 수출국 브라질에도 기후 문제가 발생한다. 그 결과 국제 설탕 가격은 28년 만에 최고치를 기록한다.

"공작이 춤추지 않아. 비가 내리지 않을 거야."

| 영화 〈몬순 웨딩〉 |

2009년 6월은 80여 년 만에 인도에서 가장 건조한 달이었다. 건기는 끝날 기미가 보이지 않았다. 8월 첫째 주의 강우량은 평소 수준의 3분의 1에 불과했다. 인도 북부의 주요 농경 지역에서는 엘니뇨로 사실상 몬순이 끝나버렸다. 몬순은 보통 6월 초에서 9월 말까지 인도아대륙에서 지속되는 계절풍이다.

엘니뇨가 닥치면 심각한 흉년이 들지만 인도는 빈번한 가뭄과 기아에 대비해 대규모 곡물 저장 시설을 갖추고 있었다. 미국 농무부에 따르면 2009년에는 약 2,000만 톤의 쌀과 약 3,000만 톤의 밀이 저장되어 있었다. 하지만 설탕은 상황이 달랐다.

특히 우타르프라데시주에 심각한 흉년이 들자 세계 2위의 설탕 생산국인 인도는 순수출국에서 순수입국이 되었다. 전년도에 2,600만 톤 이상의 설탕을 생산했던 인도는 2009년에 약 2,200만 톤의 설탕을 소비할 것으로 예상했다. 8월에 인도 농림부는 설탕 수확량을 1,700만 톤이라고 했다가 1,500만 톤으로 하향 조정했다. 인도 정부는 2011년이 되어서야 약 2,500만 톤의 설탕 수확량을 예상했다.

상품으로서의 설탕

100개국 이상에서 생산되는 설탕의 거의 4분의 3은 주로 열대 지역과 아열대 지역의 사탕수수에서 나온다. 사탕무는 주로 유럽연합과 러시아에서 생산된다. 최대 설탕 생산국이자 수출국인 브라질은 전 세계 설탕 생산량의 약 16퍼센트를 차지하고 있고, 그다음은 인도(14퍼센트), 중국(6퍼센트), 미국(5퍼센트)이다. 브라질에서는 설탕 수확량의 절반 이상이 연료(에탄올)로 가공된다.

설탕은 다양하게 분류되어 다수의 선물 거래소에서 거래된다. 가장 유동적으로 거래되는 것은 설탕 No.11(SB로 표기)이다. 이 선물 계약은 뉴욕거래소NYBOT에서 파운드당 센트로 거래되고 그 양은 대략 50톤에 달한다. 밀, 옥수수, 콩과 함께 설탕은 매우 유동적으로 거래되는 농산물이다.

2008년 전 세계 설탕 거래량은 약 4,500만 톤으로 전 세계 생산량의 거의 3분의 1 수준에 달했다. 총 설탕 생산량의 3분의 2는 국제 시장에서 거래되지 않고 생산국에서 바로 소비된다. 쿼터제와 무역협정 같은 무역 장벽을 고려하면 전 세계 설탕의 겨우 25퍼센트 정도만 국제 시장에서 얻을 수 있고 그중 약 40퍼센트는 브라질에서 생산된 것이다. 브라질의 설탕 생산량은 1990년대 초 이후로 네 배 증가했다. 2009년 브라질도 인도처럼 심각한 기후 조건에 대처해야 했다. 하지만 이번 문제는 가뭄이 아니라 물이 너무 많은 것이었다.

40여 년간 설탕 가격은 매우 불안정했다. 1967년에 파운드당 1센

1970~2010년 설탕 가격

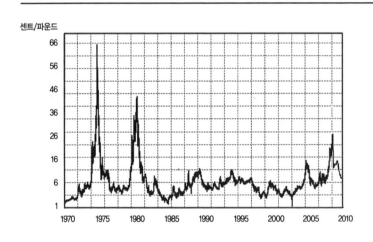

출처 | 블룸버그, 2019.

트로 아주 낮았던 설탕 가격이 1970년대 중반에 60센트 이상으로 폭등했다. 그러다가 2004년에는 6센트 미만으로 폭락했다. 20년이 넘는 세월 동안 그 정도 가격까지 하락한 적은 한 번도 없었다.

하지만 2010년에 설탕의 수요가 급증했다. 인도의 설탕 대량 수입과 기후로 인한 브라질의 설탕 인도 지연으로 원당 가격이 28년 만에 최고치를 기록한 것이다. 선물 계약은 2010년 1월 29일에 파운드당 29.90센트로 장을 마감했다. 전년도에 비해 150퍼센트 이상 프리미엄이 붙은 가격이었다. 2010년 2월 26일에 만기된 3월 계약 이후부터는 상황이 진정되었다. 당시 브라질의 자료에 따르면 이는 최악의 설탕 부족 사태가 종식되었음을 시사하는 것이었다.

───────── |K|E|Y| |P|O|I|N|T| ─────────

◆ 세계 3대 설탕 생산국은 브라질, 인도, 중국이다. 그중 중국과 인도는 대체로 자국에서 사용할 설탕을 생산한다.

◆ 2009년 인도는 80여 년 만에 가장 건조한 여름을 맞는다. 엘니뇨로 심각한 흉년이 들면서 인도는 설탕 순수입국이 되었다. 브라질도 기후가 문제가 되었다. 전 세계적으로 설탕 가격이 상승했다.

◆ 설탕 가격은 2010년 1월 말에 파운드당 30센트 직전까지 치솟았다. 전년도보다 150퍼센트 이상 상승한 가격이었다. 6센트 미만이었던 2004년 설탕 가격과 비교하면 놀랍게도 500퍼센트 오른 가격이었으며 28년 만에 가장 높은 가격이었다.

2010년

앤서니 워드,
코코아 시장을 흔들어놓다

세계 최대 코코아 수출국인 코트디부아르의 수확량 감소로 국제 선물 시장에서 코코아 가격이 상승한다. 2010년 여름, 코코아 트레이더인 앤서니 워드가 코코아 선물에 10억 달러 이상을 베팅한다.

"당연히 그들은 사람이야. 움파룸파지."

| 영화 〈찰리와 초콜릿 공장〉 |

마야 사람들과 아즈텍 사람들은 중앙아메리카와 남아메리카에 자생하는 코코아를 신의 선물로 신성시했다. 코코아 씨앗은 지불수단으로 사용되기도 했다. 에스파냐 정복자들은 아즈텍의 왕 목테수마 2세의 보물창고에서 금뿐 아니라 코코아를 1,200톤 넘게 발견했다. 이는 백성들에게 거두어들인 세수이자 엄청난 규모의 통화준비금이었다.

오늘날 코코아는 많은 개발도상국의 중요한 환금 작물이자 수출상품이며 초콜릿의 원료다(전 세계적으로 초콜릿 소비량이 많은 국가 중 하나인 독일에서는 1인당 연간 평균 약 9킬로그램의 초콜릿을 소비한다). 초콜릿 생산비는 코코아의 함량과 품질, 가공 시간에 따라 달라진다. 그러므로 일반적인 초콜릿 바 하나에 들어가는 코코아 가격은 생산비의 약 10퍼센트를 차지한다. 코코아는 뉴욕거래소와 런던국제금융선물거래소LIFFE에서 달러와 영국 파운드로 표기되어 계약 한 건당 10톤 단위로 거래된다.

2010년 7월 헤지펀드 업체 아마자로가 코코아 시장에 10억 달러를 베팅했다는 소문이 런던 시장에 돌았다. 펀드 매니저 앤서니 워드Anthony Ward가 시장을 장악하기 위해 약 24만 톤의 코코아를 매점했다는 것이다. 전 세계 코코아 생산량의 약 7퍼센트에 해당하는 양이었고 당시 시장에 나와 있던 코코아 물량의 대다수를 차지하는 양이었다. 몇몇 트레이더는 워드가 공급 하락으로 인한 코코아 가격의 지속적 상승에 베팅했다고 생각했다. 반면 워드가 코코아 수확기인 10월 이전에 대량의 코코아를 구매함으로써 인위적으로 코코아 부족 사태를 일으키고 시장을 조작하려 했다고 주장하는 사람들도 있었다.

상품으로서의 코코아
최근 코코아의 주요 산지는 중앙아메리카에서 아프리카로 바뀌었다. 10대 코코아 생산국은 전 세계 코코아 수확량의 90퍼센트 이상을 생산한다. 그중 코트디부아르는 세계 최대의 코코아 수출국으로 시장점유율이 33퍼센트 이상이다. 그 뒤를 잇는 코코아 생산국은 인도네시아, 가나, 나이지리아, 브라질, 카메룬이다. 그러나 2010년 코트디부아르의 코코아 생산량은 지난 5년에 비해 15퍼센트 이상 감소했다. 주요 원인은 농업 기술의 부족과 해충 피해였다. 2008~2009년 코코아 생산량은 120만 톤으로 지난 5년간 역대 최저치의 수확량이었다. 이는 시장 참가자들이 2009~2010년 생산량으로 예측한 수치와 동일했다.

쉰 살의 워드는 코코아 거래의 천재로 알려졌다. 코코아 시장을 장악하려는 그의 시도는 대단했지만 이는 일회적인 사건이 아니었다. 2002년 그는 선물 계약으로 20만 톤 이상의 코코아(전 세계 코코아 시장에서 거래되는 양의 5퍼센트)를 구매했다. 하지만 이것은 가장 큰 코코아 거래가 아니었다. 투자은행인 살로몬 스미스 바니Salomon Smith Barney에 소속된 상품 거래회사인 피브로Phibro는 1997년에 30만 톤의 코코아 포지션을 보유했다. 당시 피브로의 코코아 거래 책임자는 누구였을까? 바로 앤서니 워드였다.

워드는 1979년에 차, 쌀, 코코아, 고무로 처음 거래 경험을 쌓았다. 1998년 그는 리처드 가워Richard Gower와 함께 아마자로를 공동 설립하고 처음에는 코코아에 주력하다가 나중에는 커피와 다른 농산물을 추가 거래했다. 오늘날 15억 달러를 운용하며 코트디부아르, 인도네시아, 에콰도르 현지에 진출한 아마자로는 세계 시장에서 가장 큰 코코아 공급업체 중 하나다. 2010년 7월 앤서니 워드의 거래 이후 영국 언론은 그를 〈찰리와 초콜릿 공장〉의 등장인물 이름을 따서 '윌리 웡카'라 불렀고 제임스 본드 영화의 악당 골드 핑거에 빗대어 '초콜릿 핑거'라고 부르기도 했다.

2009년과 2010년에는 수요 증가와 생산량 감소, 헤지펀드의 가격 투기로 코코아 가격이 2년 6개월 만에 150퍼센트 이상 상승하면서

1990~2012년 코코아 가격

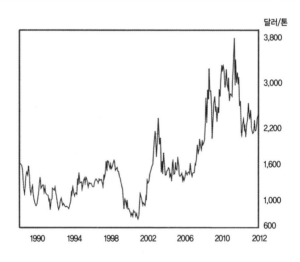

출처 | 블룸버그, 2019.

1977년 이후 최고치를 기록했다. 7월 중순에는 코코아 1톤당 가격이 3,600달러 이상까지 올랐다. 아마자로의 코코아 구매로 단기 가격이 오른 것이다. 7월분 계약은 2010년 12월분에 비해서 300달러의 프리미엄이 붙었다. 소비자들은 현재 인도분을 미래의 인도분보다 약 15퍼센트 높은 가격에 구매해야 했다.

16개 기업과 거래소들은 코코아 시장을 조작한 데 대한 불만을 뉴욕증권거래소와 런던국제금융선물거래소에 서면으로 제기했다. 하지만 런던국제금융선물거래소는 '시장 조작 징후를 발견하지 못했다'고 발표했다.

|K|E|Y| |P|O|I|N|T|

- ◆ 코코아 시장은 비교적 작고 극도로 집중되어 있다. 코트디부아르는 전 세계 코코아 생산량의 3분의 1 이상을 점유하고 있다. 세계 10대 코코아 생산국은 전 세계 생산량의 90퍼센트 이상의 코코아를 생산하고 있다.

- ◆ 2010년 여름에 헤지펀드 아마자로가 코코아 시장에 10억 달러를 베팅했다는 소문이 돌았다. '윌리 웡카'와 '초콜릿 펑거'라고 불리는 펀드 매니저 앤서니 워드는 시장을 장악하기 위해 약 24만 톤의 코코아를 사들였다.

- ◆ 2009년 초의 가격 수준과 비교했을 때 런던과 뉴욕의 코코아 가격은 150퍼센트 이상 상승했다. 1977년 이후 최고 가격이었다. 2010년 7월에는 코코아 1톤의 가격이 3,600달러 이상까지 폭등해 2002년에 비해 500퍼센트 이상 올랐다. 초콜릿 펑거의 베팅이 성공을 거둔 것이다.

2010년

격변의 중심지가 된
구리 산출 지대

천연자원이 풍부한 콩고의 구리 산출 지대는 수많은 폭군에게 약탈당했다. 현재는 유라시아천연자
연공사가 아프리카에 손을 뻗고 있고, 카자흐스탄의 과두제 집권층은 공공연히 부정한 사업가들이나
부패한 조제프 카빌라 대통령 정권과 거래하고 있다.

"아프리카를 약탈했던 서방이 이제는 아프리카를 구하고
싶어한다. 우리는 그런 위선을 아주 오랫동안 지켜봐왔다.
아프리카는 아프리카 사람만이 구할 수 있다."

| 조제프 카빌라, 콩고민주공화국 대통령 |

2010년 8월 20일 금요일 런던에 상장된 120억 달러 규모의 카
자흐스탄 광산기업 유라시아천연자원공사ENRC가 캠로즈 리소시
스Camrose Resources의 지분을 대부분 인수했을 때 런던의 투자자들
은 귀를 기울였다. 캠로즈 리소시스(하이윈즈 그룹을 인수한 댄 거틀러 소유
의 기업—옮긴이)는 콩고민주공화국 정부가 최근에 몰수한 콜웨지 채
굴권을 보유하고 있었다. 수익성이 매우 높은 콜웨지 채굴권은 원래
누구의 소유였을까? 캐나다 광산회사인 퍼스트 퀀텀 미네랄스First
Quantum Minerals였다. 이는 엄청난 소식이었다.

수십 년 동안 식민주의, 독재주의, 전쟁으로 얼룩진 콩고민주공화국이 다시 언론과 국제 광산업계의 주목을 받았다. 최빈국 중 하나인 콩고민주공화국은 그럼에도 불구하고 막대한 천연자원을 보유하고 있었다. 아프리카 구리 산출 지대는 콩고민주공화국의 광업 지역인 카탕가에서 잠비아 북부까지 뻗어 있다. 세계 구리 매장량의 약 10퍼센트가 이곳에 있다. 2010년 구리가 귀해지면서 가격도 뛰었다. 52주 동안 낮았던 구리 가격이 2010년 한 해 동안 50퍼센트까지 상승했다. 구리는 처음으로 런던금속거래소에서 톤당 9,000달러 이상에 거래되었다.

콩고민주공화국

자이르라 불렸던 콩고민주공화국은 아프리카에서 수단과 알제리 다음으로 큰 나라다. 콩고공화국(예전의 프랑스령), 중앙아프리카공화국, 수단, 우간다, 르완다, 부룬디, 잠비아, 탄자니아, 앙골라 같은 이웃 국가는 콩고민주공화국보다 훨씬 작다. 콩고민주공화국은 코발트, 다이아몬드, 구리, 금을 비롯해 그 밖의 희귀 광물 같은 천연자원이 풍부해 '자원의 저주resource curse' 이론을 보여주는 주요한 사례로 꼽힌다. 콩고민주공화국에 살고 있는 7,000만 명은 전 세계에서 극빈층에 속한다. 짐바브웨만이 1인당 국내총생산이 콩고민주공화국보다 낮다.

수도가 킨샤사인 콩고민주공화국은 1960년에 조제프 카사부부 Joseph Kasavubu 대통령과 파트리스 루뭄바Patrice Lumumba 총리의 지도 아래 벨기에로부터 독립했다. 1965년 초부터는 모부투 세세 세코Mobutu Sese Seko의 불안정한 군사독재가 오랫동안 이어졌다. 모부투 세세 세코와 콩고민주공화국의 지도부는 국가 재산을 조직적으로 약탈했다.

1997년에 모부투 세세 세코는 로랑데지레 카빌라Laurent-Désiré Kabila 장군에게 쫓겨났다. 2001년 1월에는 로랑데지레 카빌라가 경호원에게 살해당하고 그의 아들 조제프 카빌라가 대통령직을 이어받았다. 조제프 카빌라는 2018년 말까지 재임했다. 2019년 1월에는 반대파 지도자인 펠릭스 치세케디Felix Tshisekedi가 벨기에에서 독립한 이후 다섯 번째로 콩고민주공화국 대통령으로 임명되었다.

2003년 7월에 2차 콩고전쟁(1차 전쟁은 1997년에서 1998년)이 공식적으로 끝났지만 지금까지도 갈등의 불씨는 꺼지지 않았다. 아프리카의 8개 나라와 25개 무장단체가 참여한 2차 콩고전쟁 당시 500만 명 이상이 사망했다. 제2차 세계대전 이후 가장 잔혹한 무력 충돌이었다.

콜웨지 마을 근처의 카모토 광산은 콩고민주공화국의 광산 지구 중심부다. 그곳에는 300만 톤 이상의 구리와 30만 톤 이상의 코발트가 매장되어 있다. 현재 구리 매장량의 시장 가치는 300억 달러 이상이다. 한때 아프리카 최대 기업이었던 국영광산회사 제카민스 Gecamines는 기계를 동원해 매일 약 1만 톤의 바위를 옮겼다. 1990년 9월 광산이 무너지면서 많은 광부가 매몰되었고 채굴 작업은 즉시 중단되었다. 모부투 독재정권 아래에서 재투자에 대해서는 무관심했고 대규모 광산들은 쇠퇴했다. 1990년대 후반 제카민스는 자사의 사업 대부분을 국제 광산기업들에게 매각했다.

2007년 초 콩고민주공화국 정부는 광산업에 대한 국가의 개입과

2009~2010년 구리와 퍼스트 퀀텀 미네랄 주가 상승률

출처 | 블룸버그, 2019.

소유권을 확대하려고 외국과 맺은 60개 이상의 광산 협정을 검토했다. 이후 채굴권 갱신은 수많은 갈등의 원인이 되었다.

콩고민주공화국 정부는 향후 광산 관련 프로젝트에 대한 정부 지분을 최소 35퍼센트까지 확보하겠다는 목표를 세웠다. 게다가 새로운 규정에는 프로젝트 가치의 1퍼센트에 해당하는 사이닝 보너스Signing bonus(연봉 외에 별도로 지급하는 보너스-옮긴이), 총소득에 대한 2.5퍼센트 허가세, 2년 안에 광산 운영을 시작할 것 등이 조건으로 걸려 있다.

2009년 8월 콩고민주공화국 정부는 2년 6개월에 걸친 검토 끝에 캐나다 퍼스트 퀀텀 미네랄의 콜웨지 허가권을 철회했다. 콩고민주공화국 정부는 퍼스트 퀀텀 미네랄이 2002년 광업 규정을 위반했다고 고소했지만 퍼스트 퀀텀 미네랄은 이를 부인했다. 쟁점 중 하나는 제카민스가 관련 비용을 전혀 부담하지 않았는데도 주가가 12.5퍼센트 상승한 것이었다.

퍼스트 퀀텀 미네랄은 콜웨지에 이미 7억 달러 이상을 투자했기 때문에 위험한 상황이었다. 게다가 퍼스트 퀀텀 미네랄은 카빌라 정부와 합의에 이르지 못했기 때문에 콩고민주공화국 대법원도 국영 광산기업인 소디미코Sodinico를 위해 퍼스트 퀀텀 미네랄의 프런티어Frontier와 론시Lonshi 광산 허가권을 철회했다. 퍼스트 퀀텀 미네랄에게는 또 다른 치명타였다.

세 명의 교활한 여우

콩고민주공화국 카탕가의 풍부한 천연자원은 세 명의 교활한 사업가, 조르주 포레스트George Forrest와 빌리 로텐바흐Billy Rautenbach, 댄 거틀러Dan Gertler 사이에서 치열한 경쟁을 불러일으켰다. 포레스트그룹 회장인 예순일곱 살의 포레스트는 콩고민주공화국에서 태어나 자국 광업 산업의 아버지가 되었다. 2004년 초 콩고전쟁이 끝나고 몇 달이 지났을 때 그와 킨로스 골드Kinross Gold는 카모토 구리회사(나중에 카탕가 마이닝Ktanga Mining으로 바꾸었다)와 관련해 정부와 합작 투자 계약을 체결했다.

남아프리카 최대 운송회사 휠스 오브 아프리카Wheels of Africa의 설립자 로텐바흐는 짐바브웨 대통령 로버트 무가베Robert Mugabe의 친구였다. 그는 영국 회사 카멕Camec을 통해 보석과도 같은 카탕가 마이닝을 노렸다. 하지만 짧은 인수전쟁 이후 콩고민주공화국 정부는 채굴 허가권을 검토하겠다고 발표했다. 그 의도를 즉각 알아차린 그는 2007년 9월에 물러섰다. 제카민스의 예전 관리자였던 로텐바흐는 포레스트에게 밀려났고 두 사람 사이에는 적대감이 싹텄다.

한편, 거틀러는 상황을 지켜보면서 웃고 있었다. 이제 서른 살이었던 그는 KOV(카모토올리베이라 비르굴Kamoto-Oliveira Virgule, 훗날의 니카노르Nikanor) 개발을 위해 2004년에 정부와 합작 투자 계약을 맺었다. KOV는 카탕가에서 카모토 구리회사보다 훨씬 많은 자원을 갖춘 유일한 광산이었다. 이곳에는 카모토 매장량의 두 배에 달하는 670만 톤 이상의 구리와 6만 5,000톤의 코발트가 매장되어 있는 것으로 추정되었다. 2018년 시장 가격으로는 아프리카 국내총생산의 절반이 넘는 매장량이었다.

거틀러는 카탕가를 둘러싼 인수전쟁이 벌어지는 동안 니카노르를 통해 카탕가 마이닝의 주식을 매집했다. 카멕은 2008년 초에 입찰에서 떨어졌고 니카노르와 카탕가 마이닝은 합병했다. 거틀러는 자금은 물론 광범위한 인맥까지 갖추고 있었다. 당시 이스라엘 총리였던 아리엘 샤론Ariel Sharon과 친구였고 동갑인 콩고민주공화국 대통령 카빌라와도 절친한 친구 사이였다.

2010년 1월에 새로 설립된 사업가 댄 거틀러의 하이윈즈 프러퍼티즈Highwinds Properties는 암거래를 통해 콜웨지 채굴권을 얻어냈다. 그로부터 몇 달 후 폭탄 같은 소식이 전해졌다. 2010년 8월 20일 유라시아천연자원공사가 캠로즈 리소시스의 지분 50.5퍼센트를 1억 7,500만 달러에 인수해 콜웨지 채굴권을 확보했다고 발표한 것이었다. 인수 목적은 댄 거틀러가 장악한 또 다른 기업인 세리다 글로벌 Cerida Global과의 협력이라고 했다. 유라시아천연자원공사는 캠로즈 리소시스를 인수하면서 하이윈즈 프러퍼티즈에 4억 달러를 대출해주었고 세리다 글로벌의 부채에 대해 1억 5,500만 달러 규모의 대출 담보를 제공하기로 했다.

캠로즈 리소시스도 자회사인 아프리코Africo의 주식 대부분을 카멕의 소유지 근처에서 구리와 코발트를 개발하는 유라시아천연자원공사에 넘겼다. 이 거래는 유라시아천연자원공사가 2009년 9억 5,500만 달러에 카멕을 인수한 다음부터 전략적으로 매우 중요해졌다. 여기서 이스라엘 투자자 댄 거틀러가 등장한다. 그는 유라시아 천연자원공사의 40퍼센트를 소유한 카자흐스탄 과두제 집권층 인사세 명, 알렉산드르 마시케비치Alexander Mashkevitch와 파토흐 초디예프Patokh Chodiev, 알리잔 이브라기모프Alijan Ibragimov를 재빨리 회유해 카멕의 35퍼센트를 거머쥐었다.

카멕과 캠로즈 리소시스의 이런 거래는 유라시아천연자원공사가 2010년 5월에 남아프리카공화국 노샘 플래티넘Northam Platinum의 지분 12퍼센트를 확보한 거래와 더불어 유라시아천연자원공사는 공격적인 아프리카 진출 전략에 중요한 이정표와 같았다. 많은 기관 투자자의 회의적인 태도와 정부의 몰수 가능성이 있음에도 유라시아천연자원공사가 콩고민주공화국에서 라이벌 회사인 퍼스트 퀀텀 미네랄보다 좋은 결과를 얻을 수 있을지는 두고 볼 일이었다.

때로 시간은 빠르게 흘러간다. 2013년 11월 유라시아천연자원공사는 런던증권거래소에서 자사의 주식을 상장 폐지했다. 이듬해 4월에는 영국에서 뇌물 수수와 제재 불복에 관한 공식 조사가 시작되었고 창립 파트너들은 회사를 다시 민영화하기로 결정했다. 2014년 2월에 유라시아천연자원공사가 부채를 갚기 위해 콩고민주공화국의 구리 광산들을 포함해 자사의 자산을 매각해야 한다는 소식이 퍼졌다. 하지만 카빌라 대통령은 대통령 선거를 2년간 연기하며 2018년 말까지 대통령 자리를 지켰다.

2019년 1월 반대파 지도자인 치세케디가 콩고민주공화국의 다섯 번째 대통령으로 취임했다. 반대파 지도자 마르탱 파율루Martin Fayulu는 카빌라가 대통령직에서 물러났음에도 불구하고 동료들과 함께 권력을 계속 장악할 것이라고 불평했다. 1960년에 벨기에의 식민통치가 끝난 이후 콩고민주공화국에서는 단 한 번도 평화적인 권력 이양이 이루어지지 않았다.

◆ 콩고민주공화국과 잠비아 사이에 위치한 아프리카 구리 산출 지대는 엄청나게 풍부한 천연자원을 보유하고 있다. 2010년에 조제프 카빌라 대통령이 캐나다 회사 퍼스트 퀀텀 미네랄의 채굴권을 빼앗으면서 구리 산출 지대는 격변의 중심지가 되었다.

◆ 현재 구리는 런던금속거래소에서 9,000달러 이상의 기록적인 가격에 거래되는 중요 광물이 되었다.

◆ 카자흐스탄 회사인 유라시아천연자원공사는 아프리카에서 대대적인 사업 확장에 나섰다. 이 회사의 경영진은 부패한 카빌라 정권뿐 아니라 부정한 사업가들과도 거리낌 없이 거래했다.

◆ 카빌라 정권은 댄 거틀러의 하이윈즈 프러퍼티즈가 관련된 불법적인 거래를 통해 퍼스트 퀀텀 미네랄의 자산을 몰수하여 유라시아천연자원공사에 매각했다. 국제 투자자들은 충격을 받았고 몇 년 후에 유라시아천연자원공사는 민영화되었다.

2010년
딥워터 호라이즌호와
원유 유출 사고

멕시코만의 시간이 급박하게 흐른다. 딥워터 호라이즌호의 석유 시추 장치가 폭발한 후 역사상 최악의 원유 유출 사태라는 사상 최대의 재앙이 일어난다. 약 7억 8,000만 리터의 원유가 바다로 흘러나왔고 BP의 시가 총액은 몇 주 만에 반토막이 난다.

"이 유정은 시추를 거부했다……
우리가 대자연을 훼손하고 있는 것 같았다."

| 다니엘 바론, 딥워터 호라이즌호 사고 생존자 |

딥워터 호라이즌호는 세계적인 첨단 심해 굴착 시추선이었다.
2001년에 3억 5,000만 달러를 들여 설치한 이 시추선은 길이 121미터,
너비 78미터, 높이 23미터에 달했다. 2010년 4월 이 거대한 시추선은
멕시코만의 루이지애나 해안에서 약 64킬로미터 떨어진 곳에 있었
다. 2월부터 미시시피 캐니언 252지구에서 수심 4,000미터쯤에 자리
한 메이컨도 유정을 바쁘게 시추하고 있었다.

2010년 4월 20일은 60-817-44169 API 유정의 시추공 공사가 완
료되는 날이었다. 이날 유정을 봉하고 생산 플랫폼을 세워 원유 생산

을 준비할 계획이었다. 트랜스오션Transocean 같은 플랫폼 운영업체는 석유기업들에게 일일 단위로 요금을 부과했기 때문에 하루하루가 중요했다. 그런데 딥워터 호라이즌호의 작업은 이미 43일이나 늦어지고 있었다. 작업 지연으로 당시 영국의 국제 석유회사 BP British Petroleum는 이미 2,000만 달러 이상의 비용을 치러야 했다.

엑손 밸디즈호 사건

1989년 3월 24일 막 자정이 지났을 때였다. 미국 역사상 가장 끔찍한 환경 재앙이 발생했다. 300미터 길이의 유조선 엑손 밸디즈가 알래스카의 항구 도시 밸디즈에 위치한 알래스카 횡단 송유관의 석유 적재장에서 출발했다가 프린스 윌리엄 해협의 블라이 암초 지대에서 좌초한 것이었다. 이 사고로 약 4만 톤의 원유가 바다로 유출되었다. 약 2,000킬로미터에 달하는 해안 지대가 오염되었고 수많은 물고기와 바닷새, 해양 동물들이 죽었다. 사고 당시 선장 조지프 헤이젤우드는 선실에서 술에 취해 있었고 삼등 항해사 그레고리 커진스가 함교에 있었다. 이후 대대적인 정화 작업에도 생태계는 30년간 회복되지 못했다.

그날 아침 BP 경영진 네 명이 헬리콥터를 타고 날아와 작업을 감독했다. 불과 몇 시간 전에 석유 관련 서비스 회사인 핼리버턴

Halliburton의 전문가들이 시추공을 시멘트로 막았다. 그러나 슐룸베르거Schlumberger 직원들이 시멘트 밀봉 상태를 미처 검사하기도 전에 BP 경영진들은 그들을 해안가로 돌려보냈다.

BP는 원유를 조기 생산하기 위해 시추 이수泥水를 바닷물로 대체하게 했다. 이 결정으로 BP와 트랜스오션 경영진 사이에 논쟁이 벌어졌다. 트랜스오션 경영진은 그런 조치는 아직 시기상조라고 생각했다. 바닷물과는 달리 이수, 즉 흙탕물은 솟아오르는 가스와 석유를 막아준다. 하지만 BP 경영진이 논쟁에서 이겼고 시추 이수는 바닷물로 대체되었다.

이 결정은 재앙을 불러왔다. 시추공에 새는 곳이 생기면서 시추 이수와 가스가 새어나오기 시작했다. 시멘트 플러그도 새는 것 같았다. 결국 밤까지 계속되는 작업 중에 갑자기 메탄가스가 새는 듯한 날카로운 소리가 나더니 유정탑에서 진흙 분수가 뿜어져 나와 폭발을 예고했다. 메탄가스에 불이 붙자 엄청난 불길이 하늘로 치솟았다. 유정탑 전체가 갑자기 불길에 휩싸였고 갑판에서 일하던 직원 네 명은 목숨을 잃었다.

화재 또는 독성 가스나 폭발성 가스의 농축을 경고해주는 경보기는 꺼져 있었다. 거짓 경보로 한밤중에 직원들이 잠에서 깨지 않도록 경보기를 꺼두었던 것이다. 갑판 아래는 이제 혼돈의 상태였다. 간신히 깨어난 몇몇 직원은 구명조끼만 걸치고 플랫폼에서 바다로 뛰어들었다. 하지만 딥워터 호라이즌호는 금방 불길에 휩싸였고 기름으로 뒤덮인 바다는 불바다가 되었다. 구명정 두 대도 혼란에 빠졌다.

오후 11시경 80미터 길이의 공급선 데이먼 B. 뱅크스턴이 생존자들을 구했다. 사상자는 11명이었다. 이틀 후 딥워터 호라이즌호는 멕시코만에 가라앉았다. 이는 미국 역사상 가장 거대한 환경 재앙의 시작이었다. 이 사건은 2016년 마크 월버그 주연의 할리우드 블록버스터 영화로 재탄생했다.

딥워터 호라이즌호 갑판에서 화재가 발생했을 때 엔지니어 크리스토퍼 플레전트Christopher Pleasant는 폭발방지기 BOP 버튼을 눌렀다. 석유 누출을 막아주는 일련의 차단 밸브가 시추공 바로 위에 있었다. 커다란 집게처럼 생긴 BOP가 재난 시에 유정을 덮어 폐쇄하도록 되어 있었다. 당시 이 자동 시스템이 작동되었지만 아무 소용이 없었다.

이후 조사위원회의 조사 결과 딥워터 호라이즌호의 BOP 관리가 소홀해 수압 장치가 샜고 각종 안전 수칙이 잘 지켜지지 않았다는 사실이 드러났다. 게다가 BOP의 링 밸브는 몇 주 전에 손상된 상태였다. 2009년 9월 초 BP는 BOP의 관리 소홀뿐 아니라 거의 400개에 달하는 굴착 장비의 결함을 트랜스오션에 보고했다. 하지만 정비가 늦어졌고 26개가 넘는 장치도 불량한 상태였다. 밸러스트 장치에도 문제가 있었다.

플랫폼이 가라앉은 뒤 유막이 형성되었다. 처음에 대략 가로세로 1.5킬로미터, 8킬로미터였던 유막은 며칠 사이에 거의 10만 제곱킬로미터까지 확대되었다. 500만 리터에서 1,000만 리터에 달하는 원유가 매일 흘러나왔고 루이지애나, 플로리다, 미시시피, 앨라배마는 비상사태를 선포했다. 미국 내무부의 유량기술그룹FRTG 보고에 따르면 8일에서 10일마다 유출된 원유는 엑손 밸디즈호 사건에서 유출된 원유의 총량과 동일했다(딥워터 호라이즌호 유출은 5개월 동안 지속되었다-옮긴이). BP는 약 70억 리터의 원유가 유출된 것으로 추정했다. 그 많은 원유가 바다로 모두 흘러나오기까지는 2년에서 4년이 더 걸릴 터였다.

딥워터 호라이즌호가 가라앉은 직후 BP는 2개의 감압 유정을 나란히 짓기 시작했다(보텀킬Bottom-kill방식). 하지만 시추는 약 3개월이 걸릴 예정이었다. 한편, 커다란 강철 돔을 설치해 원유 유출을 막는 방법은 실패했다. 약 1,500미터나 되는 바다의 깊이 때문에 작업은 더욱 복잡했다. 2010년 5월 말에 진흙과 시멘트로 원유 유출을 막으려는 시도(톱킬top-kill방식)는 수차례 있었지만 모두 성공하지 못했다. 7월 중순 BP는 새로운 밀봉 장치를 사용해 원유 유출을 상당량 줄임으로써 일시적인 봉쇄에 성공했다. 결과적으로 8월 6일에 톱킬방식을 변형한 스태틱킬static-kill방식으로 액체 시멘트를 감압 유정에 투입해 원유 유출을 영구적으로 막았다. 딥워터 호라이즌호가 침몰되고 5개월이 지난 9월 19일 BP는 유정의 공식적 폐쇄를 선언했다.

거의 500만 배럴, 약 7억 8,000만 리터의 원유가 유출된 것으로 추정되었다. BP의 시가 총액은 반토막이 났다. BP는 피해 배상을 연기하기 위해 100억 달러 가치의 자산을 처분하겠다고 선언했다. 하지

2010년 상반기 BP의 주가 변동

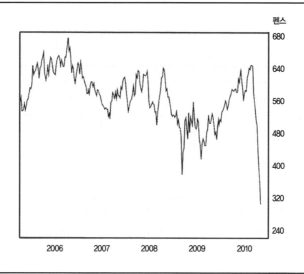

만 당시 마련한 금액은 약 30억 달러에 불과했다. 하지만 BP는 재난의 향후 결과에 대비해 200억 달러 이상의 신탁기금을 마련했다. 그 참사를 누가 책임져야 하는가 하는 문제는 아직도 결론이 나지 않았다. BP는 의심의 여지없이 위험할 일을 저질렀고 비용을 줄이기 위해 법규에 어긋나는 짓을 했다. 그러므로 사태의 주범으로서 재정적 책임을 져야 한다. 석유 플랫폼 운영업체인 트랜스오션의 책임도 분명하게 밝혀내야 한다. 딥워터 호라이즌호의 관리 상태가 상당히 부실했기 때문이다. 핼리버턴은 유정의 시멘트 밀봉 작업에 대한 의혹

에 시달렸고 BP의 파트너 기업 미쓰이Mitsui와 애너다코Anadarko도 초창기에 배상 청구를 받았다.

이 참사로 멕시코만뿐 아니라 브라질과 아프리카의 심해 시추 계획에 대해 대중의 경각심이 높아졌다. 미국 정부는 일시적으로 신규 심해 시추를 모두 금지하는 조치를 취했다. 이 조치는 나중에 철회되었지만 신규 채굴권은 허가되지 않았다. 나아가 버락 오바마 대통령은 현재 해양에너지운영국으로 명칭을 바꾼 광물관리국국장 엘리자베스 번바움을 해임했다. 감독을 극히 소홀히 한 책임이었다.

환경적으로는 석유 오염의 직접적 영향뿐 아니라 원유의 연소에 따른 피해, 원유 유출 억제를 위해 사용된 코렉시트Corexit 등 독성 화학물질의 유해성도 고려해야 한다. 그에 따른 환경적 피해는 둘째 치고 경제적 결과조차 추정하기 어려울 만큼 크다. 2018년 BP는 배상 청구액의 추정치를 약 650억 달러로 다시 올리고 나서 딥워터 호라이즌호 사태를 새로이 책임지겠다고 밝혔다. 멕시코만에서 벌어진 이 참사는 향후 수십 년 동안 입에서 입으로 전해질 것이다.

◆ 수심 약 4,000미터 깊이의 멕시코만 메이컨도 유정에서 진행된 딥워터 호라이즌호의 석유 시추 작업은 참사로 끝났다. 거의 7억 8,000만 리터의 원유가 유출되었고 BP의 시가 총액은 몇 주 사이에 절반으로 하락했다.

◆ 이 원유 유출 사고로 미국 역사상 최악의 환경 오염이 일어났다. 20년 전의 엑손 밸디즈호 원유 유출 사고보다 훨씬 더 심각했다.

◆ 결과적으로 미국 당국은 심해 시추에 대한 허가를 한동안 승인해주지 않았다. BP는 피해 보상액이 650억 달러가 넘는 것으로 추정하고 있다.

2011년
라니냐의 여파로
천정부지로 치솟은 면화 가격

라니냐로 인해 파키스탄, 중국, 인도는 홍수와 기상 이변에 시달리면서 극심한 흉년이 든다. 공황 구매와 비축으로 면화 가격은 150년 전의 미국 남북전쟁 종전 이후 최고치를 기록한다.

"평생 이런 일은 다시 볼 수 없을 것이다."

│ 샤론 존슨, 면화 수석 분석가 │

고대 바빌론에서 면화는 '하얀 금'으로 불렸다. 손으로 직조한 면
직물은 수백 년간 꾸준히 인기를 얻었다. 하지만 18세기 말부터 방
직 공장에서 훨씬 더 낮은 가격에 면직물과 면 옷을 생산하기 시작했
다. 19세기 무렵에는 증기기관과 조면기, 제니 방적기, 기계 베틀 같
은 최신 발명품이 등장하면서 면화 사업은 호황을 누렸다.

영국의 섬유 산업은 훨씬 더 많은 원자재를 필요로 했고 원자재
는 식민지나 다른 나라에서 생산되었다. 특히 미국 남부의 면화 생산
량은 1800년대 초에 급격히 증가했다. 면화는 습하고 따뜻한 곳에서

잘 자랐고 미국 남부는 저렴한 노동력이 풍부했다. 약 250년 동안 아프리카 사람들이 미국 남부 농장에서 노예로 힘들게 일했기 때문이다. 1865년에 미국 남북전쟁이 종식되고 노예제도가 폐지될 때까지 면화 생산량은 연간 1만 베일(1베일=218kg)에서 400만 베일로 증가했다. 남북전쟁 중에는 면화 가격이 엄청나게 치솟았다. 이는 거의 150년 이후인 2011년 봄에 단 한 차례 도달했던 가격 수준이었다.

1995년 이후 면화는 대개 0.40달러에서 0.80달러 사이에서 거래되었다. 하지만 2010년 9월 말 15년 만에 처음으로 면화 가격은 파운드당 1달러를 돌파했다. 몇 달 전인 5월에 독일 주간지 《슈피겔》은 폭발적인 면화 가격 상승으로 "값싼 청바지의 종말"이 찾아왔다고 한탄했다. 11월에 면화 가격은 40퍼센트 더 상승했다. 급격한 가격 조정이 이어졌지만 12월 말에 면화 가격은 1.40달러로 올랐다. 2011년 1월 초부터 면화 시장은 통제에서 벗어났다. 면화 가격은 2011년 3월에 2.15달러 이상으로 급등했다. 2000년 초보다 네 배, 2008년 11월보다 480퍼센트 인상된 가격이었다. 1870년에 뉴욕면화거래소에서 면화가 거래되기 시작한 이래 가장 높은 가격이었다.

면화 가격은 몇 년 동안 상승했다. 2009년 말 세계 섬유 산업의 다음 해 성장률은 약 3퍼센트로 예측되었다. 하지만 중국, 인도, 파키스탄, 오스트레일리아와 같은 주요 면화 생산국은 홍수와 악천후로 인해 작황에 심각한 피해를 입었다. 재고가 감소하자 현물에 높은 프리미엄이 붙었다.

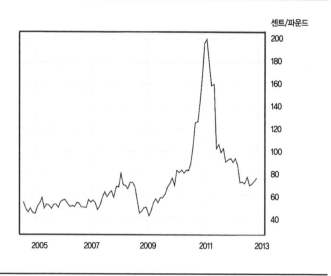

2005~2013년 면화 가격

센트/파운드

200
180
160
140
120
100
80
60
40

2005 2007 2009 2011 2013

출처 | 블룸버그, 2019.

유엔의 추정에 따르면 2010년 세계 4위의 면화 생산국인 파키스탄에서 1,400만 명 이상이 홍수 피해를 입었다. 80여 년 만에 최악의 몬순 시즌이 닥쳤고 28만 헥타르가 넘는 지역의 면화가 비에 쓸려나갔다. 파키스탄 면화조면공협회는 홍수로 200만 베일의 면화가 훼손되었다고 발표했다. 파키스탄 방직공장총협회도 면화 부족을 우려했다. 방직 공장의 약 30퍼센트만 향후 90일 분량의 원자재를 비축하고 있었고 파키스탄은 곧 면화 수출을 중단할 예정이었다.

몇 주 후 세계 2위의 면화 생산국인 인도도 그 뒤를 따랐다. 인도 섬유부는 면화 수출을 중단했다. 그러지 않고서는 인도 섬유 시장에 면화를 공급할 수 없었기 때문이다. 2007~2008년에 150만 톤을 초과 했던 인도의 면화 수출량은 50만 톤으로 하락했다.

인도 국내 섬유 산업의 역동적인 성장 외에도 면화 부족 사태를 초래한 몇 가지 원인이 있었다. 세계 최대의 면화 생산국이자 수입국 인 중국에서도 낮은 기온과 지나친 강수량 때문에 2년째 면화 수확 량이 감소하고 있었다. 중국면화협회의 2010년 12월 통계에 따르면 월간 면화 수입량은 매년 두 배로 증가했다.

상품으로서의 면화

중국, 인도, 미국, 파키스탄, 브라질, 우즈베키스탄의 면화 생산량은 전 세계 면화 생산량의 약 85퍼센트를 차지한다. 그중 중국과 인도 는 전 세계 면화 시장의 절반 이상을 차지한다. 2009~2010년 전 세 계 면화 생산량은 2,500만 톤에 달했다.

면화는 주로 직물에 사용되며 전 세계 방직 섬유의 약 3분의 1은 면직물이다. 방직 섬유는 식물 섬유(면화나 리넨)와 동물 섬유(울, 털, 실 크) 같은 천연 섬유와 인공(합성) 섬유로 나뉜다. 사실 합성 섬유가 섬 유 시장의 거의 60퍼센트를 차지한다. 합성 섬유가 섬유 산업을 장 악하고 있는 셈이다. 합성 섬유는 셀룰로오스 섬유(예를 들어 비스코스) 와 석유에서 추출한 섬유로 나뉜다. 중요한 합성 섬유로는 폴리에스테르, 폴리아미드, 폴리아크릴이 있다. 면화는 미국의 상품선물 거래소에서 CT 뒤에 계약 월을 표기해 계약 건당 5만 파운드 규모로 거래된다.

2010년 말과 2011년 초에 홍수와 사이클론 야시가 세계 8위의 면화 생산국인 오스트레일리아에 심각한 피해를 입혔다. 오스트레일리아 면화출하협회는 400만 베일 이상으로 예상했던 수확량을 10퍼센트 넘게 낮추어서 예측했다.

가격에 상관없이 면화를 구하려는 사람들이 늘어나면서 면화 가격은 점점 더 치솟았다. 면화를 보유한 농부들은 상황을 계속 악화시켰다. 중국국영면화정보센터는 약 200만 톤의 면화가 시장에 풀리지 못하고 묶여 있을 것으로 추정했다. 베이징에서 약 220킬로미터 떨어진 산둥성의 후지 지역에서는 농민들이 1월 말에 가격 상승을 기대하며 수확량의 50퍼센트 이상을 비축해두었다. 하지만 면화의 유통기한이 짧은 탓에 이런 전략은 4~5월까지밖에 유지될 수 없었다.

면화 가격 상승은 오래 지속되지 않았다. 워싱턴의 국제면화자문위원회는 2011~2012년 경지 면적이 17년 만에 가장 많은 3,600만 헥타르로 늘어날 것이라고 예측했다. 면화 가격이 기록적으로 높아지자 자연스럽게 경작지가 늘어난 것이다. 하지만 단기적으로 대부분의 가공업자는 비싼 면화에 저렴한 합성 섬유를 섞을 수밖에 없었다.

◆ 세계적인 기후 변화의 영향은 일련의 기상 이변으로 명백하게 드러났다. 라니냐로 인한 홍수와 악천후는 중국, 인도, 파키스탄, 오스트레일리아와 같은 몇몇 주요 면화 생산국의 작황에 심각한 피해를 입혔다.

◆ 혼돈에 빠진 면화 가공업자들은 면화 가격 상승을 부추겼다. 아직 재고가 있는 면화 농부들은 더욱 높은 수익을 기대하면서 면화를 풀지 않고 비축해두었다.

◆ 결과적으로 면화 가격이 천정부지로 치솟았다. 2009년에 40센트에 거래되었던 면화 가격은 1년 사이에 80센트로 두 배 상승했고, 2011년에는 2달러까지 급등했다. 2년 만에 500퍼센트 상승한 가격이었다.

◆ 공급 부족과 수출 제한, 공황 구매와 비축으로 면화 가격은 150년 전 미국 남북전쟁 종전 이래 도달한 적 없는 수준으로 상승했다.

2011년
석유 거래회사에서
세계 최고 상품 거래회사로

2011년 5월, 비밀스럽고 신중하면서도 확실한 파트너십을 구축하고 있는 세계 최대 상품 거래업체가 기업 공개를 한다. 이 회사의 예전 소유주인 마크 리치와 핑커스 그린은 20년 넘게 미국 사법부의 추적을 받아왔다. 과거에는 투명성 의무나 공공 책임이 없었기 때문에 이 회사는 전 세계 독재자들이나 불량 국가들과 거래할 수 있었다.

FROM TULIPS TO BITCOINS

"사업은 나의 인생이다."

| 마크 리치 |

2011년 부활절 한 주 전이었다. 독일의 금융 중심인 프랑크푸르트암마인에서는 따뜻하고 화창한 하루가 시작되었다. 그해 처음으로 기온이 섭씨 22도를 넘었고 도시는 따뜻한 햇살을 즐기려는 사람들로 가득했다. 세계 최대 원자재 무역업체 글렌코어Glencore에게는 그해 가장 큰 행사인 IPO(기업 공개)에 대비해 투자자 교육이 시작된 첫 주이기도 했다.

주식 전문가들은 기업 전략과 세계 최대 상품 거래소의 사업 모델을 비롯해 기관 투자자들이 주식 공개에 참여해야 하는 이유를 설명하고 있었다. 도시 중심부에 우뚝 솟은 은행 건물 중 하나인 그곳 회의실에서는 11명이 간식을 먹고 있었다. 하지만 분석가는 대면 회의와 전화 회의가 너무 많았던 탓에 늦게 도착했다. 기업의 수익에 관한 정보들이 불확실했다. 글렌코어는 완전히 투명한 회사가 아닌 것 같았다. 컨소시엄을 구성한 은행들은 자산 가치를 600억 달러에서 800억 달러로 추정했다. 거물급 상품중개회사인 글렌코어는 도대체 어떻게 수익을 냈을까? 스위스 회사인 글렌코어가 IPO 직전까지 가장 중시한 것은 기밀 유지였다.

글렌코어는 세계 최고의 상품 거래업체들 중 하나다(Global Energy Commodity Resources에서 파생되었다). 농산물뿐 아니라 알루미늄, 구리, 아연, 니켈, 납, 철광, 석탄, 원유의 생산과 가공, 거래가 주요 사업 분야였다. 글렌코어는 당시 스위스에서 최대 매출액을 자랑했고 다국적 광산회사인 엑스트라타Xstrata의 지분 33퍼센트를 보유한 최대 주주였다. IPO 전에 경영진과 직원들이 회사를 소유했지만 1993년까지는 억만장자 '석유왕'인 마크 리치Mark Rich가 회사를 휘둘렀다.

리치는 상품 시장에서 전설적인 존재였다. 그만큼 성공한 트레이더는 전무후무했다. 유대계 독일인의 아들로 태어난 그는 1954년 당시 세계 최대 상품 거래회사였던 필리프 브라더스Philipp Brothers에서 일을 시작했다. 1960년대에 유럽과 미국, 아시아의 급격한 경제 성장으로 상품 거래는 호황을 누렸다. 하지만 1973년 리치와 핑커스 그린Pincus Green이 회사에 기록적인 수익을 안겨주었을 때 향후 보너스 지급을 둘러싸고 불화가 있었다.

필리프 브라더스를 떠난 리치와 그린은 자크 하쉬엘Jacques Hachuel과 알렉산더 해컬Alexander Hackel, 존 트래퍼드John Trafford도 함께 데리고 나갔다. 그들은 1974년 4월 3일에 스위스 추크주에 마크 리치 플러스코 AG Mark Rich+Co AG를 설립했다.

리치와 그린은 다국적 석유회사들인 세븐 시스터스의 카르텔을 무너뜨리고 국제 석유 거래에서 상품 거래를 혁신했다. 1980년대 초 리치는 세계 최고의 석유 독립 트레이더가 되었다. 마크 리치 플러스코 AG는 스위스 최대 은행인 UBS보다 많은 수익을 올렸고 리치의 개인 자산은 총 10억 달러 이상으로 추정되었다.

처음에 마크 리치 플러스코 AG는 철강과 비철 금속, 광물의 실물 거래에 주력했다. 이어 원유와 석탄을 거래하면서 에너지 분야로 사업을 확장해나갔다. 1982년에는 기존의 네덜란드 곡물 배급회사를 인수해 농업 분야에도 뛰어들었다. 그 밖에도 광업, 제련, 정제, 가공 분야 업체의 추가 인수를 통해 1980년대와 1990년대에도 계속 성장해나갔다.

다음 수익원을 물색할 때 마크 리치 플러스코 AG는 까다롭게 굴지 않았다. 이 기업의 사업 파트너 목록은 불량 국가들과 독재 정부의 '인명사전' 같았다. 마크 리치 플러스코 AG는 주 이란 미국 대사관에서 인질 사건이 발생했을 당시에도 이란과 상품 거래를 했고 1970년대 후반에는 슬로보단 밀로셰비치 치하의 유고슬라비아, 북한, 무아마르 카다피의 리비아, 레오니트 브레즈네프 치하의 소련, 남아프리카공화국의 인종차별주의자 정권, 나이지리아와 앙골라뿐 아니라 피델 카스트로의 쿠바와도 거래했다.

1990년대에는 전세가 바뀌었다. 그린과 해컬이 물러났고 언론은 마크 리치 플러스코 AG의 사업 전략을 가차 없이 비난했다. 리치는 막대한 거래 손실을 입은 후 동료 경영자들의 지지를 잃었다.

1993년 11월 마크 리치 플러스코 AG의 중요 직원 39명이 추크의 파크호텔에 모여 회사의 미래에 대해 논의했다. 윌리 스트로토트Willy Strothotte의 주도 아래 39명은 경영자 매수에 동의했고 이듬해 11월까지 리치는 자기 소유의 회사 주식을 약 200명에 달하는 경영진과 고위 간부들에게 서서히 팔기 시작했다. 원유, 금속, 광물을 거래하는 업체들 중 선두 주자였던 이 회사의 추정 가치는 10~15억 달러였다. 새 소유주들은 회사 이름을 글렌코어로 바꿈으로써 20년 동안 따라다녔던 리치의 모든 흔적을 없앴다.

스트로토트는 글렌코어 이사회 의장직을 인계받았고 슈바이처리셔 쥐델렉트라Schweizerischer Sudelektra의 최고 경영자가 되었다. 1999년에 엑스트라타로 회사명을 바꾼 이 회사의 지분 33퍼센트는 글렌코어가 소유했다. 이 두 기업은 친밀한 관계를 유지했다. 엑스트라타는 상품 생산에, 글렌코어는 마케팅과 원자재 거래에 주력했다. 런던에 상장된 엑스트라타는 투자자들에게 투명성을 제공했다. 하지만 글렌코어의 사업은 계속 은밀하게 이루어졌다.

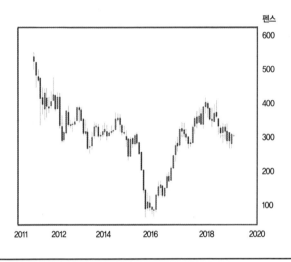

글렌코어의 2011년 3월 19일 IPO 이후 주가

펜스

출처 | 블룸버그, 2019.

글렌코어는 자사 기업 구조 내에서 성장의 한계에 부딪혔을 때 신규 자본이 절박하게 필요했다. 향후 몇 년 안에 몇몇 경영팀에게 보상도 해주어야 했기 때문에 상황은 더욱 악화되었다. 기업 공개로 120억 달러를 모아 급한 불은 끌 수 있었다. 2011년 5월 19일 글렌코어 주식은 런던에서 처음으로 5.27파운드에 상장되었다. 2012년 2월 글렌코어는 엑스트라타와의 합병을 발표했지만 거의 1년 후에야 CEO 아이번 글러센버그Ivan Glasenberg의 지휘 아래 합병이 마무리되었다. 2002년에 글렌코어 CEO를 맡았던 글러센버그는 1984년부터 그 회사에 몸담았고 순자산 추정액 50억 달러로 스위스 10대 부자 중 한 명이 되었다.

글렌코어의 경영진은 주가가 최고가를 찍었을 때 주식을 현금화한 것으로 밝혀졌다. IPO 당시 공모가는 다시 회복하지 못했고 2015년 9월 28일 자산 매각 당시 주가는 0.67파운드까지 하락했다(2015년 중국 성장 둔화로 원자재 가격이 하락하면서 회사 사정이 나빠진 글렌코어는 부채를 줄이기 위해 자산을 매각했다—옮긴이). 공모가 대비 87퍼센트 하락한 가격이었다. 하지만 2019년 1월 글렌코어 주가는 3파운드까지 회복되었다. 상장 기업이라는 사업 모델이 효과를 발휘했다는 증거였다.

◆ 상품중개회사 글렌코어는 석유왕으로 불리던 마크 리치에게 휘둘려 1993년 격변을 겪었다. 그는 1974년에 스위스 추크에서 글렌코어의 전신 마크 리치 플러스코 AG를 설립했다.

◆ 개인 자산을 10억 달러 이상 보유한 리치는 세븐 시스터스 카르텔을 무너뜨리고 세계 최고의 석유 독립 트레이더가 되었다. 그의 사업 파트너 목록은 불량 국가들과 독재 정부의 인명사전 같았다.

◆ 글렌코어와 다른 상품중개회사들은 대체로 비밀스러운 분위기를 유지했다. 은밀하게 거래를 체결하는 편을 좋아했기 때문이다. 하지만 1993년 이후 경영진과 직원들의 손에 완전히 넘어간 글렌코어는 재정적 어려움을 극복하기 위해 2011년 5월에 IPO로 120억 달러를 모았다. 1년 후에는 광산업계 거물급 기업 엑스트라타와 합병했고 광산업과 상품중개회사의 선두 주자가 되었다.

◆ 2011년 5월 글렌코어 주식은 런던에서 5.27파운드에 상장되었다. 이때 글렌코어 주가는 최고가를 찍었다. 그 이후 2015년 9월에 닥친 하락장에서는 0.67파운드까지 떨어졌다. 오늘날 글렌코어 주가는 3파운드로 회복되었다.

2011년
전 세계 투자자들 사이에서 일어난 희토류 열풍

중국이 희토류 공급을 줄이자 미국, 일본, 유럽의 최첨단 산업에 위기가 닥친다. 하지만 중국의 독점 구조는 쉽게 무너뜨릴 수 없다. 급등한 희토류 가격에 전 세계 투자자들은 현혹된다.

"중동에는 석유가, 중국에는 희토류가 있다."

| 덩샤오핑 |

2013년 지리학자 돈 부바르Don Bubar는 캐나다의 황무지 4,000헥타르를 50만 달러도 되지 않는 가격에 사들였다. 몇 년 후에는 수십억 달러 가치로 상승할 것이라고 기대했던 것이다. 부바르와 그의 회사 애벌론 리소시스Avalon Resources는 희토류 광산 개발을 계획하고 2015년부터 생산을 시작하려고 했다. 광산업계는 금 열풍에 사로잡혀 있었다. 거의 300개에 달하는 전 세계 기업은 희토류뿐 아니라 리튬, 인듐, 갈륨 같은 이국적 금속들을 탐사했다. 투자자들은 거의 매일 언론에 보도되는 희토류 프로젝트에 기꺼이 자금을 투자했다. 희

토류 공급은 제한되어 있고 수요는 높아서 희토류 가격이 상승하고 있었기 때문이다.

희토류는 컴퓨터와 휴대전화 또는 평면 스크린 같은 첨단 기기 애플리케이션에 없어서는 안 되는 원자재였다. 전자·하이브리드 자동차나 풍력발전소 분야도 희토류 없이는 성장이 불가능하다. 하지만 이런 금속들은 주요 생산국인 중국과 선진국들 간에 무역 갈등을 일으키고 있었다. 과거 몇 년 사이에 상황은 더욱 악화되었다.

상품으로서의 희토류

희토류는 스칸듐, 이트륨, 란타넘, 세륨, 디스프로슘, 유로퓸, 에르븀, 가돌리늄, 홀뮴, 루테튬, 네오디뮴, 프라세오디뮴, 프로메튬, 사마륨, 테르븀, 툴륨, 이테르븀 등 17개의 금속으로 구성되어 있다. 대부분의 매장지에서는 경희토(세륨, 란타넘, 네오디뮴, 프라세오디뮴)가 대량으로 발견된다. 중희토(이트륨, 테르븀, 디스프로슘)는 상당히 적다.

가장 광범위하게 사용되는 금속은 네오디뮴이다. 네오디뮴은 영구 자석, 즉 방전되지 않는 자석 생산에 필수적이다. 휴대전화와 컴퓨터, 풍력발전용 터빈, 전기·하이브리드 자동차에도 네오디뮴이 사용된다. 풍력발전기로 1메가와트의 전력을 생산하려면 철, 붕소, 네오디뮴 합금으로 만든 영구 자석이 600킬로그램에서 1,000킬로그램까지 필요하다. 게다가 모든 풍력발전용 터빈에는 네오디뮴과 디스프로슘 수백 킬로그램이 들어간다.

란타넘도 많은 첨단 기기에 사용된다. 예컨대 도요타 프리우스의 하이브리드 엔진 하나에 네오디뮴 1킬로그램 정도가 들어간다. 하지만 배터리에는 란타넘 15킬로그램 정도가 들어간다. 독일연방지질자원연구소는 희토류 수요가 1년에 20만 톤까지 늘어날 것이라고 예측했다. 이 수요를 현재 가격으로 계산하면 20억 달러에 달한다. 연간 생산량 2,000만 톤에 1,400억 달러 규모에 육박하는 구리 시장과 비교하면 희토류 시장은 작지만 수익성이 높다.

중국은 연간 12만 톤에 달하는 전 세계 생산량의 약 97퍼센트를 장악하고 희토류 가격을 좌지우지한다. 중국의 희토류 매장량도 전 세계 매장량의 거의 40퍼센트에 이른다. 다른 주요 매장지로는 러시아, 미국, 오스트레일리아, 인도가 있다.

1970년대 오일쇼크가 일어났을 때 석유수출국기구처럼 중국은 수년 동안 희토류 수출을 교묘하게 조종했다. 미국과 일본, 유럽은 모두 수출 규제와 높은 수출 관세에 불만을 표했다. 2005년 연간 수출 규모는 약 6만 5,000톤이었지만 그 이후에는 수출량이 급격히 감소했다. 그 결과 2005~2008년 희토류 가격은 빠르게 상승했다. 2009년 3분기에는 또다시 가격이 올랐다. 2011년 상반기에는 중국 정부가 겨우 1만 4,500톤만 수출하겠다고 발표했고 가격은 다시 상승했

2010~2013년 경희토류 지수

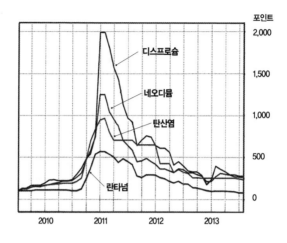

포인트

디스프로슘

네오디뮴

탄산염

란타넘

2,000

1,500

1,000

500

0

2010   2011   2012   2013

자료 | 블룸버그, 2019.

다. 2011년 5월 네오디뮴 1킬로그램의 가격은 거의 300달러였다. 12
개월 전만 해도 40달러에 불과했다. 또한 중국은 희토류를 정치적
무기로도 사용했다. 일본이 중국인 선장을 구금하자 중국은 2010년
9월에 희토류의 일본 수출을 금지하며 불쾌감을 드러냈다.

지난 20년 동안 선진국들은 이런 경제적 종속 상태에 빠지게 되
었다. 1960년대 중반 미국은 캘리포니아 모하비 사막의 마운틴 패스
광산에서 희토류를 생산하기 시작했다. 1990년대 후반까지 이 광산
만으로도 전 세계 희토류 수요를 감당할 수 있었다. 희토류 산업에서
이 시기는 '마운틴 패스 시대'로 알려져 있다. 하지만 환경상의 제약

과 낮은 희토류 가격 탓에 이 광산은 2002년에 폐쇄되었다. 환경 요건에 구애받지 않고 희토류를 좀더 싸게 생산할 수 있는 중국이 1990년대 초부터 세계 시장을 잠식하기 시작했다.

중국 내에서 주요 희토류 생산지는 몽골이다. 인구 수백만 명의 내몽골 바오터우시에서 몇 킬로미터밖에 떨어지지 않은 곳에는 세계 최대의 노천 광산 바이윈어보가 있다. 중국 총생산량의 절반 이상에 달하는 3,500만 톤의 희토류가 바이윈어보에서 산출되는 것으로 추정된다. 중국의 또 다른 주요 희토류 공급지는 남부 지역이다. 중국 남부 지역에는 공식적인 광산들 외에도 불법적인 소규모 광산들이 많다. 하지만 희토류 생산에는 대가가 따른다. 희토류를 가공할 때 다량의 독성 물질이 나오고 이로 인한 토륨, 우라늄, 중금속, 산酸, 불소 오염이 심각하기 때문이다. 그 결과 미처리 하수로 인해 거의 12킬로미터에 달하는 바오터우시의 식수용 저수지는 화학 물질과 방사능 토륨으로 가득한 쓰레기장이 되어버렸다.

아이러니하게도 희토류는 청정 에너지 산업, 특히 풍력발전용 터빈과 전기·하이브리드 자동차 산업에 필수적인 물질인데도 심각한 환경오염을 일으키고 있다. 서구 세계가 자초한 희토류의 희소성 문제를 쉽고 빠르게 해결할 방법은 없다. 환경오염 걱정 없이 희토류를 자체 생산하는 것은 자본집약적인 사업이다. 희토류 매장지의 탐사와 개발에는 별 문제가 없다. 희토류는 이름과 달리 실제로는 희귀한 물질이 아니다. 희토류 중에서 가장 희귀한 물질도 금보다 약 200배나 흔하다.

2011년 희토류 가격이 치솟자 전 세계 투자자들과 투기꾼들은 관심을 가졌다. 소규모 광산기업들은 희토류를 비롯한 이국적인 금속들을 탐사하기 시작했고 투자자들은 매력적인 희토류 매장지를 물색했다. 유망한 기업으로는 몰리코프Molycorp와 라이너스Lynas가 있었다. 2010년에 IPO한 몰리코프는 마운틴 패스 광산을 재가동할 계획이었고 라이너스는 2011년에 오스트레일리아의 마운트 웰드 광산에서 생산을 시작하려고 했다. 다른 모든 프로젝트는 희토류 광산 개발을 최소 5년 기한으로 계획하고 있었다. 한편, 가공 시설의 부재는 자금 조달 문제보다 더 큰 장애물이었다.

2015년 몰리코프는 치열한 경쟁과 희토류 가격 하락에 파산 신청을 했고 이후 네오 퍼포먼스 머티리얼스Neo Performance Materials로 재탄생했다. 라이너스는 성공적으로 생산에 들어갔고 2012년 11월에 생산물을 첫 인도했다. 오늘날에는 마운트 웰드 광산에서 채굴과 농축 공장을, 말레이시아 쿠안탄에서 정제 시설을 운영하고 있다. 하지만 2018년 9월 환경에 대한 관심이 커지면서 말레이시아의 가공 시설들이 정부의 조사를 받게 되자 라이너스의 주가는 급락했다.

이러한 환경에서 중국은 독점적인 희토류 공급자의 지위를 계속 지켜나갈 것이다. 2015년 5월 중국 총리 리커창李克强이 발표한 전략적 계획 '중국제조 2025'와 완벽하게 들어맞는 상황이다.

◆ 네오디뮴과 디스프로슘 또는 란타넘 같은 이국적 이름을 가진 17개 희토류 원소는 풍력발전용 터빈과 이모빌리티 같은 첨단 기기에 쓰이는 필수적인 원자재가 되었다.

◆ 2011년 중국은 희토류를 정치적 무기로 사용해 희토류 공급을 감소했다. 중국의 희토류 생산량이 전 세계 희토류 공급량의 90퍼센트 이상을 차지하기 때문에 중국은 시장 가격을 조종할 수 있었다.

◆ 미국과 일본, 유럽의 최첨단 산업은 경각심을 갖게 되었지만 중국의 독점적 지위를 단기간에 무너뜨리기는 어려웠다. 결과적으로 희토류 가격이 급등하면서 2009년에서 2011년 사이에는 평균 열 배가 상승했다. 수요가 가장 많은 네오디뮴과 디스프로슘 가격은 훨씬 더 크게 올랐다. 이런 가격 상승은 희토류 매장지에 투자하려는 전 세계 투자자들의 관심을 끌었다.

2016년
원유 시대의 종말

원유 시장에 폭풍이 불어닥치며 콘탱고로 경기 침체와 과잉 비축이 발생한다. 2016년 2월에 원유 가격이 26달러로 하락하면서 세계는 원유 위에 둥둥 떠 있는 듯한 형국이다. 하지만 새벽이 오기 직전이 가장 어두운 법이다. 원유를 비롯한 상품들의 가격은 수년간 최저치에 머무른다.

FROM TULIPS TO BITCOINS

"모두 침착해. 너도 정신 차려."

| 영화 〈황혼에서 새벽까지〉 |

아마겟돈과도 같았던 세계적 금융 위기는 대규모 구제 금융과 각
국 중앙은행의 즉각적인 통화 정책으로 종식되었다. 원유의 경우,
서부 텍사스 중질유 가격은 2008년 6월 배럴당 150달러에서 폭락해
2009년 봄에 일시적으로 33달러 미만에 거래되었다. 그해 말 원유
가격은 80달러로 회복되었고 2011년에서 2014년 사이에 원유 기준
점은 100달러였다.

하지만 돌이켜보면 2014년 여름은 폭풍전야의 시기에 불과했다.
110달러에 이르던 서부 텍사스 중질유 가격이 26달러 미만으로 떨어

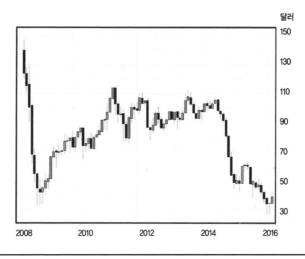

2008~2016년 서부 텍사스 중질유 회복과 하락장

출처 | 블룸버그, 2019.

졌기 때문이다. 이는 76퍼센트 하락한 가격으로 금융 위기 때보다 훨씬 낮은 수준이었다(사실 2003년 이래로 가장 낮은 수준이었다).

원유만 피해를 입은 것이 아니었다. 중국 국내 주식시장이 폭락했고 전 세계의 많은 주가지수가 아시아 상황에 영향을 받아 하락했다. 한마디로 2016년은 모든 상품 거래에 힘겨운 한 해였다. 인구 구조와 경제 성장, 막대한 원자재 구매량을 갖춘 중국의 수요는 상품 거래를 좌우하는 중요한 요소였다. 달러지수는 100에서 크게 하락했고 원자재 가격은 더욱더 떨어졌다.

금융 위기 당시 대폭적인 가격 하락으로 원유의 기간구조가 현물 가격이 선물 가격보다 낮은 콘탱고로 바뀌었다. 이런 상황에서는 원유를 파는 것보다는 비축하는 게 나았지만 과잉 공급 탓에 기존의 보관 시설에 과도한 세금이 부과되었다. 그 결과 초대형 유조선을 떠다니는 저장고로 이용하는 현상이 벌어졌다.

2015년 여름이 끝나갈 무렵 원유 재고는 여전히 늘고 있었고 유가는 다시 폭락했다. 2016년 초, 원유 저장량은 80년 만에 최고치인 4억 9,000만 배럴에서 거의 감소하지 않았다. 미래에 대한 비관적 전망이 싹트기 시작했다. 국제에너지기구는 전 세계적으로 원유의 저장량이 크게 늘어 과잉 공급 상태가 빚어질 수 있다고 발표했다. 또한 2015년에 전 세계의 원유 저장량이 10억 배럴 증가했으며 이런 증가세는 계속되고 있다고 밝혔다. 보통 원유 재고량이 감소하는 4분기에도 재고량은 계속 증가했다.

원유를 저장할 공간이 부족할 수 있다는 암울한 경고가 떠돌면서 가격은 훨씬 더 하락했다. 뉴욕 선물을 인도하는 지점의 원유 비축량이 기록적인 수준에 도달하면서 원유 가격은 12년여 만에 최저치를 기록했다. 2016년 2월 11일 S&P 500 지수가 12퍼센트 하락했을 때 전 세계 건화물의 수송 활동을 측정해주는 발틱건 화물 운임지수가 290까지 떨어져 사상 최저치를 기록했다. 상품 시장의 움직임이 중단되었고 블룸버그 상품지수는 30퍼센트 하락했다. 하지만 2월 11일에 많은 자산 가격이 최저치를 찍었고 이후 몇 주와 몇 달에 걸쳐 시장은 회복되기 시작했다.

2016년 상품 시장의 동향

2016년 2월 초 상품 시장의 움직임을 보여주는 중요한 지수인 S&P 골드만삭스 상품지수와 블룸버그 상품지수 모두 두 자릿수 하락을 기록했다. 투자자들은 2015년에 이미 상품 시장의 대불황을 겪은 탓에 비탄에 빠져 있었다. 원유는 배럴당 26달러, 구리는 파운드당 2달러 미만, 심지어 금도 온스당 1,050달러로 낮은 가격에 거래되었다. 당시 암호화폐는 투자자들의 관심을 그다지 끌지 못했다. 예컨대 비트코인은 2015년에 달러당 200비트코인 미만으로 거래되어 수익이 별로 좋지 않았지만 2016년에 회복되기 시작했다.

금은 20개 이상의 상품 중에서 가장 먼저 가격이 회복될 조짐을 보이기 시작했다. 금 가격이 상승하기 시작했고 200일 동안의 가격 이동 평균선을 비교적 빠르게 넘어섰다. 이는 상승장을 암시하는 강력한 기술적 지표였다.

석유수출국기구와 러시아는 엄청난 공급 과잉에 직면해 생산량을 감축하기로 합의했다. 2008년 여름에 유가가 기록적으로 상승했다가 그해 말에 폭락한 이후 처음으로 석유수출국기구가 생산량 감축에 합의한 것이다. 생산량 감축으로 전 세계 원유 시장에 보다 장기적인 안정을 가져다줄 가능성이 있었다. 가장 큰 변수는 유가 상승으로 셰일유와 수압파쇄법에 눈을 돌린 미국의 생산 재개였다. 몇몇 사람은 미국의 생산 재개로 공급 과잉 상태가 연장되고 가격이 더욱 하락할 수도 있다고 우려했다.

하지만 원자재 재고가 크게 감소하고 마침내 수요가 상승하고 있었다. 그리고 인구통계학적 추세는 전 세계의 더 많은 사람이 더 많은 상품을 필요로 할 것이라는 논리를 계속 뒷받침해주었다. 고전적인 경제 이론과 상식에 따르면 수요가 증가하면 재고는 감소하고 가격은 상승한다.

한편, 상품 가격은 금을 선두로 상승하고 있었다. 전년도에는 영국의 브렉시트 투표에 이어서 금이 1,380달러 이상에 거래되었고 은

2016년 원자재 상품 현황

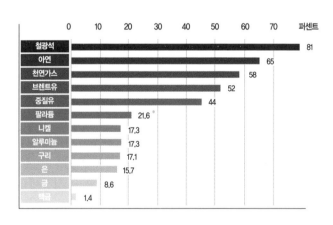

출처 | 블룸버그, 2019.

가격은 21달러 이상으로 올랐다. 유가는 2월에 배럴당 26달러를 겨우 넘었는데, 10월 초에는 50달러를 넘어섰다. 설탕 가격도 2015년 8월에 파운드당 10센트에서 2016년 9월 29일에 24센트 이상으로 올랐다. 철광석, 아연, 주석, 니켈, 납 가격은 모두 2016년에 두 자릿수의 상승을 기록했다. 상품 시장에서 가장 낙관적인 신호는 아마도 발틱 건화물 운임지수가 2월에 290에서 10월 초에 915로 215퍼센트 이상 상승한 것이었다.

원자재 가격이 완전히 바닥을 친 것처럼 보였다. 자산군으로서의 상품은 2016년에 최저치를 찍었다가 그해 말에 20퍼센트 이상 상승하면서 인상적인 수익률을 기록했다. 이 시기에 서부 텍사스 중질유는 배럴당 55달러 이상까지 올라 두 배 이상 상승했다.

석유수출국기구에 따르면 2017년부터 생산량을 감축한 덕분에 전 세계에서 과잉 생산된 원유의 비축분은 절반으로 감소했다. 그럼에도 불구하고 원유 비축량은 1억 4,000만 배럴에 달해 5년 평균치를 넘어섰다. 2018년 5월이 되어서야 석유수출국기구는 전 세계의 원유 공급 과잉 문제가 거의 해결되었다고 밝혔다.

◆ 슈퍼 콘탱고는 대규모 원유 공급 과잉을 일으켰다. 이 시기에 오클라호마 쿠싱에 있던 서부 텍사스 중질유 저장 시설들은 원유 저장에 한계를 맞고 있었다. 세계는 원유 위에 떠 있는 것 같았고, 서부 텍사스 중질유 가격은 거의 110달러에서 폭락해 2016년 2월에 26달러 미만으로 떨어졌다. 76퍼센트 하락한 것이고, 2003년 이래 최저 가격이었다.

◆ 2016년에 중국 주식시장이 폭락했고 전 세계의 다른 주가지수도 그 뒤를 따랐다. 상품 시장도 뒤따라 하락했다. 하지만 2016년 봄 상품 시장은 바닥을 쳤고, 자산군으로서의 상품은 1년간 20퍼센트 이상 상승해 인상적인 수익을 올렸다. 이 시기에 서부 텍사스 중질유 가격은 배럴당 55달러 이상까지 치솟았다. 두 배 넘게 상승한 가격이었다.

◆ 2018년 5월에 석유수출국기구는 전 세계의 원유 공급 과잉 문제가 거의 해결되었다고 밝혔다.

2017년
자동차 산업의 전기화

일론 머스크와 테슬라는 메가트렌드, 즉 전기화의 선두를 달리고 있다. 자동차 제조업체들과 공익 사업체들, 소비자들의 수요 증가로 리튬 배터리 사용량이 최고치를 갱신한다. 상품 시장에서는 리튬과 코발트뿐 아니라 구리와 니켈 같은 오래전부터 사용되던 금속들의 수요도 갑자기 증가한다. 전기화는 장기적으로 상품 시장의 '새로운 중국'이 될 것이다.

"테슬라는 전기차 혁명을 위해
계속 싸워나갈 것이다."

| 일론 머스크 |

2016년은 자동차와 원유 산업에 경종이 울린 해다. 강력한 석유 카르텔인 석유수출국기구는 전기 자동차의 성장 기대치를 500퍼센트 상향 조정했다. 2015년에 석유수출기구는 2040년이 되면 전기차가 4,600만 대에 이를 것이라 예측했다. 하지만 최근 그 수치는 2억 6,600만 대로 늘어났다. 이 예측이 맞는다면 2040년까지 원유 수요는 하루 800만 배럴까지 감소할 터였다. 이는 현재 미국의 1일 생산량이며 전 세계 소비량의 약 8퍼센트에 해당한다(세계는 매일 거의 1억 배럴에 달하는 원유를 소비하는데 그중 75퍼센트가 운송에 쓰인다).

일론 머스크와 테슬라

스페이스엑스SpaceX와 테슬라Tesla, 뉴럴링크Neuralink의 창립자이자 CEO인 일론 머스크Elon Musk는 1971년 남아프리카공화국 프리토리아에서 태어났다. 2018년《포브스》는 그를 세계에서 53번째로 부유한 사람으로 선정했으나 2021년에는 세계에서 두 번째로 선정되었다. 불과 3년 사이에 일론 머스크와 전기 자동차의 위상이 급격히 달라진 것이다.

테슬라는 캘리포니아 팰로앨토에 본사가 있으며 전기 자동차와 리튬 이온 배터리, 그리고 자회사 솔라시티SolarCity와 협력하여 태양 전지판을 전문적으로 취급한다. 테슬라는 네바다 리노 인근에서 여러 개의 공장을 운영하고 있는데, 테슬라의 주요 자동차 제조 시설은 캘리포니아 프리몬트에 있다. 리노의 초대형 제조 시설에서는 주로 테슬라 자동차와 에너지 저장 제품에 들어가는 배터리와 배터리팩을 생산한다. 블룸버그에 따르면 테슬라는 지난 12개월 동안 분당 약 8,000달러(시간당 약 50만 달러)씩 돈을 날리고 있다.

2017년에 테슬라는 자동차 10만 대를 생산하고 판매했다. 이런 실적은 혁명의 시작으로 볼 수 있지만 자동차 시장에 균열을 내기에는 멀었다. 독일의 자동차 회사인 BMW와 메르세데스, 아우디는 모두 합쳐 660만 대를 팔았다. 전통적인 자동차 회사들은 이제 막

첫발을 떼기 시작했다. 독일에서는 전기 자동차 신차 등록 건수가 5만 5,000대에 이르는데 그중 절반은 플러그인 하이브리드 자동차였다. 이는 독일의 신차 340만 대를 기준으로 했을 때 신차 시장의 1.6퍼센트에 해당한다. 독일에서 달리는 총 4,380만 대의 자동차에 비하면 사막의 모래 한 알과 같은 미미한 수준이다.

하지만 몇 년 사이 많은 것들이 바뀌었다. 2021년 3분기에 한정해도 테슬라는 약 24만 대를 생산하고 판매했다. 전 분기를 기준으로 해도 생산량은 15퍼센트 증가하며 어마어마한 발전 속도를 보이고 있다. 매 분기 실적 발표 때마다 10퍼센트 이상의 높은 성장을 보여주는 기업은 몇 없으며 자동차 분야에서는 현재 테슬라가 유일하다.

국제에너지기구의 「2018 전기 자동차 세계 전망」에 따르면 현재 중국은 전 세계 전기 자동차 시장의 절반을 차지하고 있다. 2017년 중국은 57만 9,000대의 전기 자동차를 판매했는데, 이는 2016년 대비 72퍼센트 증가한 것이다. 하지만 이는 바다에 떨어진 물 한 방울에 불과한 수준이었다. 미국은 중국과 함께 생산과 판매 측면에서 모두 세계 최대 자동차 시장이다. 현재 자동차 제조업체들은 미래를 내다보고 전기 자동차 분야로 사업을 확장하기 시작했다. 블룸버그 뉴에너지 파이낸스BNEF는 2040년까지 전기 자동차가 전 세계에 등록되는 신차의 35~40퍼센트를 차지할 것이라고 전망했다.

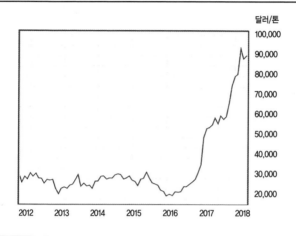

2012~2018년 코발트 가격

달러/톤
100,000
90,000
80,000
70,000
60,000
50,000
40,000
30,000
20,000

2012 2013 2014 2015 2016 2017 2018

출처 | 블룸버그, 2019.

전기 자동차의 성장으로 원자재 수요가 증가하면서 상품 시장이 크게 흔들릴 수도 있다. 투자은행 UBS와 블룸버그 뉴에너지 파이낸스는 2040년까지 흑연, 니켈, 알루미늄, 구리, 리튬, 코발트, 망간의 수요 과잉 현상이 심각해질 수 있다는 연구 결과를 내놓았다. 백금과 팔라듐뿐 아니라 원유와 철강 같은 다른 상품들도 영향을 받을 것이다.

다양한 종류의 배터리에 반드시 들어가야 하는 코발트와 리튬 가격은 상승세를 타고 있다. 리튬 배터리는 몇 년 전에 처음으로 상업용 기기에 사용되었지만 현재는 노트북, 스마트폰, 전동 공구, 자동차 등 거의 모든 이동 및 휴대용 장치에 리튬 배터리가 사용된다. 미국과 중국에서 초대형 제조 시설들이 늘어났고 배터리 가격은 규모의 경제와 범위의 경제 때문에 하락하고 있다. 이에 따라 새로운 기기가 등장한다.

테슬라는 전기차 분야에서 선두 자리를 뺏길 수도 있었지만 일론 머스크는 전기화와 에너지 전환이라는 혁신을 시작했다. 인류뿐 아니라 상품 시장에도 좋은 영향을 미칠 혁신이었다. 자동차 산업의 전기화는 거대한 발걸음이면서도 사실상 빙산의 일각에 불과하다. 에너지 저장 기술은 증가하는 대체 에너지(바람, 태양, 물) 생산에서 빠진 연결고리와 같다. 2025년까지 가정에서 사용하는 분산형 에너지 저

2012~2018년 리튬 지수

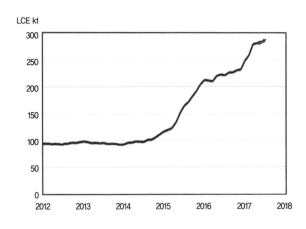

출처 | 벤치마크 미네랄 인텔리전스, 2019.

장 장치인 파워뱅크Power bank와 파워월Power wall이 자동차 산업에서 사용되는 리튬 배터리 판매량을 초과할 것이다. 모두가 기대하듯이 이 시장은 날로 성장할 것이다.

━━━━ |K|E|Y|P|O|I|N|T| ━━━━

◆ 배터리 생산 시설들이 빠르게 늘어나면서 리튬과 코발트 같은 배터리용 금속 시장이 상승장에 진입했다. 코발트 가격은 2017년에 톤당 2만 5,000달러에서 10만 달러로 네 배 증가했다.

◆ 일론 머스크와 테슬라는 전기화라는 메가트렌드의 선두에 서 있다. 오늘날 전기 자동차 판매는 극소량에 불과하지만 업계는 2040년이면 전 세계에서 등록되는 신차의 40퍼센트가 전기 자동차일 것이라고 예측했다. 우리는 혁신의 시작을 목격할지도 모른다.

◆ 이모빌리티는 첫걸음일 뿐이다. 하지만 에너지 저장 기술은 바람과 태양, 물을 이용하는 대체 에너지 생산에서 빠진 연결고리 같다.

◆ 이모빌리티와 에너지 저장 기술은 장기적으로 상품 시장에서 '새로운 중국'이 될지도 모른다. 리튬과 코발트뿐 아니라 구리와 니켈 같은 전통적인 금속 수요가 증가하고 있기 때문이다.

2018년
암호화폐의 미래

2009년 최초의 암호화폐 비트코인이 등장했다. 1,000달러도 되지 않던 비트코인의 가치는 2017년에 2만 달러 이상으로 폭등해 전 세계의 주목을 받고 있다. 이 놀라운 가격 상승에 이어 2018년에는 가치가 거의 80퍼센트 폭락해 비트코인은 역사상 최대 금융 버블이 된다. 심지어는 17세기 네덜란드의 튤립 파동도 무색할 정도였다. 그리고 지금까지도 여러 번 급등과 폭락을 오가고 있지만 비트코인의 미래는 밝다. 바탕이 되는 블록체인 기술이 잠재력을 드러내 일상생활을 혁신하기 시작했기 때문이다.

"온갖 버블의 유혹 앞에서 기억할 가치가 있는 사실은
아직도 우리는 기술 개발 초기 단계이자
전 세계적 도입 초기 단계에 있다는 것이다."

| 아리 폴, 《포브스》 |

사태는 빠르게 진행되었다. 2018년 4월 1일 센트라 테크Centra
Tech의 공동 설립자 로버트 파카스Robert Farkas는 출국 비행기 탑
승 직전에 미국 경찰에 체포되었다. 6개월 전인 2017년 9월에 유명
한 복서 플로이드 메이웨더는 베벌리힐스의 값비싼 상점에서 암호
화폐 기반의 센트라 카드를 쓰며 호화로운 생활을 하는 자신의 행복
한 모습을 인터넷에 올렸다. 센트라 테크를 공동 설립한 소랍 샘 샤
마Sohrab Sam Sharma는 비자와 마스터카드의 지원을 받아 직불카드
를 제공함으로써 암호화폐를 달러로 바꾸어 모든 상품을 구매할 수

있게 한다고 주장했다. 하지만 증권거래위원회는 센트라 테크가 두 카드회사와 아무런 연관이 없다고 했다. 샤마와 파카스는 실존하지도 않는 경영진의 이력을 가짜로 꾸며냈고 유명인들에게 돈을 주어 곧 다가오는 암호화폐 공개ICO — 기업이 실제 돈과 교환해 규제 없이 신규 디지털 코인을 발행할 수 있는 과정 — 를 홍보하게 했을 뿐 아니라 소셜 미디어에 자신들의 코인에 투자하면 단기간에 부자가 될 수 있다고 홍보했다. 샤마와 파카스는 투자자들을 속여 약 3,200만 달러를 갈취했다.

여전히 개척 단계에 머물러 있는 기술 분야에서 암호화폐 공개는 전통적인 기업 공개보다 훨씬 대중적이고 더 많이 알려져 있다. 암호화폐 공개는 순식간에 벤처캐피털 기업들과의 끝없는 토론보다 더욱 중요한 투자금의 원천이 되었다. 하지만 부정적인 측면도 있다. 빠르게 성장하는 시장에는 언제나 사기꾼들이 판을 칠 기회가 널려 있다는 점이다. 센트라 테크는 2018년 암호화 시장과 암호화폐 공개 시장에 만연했던 신용 사기 사례 중 하나일 뿐이었다. 6억 6,000만 달러 이상을 빼돌렸던 모던 테크Modern Tech 같은 다른 암호화폐 공개 신용 사기에 비하면 미미한 수준이었다.

2018년 12월은 역사가 10년도 되지 않은 암호화폐업계의 서부 시대와 같았다. 비트코인은 2008년 10월에 가명으로 알려진 사토시 나카모토中本哲史의 논문을 통해 처음 공개되고 2009년 1월에 처음 출시한 오픈소스 소프트웨어다. 비트코인은 세계 최초의 탈중앙화 암호화폐로 여겨진다. 10년 전 냅스터Napster와 같은 이 시스템은 중앙은행 없이, 즉 중개자 없이 사용자끼리 직접 거래하는 피투피P2P 네트워크로 운영되었다.

방금 구매한 비트코인을 아무도 복제하지 못하는 역할을 하는 블록체인은 암호화폐의 기반 기술로, 피투피 거래에서 수많은 혁신을 뒷받침해주는 플랫폼으로 빠르게 성장하고 있다. 부동산의 소유권 추적에서부터 약품을 배분하고 인증서와 수료증을 수여하는 방법에 이르기까지 금융, 물류 및 유통, 공공서비스 등 다양한 분야에 적용할 수 있다.

디지털 자산, 암호화폐와 토큰

이진법 형식으로 존재하는 디지털 자산에는 사용할 권리가 따른다. 반면 '암호화폐'라는 용어는 일반적인 종이 기반 화폐(명목화폐)의 특성을 갖추고 있는 코인을 뜻한다. 여기서 특성이란 가치 저장 수단, 계산의 단위, 대체성을 의미한다. 암호화폐의 종류로는 비트코인과 이더리움의 이더, 리플의 XRP가 있다. 이더리움과 리플은 암호화폐가 아니라 기반이 되는 블록체인을 뜻한다. 암호화 토큰은 블록체인 기반으로 만들어졌다는 점에서 암호화폐와 유사하다.

암호화폐는 가장 흔한 토큰 형태지만 암호화 토큰은 블록체인의 가치를 보다 광범위하게 대표한다. 이런 가치는 암호화폐에서 로열

티 포인트, 심지어는 블록체인 기반 자산에 이르기까지 다양한 범주로 드러난다.

예컨대 이더리움은 몇몇 토큰의 서비스와 상품 개발 플랫폼으로 사용하는 기반 블록체인이다. 암호화폐와 암호화 토큰의 차이점은 투자의 맥락에서 볼 때 매우 중요하다. 이를테면 암호화폐의 가치는 코인이 돈의 특성을 성공적으로 보유하는가에 달려 있다. 반면 암호화 토큰의 가치는 프로토콜 채택, 견고성과 같은 각기 다른 요소에 따라 좌우된다.

원래 암호화폐는 전통적인 명목화폐의 탈중앙화 대안화폐로 고안되었다. 2017년 12월에 암호화폐의 가치가 사상 최고치에 이르렀을 때만 해도 비트코인을 비롯해 등장한 지 10년 된 다른 모든 암호화폐의 가치는 달러와 유로, 파운드 또는 엔이라는 실물화폐의 총가치에 비하면 미미했다.

비트코인은 트랜잭션transaction을 검증하고 공공 원장에 추가되는 과정, 즉 '채굴mining'을 통해 추가된다. 현재는 대략 10분에 하나씩 비트코인이 추가된다. 비트코인은 처음에 디지털화폐의 하나로 대중에 알려졌고 이더리움 같은 후속 주자들과 경쟁자들도 마찬가지다. 이런 화폐는 어떤 면에서는 전통적인 화폐와 마찬가지로 경제적 가치를 추상화한 것이자 거래할 수 있는 것이다. 하지만 안정적인 교환 수단이라는 가장 기본적인 역할은 수행하지 못한다. 또한 마찰이 심한 편이다. 각각의 트랜잭션은 시간과 에너지가 너무 많이 들고 위험성도 매우 높다.

디지털화폐의 역할을 넘어선 비트코인은 등장과 함께 점점 중대한 문제들에 봉착했다. 비트코인을 사고 보유하는 기술이 매우 이해하기 어려워서 거의 모든 사람이 제3자에게 그 과정을 맡겼기 때문이다. 하지만 이런 지갑-서비스 중개자wallet-service middleman는 전체 시스템에서 실패작이 되었다. 이들은 해킹을 당했고 시스템이 붕괴되면서 사용자들은 익명이라고 생각하는 트랜잭션을 정부와 규제 기관에 보고해야 했다.

마운트곡스 해킹 사건

훗날 리플을 개발한 제드 매케일럽Jed McCaleb이 2010년에 설립한 마운트곡스Mt. Gox는 2013년에 전 세계 최대 비트코인 거래소가 되었다. 일본 도쿄 시부야에 본사를 두었던 마운트곡스는 전체 비트코인 트랜잭션의 70퍼센트 이상을 취급했다. 2011년 6월 마크 카펠레스Mark Karpeles가 마운트곡스를 인수했을 때 마운트곡스는 처음으로 해킹을 당해 2,000비트코인을 도난당했다. 이 사건으로 상당량의 비트코인을 오프라인으로 옮겨서 콜드 스토리지cold storage(오프라인 가상화폐 저장소—옮긴이)에 저장하는 등 다양한 보안 조치가 시행되었다. 미국 국토안전부가 마운트곡스의 허가권 문제를 조사하면서 미국 정부는 마운트곡스의 자금을 500만 달러 이상 압수했고 마운트곡스는 달러 인출을 일시 중지했다. 하지만 가장 큰 문제는 따로 있었다. 마운트곡스가 2년 넘게 계속된 해킹의 피해자였다는 사실이 밝혀진 것이었다.

2014년 2월 마운트곡스는 거래를 중단했고, 웹사이트를 폐쇄했으며, 환전 서비스를 중지했고, 일본과 미국에서 파산 신청을 했다. 그리고 머지않아 청산 절차를 밟기 시작했다. 암호화폐 거래소인 마운트곡스는 소비자들과 회사 소유의 약 85만 비트코인(오늘날 가치로 42억 달러)이 사라졌다고 발표했다. 그중 20만 비트코인은 되찾았지만 남은 65만 비트코인은 끝내 찾지 못했다.

CEO 카펠레스는 2015년 8월 일본에서 체포되어 계좌 잔고를 늘리기 위해 마운트곡스의 컴퓨터 시스템을 조작한 혐의와 함께 사기죄와 횡령죄로 고소당했다. 미국 정부는 자금 흐름을 추적했다. 2017년 7월 알렉산더 비닉Alexander Vinnik이 마운트곡스의 도난당한 비트코인 세탁에 핵심 역할을 한 혐의로 그리스에서 체포되었다. 비닉은 기존의 비트코인 거래소인 BTC-e와 공모한 것으로 알려졌고 미국 연방수사국은 BTC-e를 급습했다. BTC-e 사이트는 폐쇄되었고 도메인은 미국 연방수사국에 압수당했다. 하지만 지금까지도 사라진 돈은 찾지 못했다.

비트코인은 엄청난 가격 변동성 때문에 2017년 주류 금융업계에서 뜨거운 이슈가 되었다. 여기서 한 발 물러서서 살펴보자. 던전스 앤드 드래곤스나 월드 오브 워크래프트의 세계에서는 처음에 실제 화폐로 가격을 책정했다. 하지만 2010년 5월 22일에 라슬로 한예츠Laszlo Hanyecz가 플로리다 잭슨빌에서 1만 비트코인으로 피자 두 판을 구매해 현실에서 최초로 비트코인 거래를 했다. 이때 비트코인 하나의 가치는 0.003달러였다. 그로부터 1년 후인 2011년 봄 비트코인은 달러와 동등하게 거래되었다. 6년이 지난 2017년 12월에 비트코인 하나의 가격이 최초로 2만 달러를 넘어섰다.

같은 달인 2017년 12월에 시카고상업거래소가 상품 부문에 비트코인 선물 거래를 도입하면서 뜨거운 투기 열풍이 불었다. 비트코인은 상품화되었고 전자지갑이라는 틈새시장을 넘어서서 새로운 투자자들과 주류에게 개방되었다. 그전까지만 해도 비트코인을 비롯한 다른 암호화폐 거래는 비트파이넥스Bitfinex와 크라켄Kraken 또는 오케이코인OKCoin 같은 특수 거래소에서 제한적으로 이루어졌다. 이런 곳에서는 전자지갑을 이용해 달러나 유로를 비트코인으로 교환해야 했다. 물론 비트코인은 다른 암호화폐와 교환할 수 있었다. 12월에 최고가를 찍은 비트코인 가격은 2주 만에 6,000달러 미만으로 폭락했다. 2018년 12월, 비트코인 가격이 13개월 만에 최저치인 3,500달러 밑으로 떨어졌고 이후 안정화되었다. 미국증권거래위원회가 암호화폐를 증권으로 등록하지 않은 두 기업에 벌금을 부과하겠다고 발표하면서 규제에 대한 우려가 비트코인 가격 하락에 한몫했다. 미국 법무부 역시 2017년의 폭등에 시장 조작이 영향을 미친 것은 아닌지 조사했다.

그리고 2018년 초 대폭락 이후 좀처럼 회복하지 못하던 비트코인 가격은 달러 가치가 떨어지고 금과 같은 대안자산으로 주목받기 시작하면서 2020년 하반기부터 오르기 시작했다. 특히 2020년 11월부터는 상승세가 가팔라져서, 11월에 1만 5,000달러 선에 진입하고 12월 초에 종전 최고가를 경신했다. 새해가 시작될 때는 이미 3만 2,000달러를 넘어섰다. 이런 상승세는 시작에 불과했다. 2021년 1월

비트코인 가격 변화

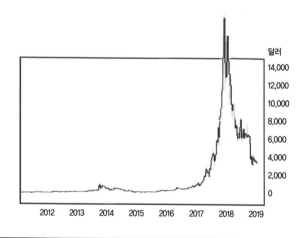

출처 | 블룸버그, 2019.

7일 4만 달러를 돌파했고, 2021년 11월 10일에는 사상 최고치인 6만 9000달러를 기록했다. 이후 조정을 받아 6만 2000달러 대까지 밀렸다가 반등하고 다시 5만 3000달러, 4만 2000달러까지 떨어지다 5만 달러를 회복하며 하루가 다르게 폭락과 반등을 이어가고 있다. 코로나 바이러스의 확산, 미국 연방준비제도의 조기 긴축 등의 이유로 가격 변동성이 큰 데다 각국 정부마다 언제 규제 칼날을 들이댈지 몰라 회의론도 팽팽하지만 다시금 기록 경신을 위한 랠리가 이어질 거란 기대는 여전히 가득하다.

로버트 쉴러Robert Shiller가 『비이성적 과열Irrational Exuberance』에서 지적했듯이 자신이 발을 담근 상태에서는 버블을 포착할 수도, 버블이 터지는 시기를 알아차릴 수도 없다. 이런 일은 과거를 되돌아볼 때만 가능하다. 2011년에 1달러도 하지 않았던 비트코인의 가격이 급상승하고 2017년 12월에 최고가를 찍었다가 거의 80퍼센트 폭락한 일은 역사상 최대 금융 버블로 여겨진다. 17세기 튤립 파동은 명함을 내밀기도 힘들다. 비트코인 열풍이 일기 전까지만 해도 튤립 파동은 미시시피 버블이나 대공황, 블랙 프라이데이 이전의 주가 상승, 최근에 발생한 닷컴 버블, 2008년 금융 위기 직전의 반등 등 금융 시장의 모든 버블을 능가했다.

2013~2014년의 불안정한 가격 변동으로 암호화폐 거래 현장에는 고유의 비속어가 쏟아져나왔다. 그중에서도 'HODL'이라는 용어가 가장 널리 알려져 있다. 2013년 가격 대폭락 당시 만취한 것으로

보이는 사람이 비트코인 게시판에 'GameKyuubi'라는 닉네임으로 "I AM HODLING"이라는 제목의 글을 올렸다. 이 사용자는 가격 급락에도 비트코인을 보유하겠다는 뜻을 전하고 싶었던 것이다. 이 글이 입소문이 나면서 'HODL'은 'Hold On for Dear Life(죽어. 죽어라고 버티기—옮긴이)'의 약자로 해석되었다. 이는 모든 장기 투자자가 말하는 '매입 후 보유Buy & Hold' 투자 전략과도 일치한다. 오늘날 암호화폐 시장에는 전통적인 정의를 넘어서는 의미를 지닌 새로운 용어와 관용구가 가득하다. 퍼드FUD, 애디ADDY, 포모FOMO, 조모JOMO 등 많은 속어들이 있지만 가장 인기 있는 용어이자 거의 모든 암호화폐 투자자가 공감하는 용어는 바로 HODL이다.

비트코인 가격의 이례적인 상승과 폭락을 어떻게 설명해야 할까? 원래 비트코인은 가치를 재분배하고, 은행 같은 금융기관에게 집중된 자금을 사람들에게 돌려줄 목적으로 만들어졌다. 누구나 은행 같은 지불 서비스 또는 대출 기관이 될 수 있다. 하지만 비트코인 같은 암호화폐는 법적 규제가 약해서 자금 세탁이나 자본 도피의 수단으로 악용되기 시작했다.

자본 도피는 특히 중국 정부가 우려하는 사태였다. 중국 사람들은 비트코인을 구매해서 자금을 해외로 옮길 수 있었다. 2017년 9월 인민폐 대 비트코인 거래가 모든 비트코인 거래의 90퍼센트를 넘어섰다. 중국 정부는 명목화폐로 암호화폐를 구입하는 행위를 불법으로 규정했고, 중국 내 최대 암호화폐 거래소인 후오비Huobi와 오케이코인OKCoin 임원들의 여행을 금지했다. 중국 규제 당국도 암호화폐 공개를 금지했고 2017년 9월에 중국에서의 암호화폐 거래를 불법으로 규정했다. 후오비는 싱가포르로 옮겨야 했고 오케이코인은 오케이엑스OKEx로 이름을 바꾸어 몰타에 터를 잡았다. 그러자 많은 중국인이 역외 거래소로 자신들의 비트코인을 이체했다. 이런 추세는 2018년 2월까지 계속되었다.

그해 2월 중국인민은행은 "국내와 해외의 암호화폐 거래소와 암호화폐 공개 웹사이트에 대한 접근을 모두 차단하겠다"는 성명을 발표했다. 암호화폐와 관련된 중국 내의 모든 활동을 근본적으로 차단한 것이었다. 중국 당국의 성명은 엄포가 아니었다. 2018년 4월 경찰이 톈진의 대규모 비트코인 채굴장을 급습해 컴퓨터 600대를 압수했다. 중국 정부는 보다 엄격한 자본 통제에 성공해 비트코인 거래를 금지했고 만리방화벽Great Firewall으로 자국민들을 '나쁜 영향력'으로부터 보호했다. 하지만 결국 시대를 거스를 수는 없을 것이다.

애플의 공동 설립자 스티브 워즈니악은 블록체인과 암호화폐가 10년 내에 잠재력을 완전히 발휘할 것이라고 했다. 트위터의 CEO 잭 도시Jack Dorsey는 비트코인이 세계의 '단일 통화'가 될 것이라고 했다. 2014년에서 2017년 사이에는 JP모건 체이스 CEO인 제이미 다이먼Jamie Dimon이 비트코인에 대해 했던 "비트코인은 사기다", "비트코인은 성공하지 못할 것이다" 같은 말이 자주 인용되었다. 2018년에 다이먼은 비트코인을 사기라고 했던 말을 철회했지만 그럼에도 불구하고 여전히 그는 비트코인의 미래를 비관적으로 전망했다. 한편, 그해 초 JP모건 체이스의 최대 경쟁자인 골드만삭스가 고객들의 요구에 못 이겨 암호화폐 거래 데스크를 설치하겠다고 발표했다. 일론 머스크 또한 이 논의에 빠질 수 없다. 2020년 12월 20일, 일론 머스크는 "생산적인 삶을 위해 비트코인 투자를 참고 있다"는 글을 트위터에 올렸고, 이 글로 인해서 비트코인 가격이 급등했다. 이후에도 일론 머스크의 트위터 발언은 비트코인의 가격에 막강한 영향력을 미치고 있다.

블록체인 같은 분산원장 기술과 관련해서 오늘날의 상황은 막대한 잠재력에 가파르고 예측하기 힘든 학습곡선을 보인 1992년의 인터넷 세계와 같다. 성공적인 신기술은 하나같이 성장 폭발을 경험한다. 이 시기에는 새로운 기술을 모든 것에 적용하려 하지만 시간이 흐르면서 최상의 애플리케이션과 한계가 드러난다. 1990년대 후반의 닷컴 주식 투자는 롤러코스터를 타는 것과 같았고 많은 개척자는 결국 실패를 경험했다. 인터넷의 진짜 영향력이 발휘되기까지는 몇십 년이 걸렸지만 전자상거래와 전 세계의 미래는 영원히 달라졌다.

블록체인 기술의 잠재력은 시간이 지날수록 영향력을 미칠 강한 잠재력을 지니고 있다. 닷컴 버블이 그랬듯이 암호화 열풍에서 단 한 명의 플레이어를 지원하는 것은 룰렛 게임에서 빨간색 27번에 베팅하는 것과 같다. 너무 이른 시기에 등장한 기술인데다 그 결과가 너무 불확실해 누가 승자가 될지 알 수 없다. 하지만 현재 우리가 경험하고 있는 디지털 혁명 시대의 경제적 전망은 극적으로 달라질 것이다. 초창기 암호화폐 거래의 미성숙한 악습과 비이성적 과열에도 불구하고 암호화 토큰과 블록체인 기술은 이미 세계를 혁신하기 시작했다. 부동산, 은행 같은 금융 서비스, 의료 서비스 등 블록체인 기술이 적용될 분야는 무궁무진하다. 이런 발달과 견줄 만한 것은 인터넷 발달이나 스마트폰 애플리케이션 호황뿐이다. 우리는 토큰화된 코인 기반 경제를 처음으로 엿보고 있는지도 모른다. 암호화폐의 미래는 밝다.

─────── |K|E|Y|P|O|I|N|T| ───────

◆ 비트코인은 2009년에 블록체인 기술을 이용한 대안적 탈중앙화 지불 수단으로 도입되었다. 오늘날에는 1만 개가 넘는 대체 코인(알트코인)이 존재한다.

◆ 2010년에 0.003달러였던 비트코인 가격은 2011년에 1달러, 2017년에 1,000달러 선을 넘었다. 2017년 12월에는 2만 달러를 넘어섰지만 몇 주 만에 거의 80퍼센트 하락하여 2018년 12월에는 3,500달러 밑으로 떨어졌다. 이토록 엄청난 호황과 불황으로 비트코인은 1637년의 네덜란드 튤립 파동보다 훨씬 규모가 큰 역사상 최대의 금융 버블이 되었다.

◆ 비트코인과 블록체인 기술의 응용은 아직 초기 단계에 머물러 있다. 진정한 잠재력이 드러나려면 10년의 시간이 더 필요하다. 하지만 오늘날의 관점에서 보았을 때 이런 기술의 적용 분야는 무궁무진하다.

400년의 역사를 통해
미래에 대비하라

2001년으로 잠시 거슬러 올라가보자. 배럴당 원유 평균 가격이 26달러였을 때였다. 2001년 한 해에 구리 가격은 톤당 1,800달러에서 1,400달러 미만으로 하락했다. 금은 트로이온스당 255달러에서 293달러 사이에 거래되었고 2001년 들어 처음으로 300달러 이상으로 상승할 조짐까지 보였다.

밀과 옥수수 가격은 각각 부셸당 평균 2.70달러와 2.08달러였다. 2001년에 발생한 가장 충격적인 사건은 9·11 테러였다. 이 사건으로 약 3,000명이 사망했다. 알카에다의 수장 오사마 빈 라덴이 2011

년 미국의 군사 작전으로 사망했지만 9·11 테러 이후 20년이 지난 오늘날까지도 전 세계적인 테러와의 전쟁에서 미국은 아직 승리하지 못했다. 하지만 이슬람국가, 일명 IS에 대한 군사적 승리는 임박한 듯하다. 백악관에서는 민주당 빌 클린턴에 이어 공화당 조지 W. 부시가 대통령직을 이어받았다. 15년 후에는 공화당 도널드 트럼프가 카리스마 넘치는 민주당 버락 오바마의 뒤를 이었다. 냉소적인 관찰자들은 9·11 테러가 트럼프의 당선이 발표되었던 11·9로 대체된 것에 주목하고 있다.

2001년 투자할 만한 자산군으로 인정받은 상품은 여전히 초기 단계에 머물러 있었다. 상품 시장 성과를 측정하는 블룸버그 상품지수는 다우존스 AIG 상품지수처럼 겨우 몇 년 전인 1998년에 생겨났다. 이후 전통적인 주식 투자 및 채권 투자와 더불어 대체 투자가 점점 더 인기를 끌었다. 예일대학과 하버드대학 등의 재단 기부금의 투자 전략 덕분이었다. 2005년 게리 고턴Gary Gorton과 헤이르트 라우벤호르스트K. Greet Rouwenhorst가 「상품의 미래에 대한 사실과 환상」이라는 논문을 발표했다. 이 논문은 상품을 전 세계적인 투자 자산으로 정착시키는 데 일조했다.

2001년 말 중국은 세계무역기구WTO에 가입했다. 이는 중국 경제의 급성장이 시작되었음을 알리는 사건이었고 이로 인해 전 세계 상품 시장은 격변을 겪었다. 몇 년 사이에 중국은 전 세계 상품 수요에서 우위를 차지했고 상품 슈퍼사이클이 시작되었다.

원유는 배럴당 147달러, 구리는 톤당 1만 달러를 초과하는 가격에 거래되었으며, 금은 트로이온스당 1,900달러를 넘어섰다. 밀과 옥수수는 부셸당 9.50달러와 8.40달러까지 치솟았다. 하지만 전 세계의 금융 위기와 경제 위기 이후 몇 년 동안 성장이 침체되면서 불황이 닥쳤다. 2008년은 주식 시장과 상품 시장이 50퍼센트 이상 하락하면서 전 세계 자본 시장에는 끔찍한 한 해였다. 경기 회복은 일시적이었을 뿐 지속되지 못했고 디레버리징과 부진한 성장이 이어졌다. 이후 상품 시장은 5년간의 심각한 하락장으로 빠져들었다.

오늘날에는 새로운 상품 시장의 상승장과 암호화폐 시장의 성숙이 시작되고 있다. 상품 시장의 과열된 슈퍼사이클은 지나갔고, 투자한 자산은 수년 만에 처음으로 가치가 증가하고 있으며, 상품 시장의 성과는 주식 시장을 앞서고 있다. 원유 가격은 2016년 봄에 배럴당 26달러로 최저치를 잠시 기록했다가 이후로 거의 세 배 상승했다. 구리는 톤당 9,000달러를 넘었고 금은 온스당 1,780달러에 거래되었다. 농업 부문에서는 밀과 옥수수 가격이 부셸당 평균 7달러와 5달러에 달했다. 전문적 관점에서 상품은 2016년에 바닥을 쳤고, 200일간의 이동 평균을 넘어서면서 2017년에 상승 차트를 그렸다. 그럼에도 불구하고 2019년 초에 대다수의 상품은 여전히 중장기 평균 가격 미만에서 거래되었고 비트코인은 바닥을 치고 있었다. 돌이켜보면 2016년은 기초 조건들이 개선되고 가격이 회복되며 새로운 시장 사이클이 시작되면서 상품 시장의 전환점이 되었다.

이 책은 상품 시장 투기가 최근 10년 사이에 생겨난 것이 아님을 보여준다. 1980년대와 1990년대에는 상품이 투자자들의 레이더에 잡히지 않았을 뿐이다. 1970년대에는 엄청난 상품 가격 상승이 일어났다. 주식과 채권 또는 통화와 달리 상품은 실물 자산이기 때문에 실질적인 경제적 영향력을 과소평가해서는 안 된다. 17세기 네덜란드의 튤립 파동에서 21세기 비트코인의 환상적인 상승과 폭락에 이르기까지 책에서 소개한 많은 사건은 수요나 공급 측면의 일시적인 불균형이 어떻게 개별 상품 시장에 영향을 미치는지를 보여준다. 극단적인 가격 변동 외에도 개개인의 운명을 결정짓는 투기와 수익, 손실에 대한 내부자의 견해를 보여준다. 장기 투자자들이 보기에도 가격 상승의 폭과 속도는 놀랍기만 하다.

시간의 수레바퀴는 계속 돌아가고 상품 시장의 순환적 특성 때문에 극단적인 사건들은 형태만 바뀌어 운명적으로 반복된다. 각각의 시장은 극단적 상태에서 탐욕과 두려움에 휘둘린다. 그럼에도 불구하고 똑같은 실수를 반복하는 자본 시장의 건망증은 매우 잘 알려져 있다. 이 책을 통해 수백 년 동안 상품 시장에서 일어났던 사건들을 비교해보면서 사건들의 유사점을 찾아보고 블록체인과 비트코인을 포함한 미래의 시장에 대비할 수 있다.

추
천
의
말

시장을 바라보는 현명한 눈을 갖고 싶다면

| 요헨 스타이거, 스위스 리소스 캐피털 CEO |

상품 거래와 선물 거래의 역사는 상당히 길다. 처음을 찾으려면 농부들과 생산자들이 예기치 못한 손실에 물물교환을 시작하기 이전으로 거슬러 올라가야 한다. 선물 거래는 1898년에 시카고상업거래소가 설립되면서 표준화되었다. 이로 인해 갑작스럽게 안전한 시장이 형성되었고 선물은 실물 없이 밀이나 옥수수 같은 소프트 상품 가격에 투기하는 수단이 되었다. 처음에는 일부만 투기성 투자자로 활동했지만 점차 상황이 달라져 많은 사람들이 뛰어들었다. 시간이 흘러 오늘날에는 금, 은, 구리부터 설탕, 코코아, 오렌지주스까지 거

의 모든 상품에 헤지펀드, 연금펀드 등이 생겨났다. 시대는 빠르게 변하고 있으며 새로운 상품과 원자재는 늘 뜨겁게 주목받고 있다.

한편, 예측 불가능한 속도로 발전하는 기술은 상품 산업 자체를 바꾸어놓았다. 무엇보다 새롭게 등장한 이모빌리티 시대는 상품의 시대를 극적으로 바꾸어놓을 것이다. 환경친화적인 자동차를 생산하려면 구리, 리튬, 코발트, 아연, 니켈, 은, 납 등이 지금보다 훨씬 더 많이 필요하다. 그렇기에 관련한 원자재의 가격이 오를 수밖에 없다. 이러한 변화 속에 금은 부를 축적하는 가장 안정적인 최후의 상품으로 인정받고 있다.

상품 시장을 잘 이해하려면 투자자들은 역사적 지식을 반드시 알아야 한다. 과거에서 뭔가를 배울 수도 있고 같은 실수를 반복하지 않을 수도 있다. 그리고 상품 시장이 항상 조작될 위험이 있다는 사실을 알게 될 것이다. 상품 시장은 때대로 매우 작고, 금융자산은 흔히 수천억 달러를 쥐고 흔드는 몇몇 사람의 손아귀에 집중되어 있기 때문이다.

토르스텐 데닝은 20년 가까이 개별 상품 시장뿐 아니라 수요와 공급, 가격 측면에서 시장의 불균일한 움직임을 광범위하게 다루어왔다. 『42가지 사건으로 보는 투기의 세계사』에서는 튤립 파동에서 시작해 비트코인 열풍까지, 시장에서 일어난 호황과 불황에 관한 사건들을 소개한다. 이야기는 같다. 다만 버블의 명칭만 달라질 뿐이다. 토르스텐 데닝은 그 패턴을 알기 쉽게 설명하는 사람으로, 시장을 바라보는 현명한 눈을 갖고 싶다면 이 책을 주의 깊게 읽기를 바란다. 사람들이 원하는 만큼의 상품을 모두 채굴할 수 있는 광산은 존재하지 않으므로 새로운 상승장은 늘 다가온다. 새로운 버블과 호황 사이클도 생겨날 것이다. 그때를 대비해 상품 투자를 위한 토대를 갖추길 바라는 개인과 기관 투자자들에게 이 책을 권한다.

블록체인과 비트코인의 잠재력

| 토마스 레흐메트, 블로솔리드COO |

2008년 금융 위기 이후 전 세계 중앙은행들이 인쇄기를 빠르게 돌리면서 금융 시장에는 양적 완화로 달러, 유로, 엔 등의 통화가 넘쳐나게 되었다. 유동성이 풍부한 이 시기에 원자재 시장은 투자자들의 관심을 끌었다. 기관 투자자들이 상품을 거래했을 뿐 아니라 점점 더 많은 개인 투자자가 인플레이션 위험에 대비해 실물자산에 투자하려고 한다. 물적 가치는 금전적 가치를 뛰어넘는다는 캐치프레이즈가 딱 들어맞는 상황이다.

하지만 원자재 시장에서도 경제적 사건이나 정치적 사건, 사기 사건 등이 반복적으로 발생한다. 2008년 11월 1일 금융 위기가 시작됨과 동시에 「비트코인: P2P 전자화폐 시스템」이라는 암호화폐 관련 논문이 출판되었다. 이것이 신호탄이었다. 현재 블록체인은 전 세계에서 차세대 혁신 기술로 여겨지고 있으며 또 다른 확장을 위해 보다 성숙한 단계로 진입하고 있다.

비트코인 하나의 적정 가격은 얼마일까? 오늘날 몇몇 금융 분석가는 비트코인은 실질적인 가치를 전혀 지니고 있지 않다고 강조한다. 일부 경제학자는 피셔 방정식을 언급하면서 비트코인의 현재 가치를 총 비트코인의 수와 트랜잭션의 속도, 거래량을 고려해 내놓고 있다. 하지만 이런 방정식이 현재의 생황이 아니라 비트코인의 가치와 관련된 기술과 애플리케이션의 미래 잠재력을 뜻한다는 사실에 주목하는 것이 중요하다. 그리고 블록체인 기술의 응용 한계를 찾기란 어렵다.

앞서 살펴봤듯 상품 시장과 암호화 시장은 오랜 역사를 통해 가치를 입증해왔으며 이제 다시 새로운 상승의 시작점에 있다. 토르스텐 데닌은 투자 시장의 미래를 내다보기 위해 과거를 알 필요가 있다고 강조한다. 시장과 사건들이 얽히면서 보여주는 42가지 이야기를 통해 우리는 보다 넓고 날카로운 시야를 갖게 될 것이다.

감
사
의
말

2003년에서 현재까지 상품시장에서 직업적 경력을 쌓으면서 직접 경험했던 일뿐만 아니라 많은 사람들의 도움으로 이 책을 집필할 수 있었다.

도이체 방크에 근무하던 시절에 리더십과 동기를 부여해주고 브렉스 이야기에 관심을 갖게 도와준 마르티니Martini에게 감사를 표한다. 서문을 써주었을 뿐만 아니라 상품시장에 대한 열정을(이탈리아 산 와인에 대한 열정도!) 공유해준 요헨Jochen에게 고마움을 전한다. 뮌헨에서 운 좋게 우연히 만난 토마스Thomas는 귀금속과 암호화 사이의 점들을 연결해주었다. 1970년대 위기가 소련에 미치는 영향력과 원유에 관한 정보를 제공해준 사샤Sasha에게도, 블록체인과 비트코인의 새로운 측면들을 제시해준 발레리Valery에게도 감사를 표한다.

사랑과 영원한 감사와 함께 이 책을 어머니에게 바친다. 어머니가 없었다면 이 모든 일이 불가능했을 것이다. 사랑과 지지를 보내준 사랑하는 아내 알리나Alina에게도 감사의 마음을 전한다. 나의 책을 독일어 책까지도 모두 다 읽겠다고 했던 아내의 결혼 서약을 언제나 기억할 것이다.

마지막으로 나를 도와주고 지지해준 텍사스의 그린리프 북그룹 Greenleaf Book Group의 팀에게도 감사하고 싶다. 이탈리아의 라고 마조레Lago Maggiore에 좋은 소식을 전달해준 다니엘Daniel, 프로젝트 관리와 일정에 융통성을 발휘해준 엔Jen, 모든 일을 제대로 처리해준 린지Lindsey, 원고를 다듬어준 메리앤Marianne, 레이아웃 브레인스토밍에 애써준 체이스Chase, 명랑한 분위기와 새로운 아이디어를 제공해준 산타 바바라Santa Barbara의 편집자 조앤Joan에게 무한한 감사를 전한다.

기
본
용
어

BTC | 비트코인(BTC 또는 ฿). 전자화폐 형태의 암호화폐로 1비트코인은 1,000밀리비트코인과 1억 사토시로 나뉜다.

BTFD | 'Buy The Fucking Dip(저가 매수)'의 약자로 가격 조정 시 주식이나 다른 자산을 매수하라는 주식 시장 용어다.

DYOR | 'Do Your Own Research(정보 자체 검증)'의 약자다. 인터넷에서 읽는 모든 것을 액면 그대로 받아들이기보다는 자체적으로 조사할 것을 상기시키는 말로 자주 사용된다.

HODL | 'Hold On for Dear Life(죽어라 버티기)'의 약자다. HODL은 원래 2013년 12월의 가격 폭락 당시에 비트코인 포럼에 올라온 게시물의 오자였다. 하지만 이는 암호화폐를 팔기보다는 보유하라고(사서 보유하라고) 격려하는 말로 암호화폐 공동체 내에서 인기를 얻었다.

ICO | 'Initial Coin Offering(암호화폐 공개)'의 약자로 암호화폐를 이용해 자금을 모으는 방법이다. 암호화폐 공개 시 투자자들에게 상당량의 암호화폐를 토큰 형태로 매도하고 비트코인이나 이더 같은 다른 암호화폐나 법정통화를 대가로 받는다. ICO는 신생기업이 자금을 확보하는 방법이 될 수 있고 중개자들(벤처 투자자, 은행, 증권거래소 등)과 규제를 피하는 수단이 될 수 있다.

Sats | '사토시'의 약자로 비트코인의 가장 작은 단위다. 비트코인 한 개는 1억 사토시다. 비트코인의 창시자 사토시 나카모토의 이름에서 따온 것이다. 현재 1만 사토시는 65센트다.

USD | 미국달러(USD 또는 $)는 미국의 공식 통화다. 달러는 캐나다, 오스트레일리아, 뉴질랜드 등 20개국 이상의 통화 명칭이기도 한다. 미국달러로 1달러는 대개 100센트다.

고래whale | 시장의 빅 플레이어나 대형 투자자를 뜻하는 용어다. 바다는 시장을 뜻하는 비유적 표현이다. 그렇기 때문에 시장의 움직임에 따라 큰 고기, 작은 고기, 상어, 파도 등과 같은 비유적 표현들도 확대해서 사용할 수 있다.

공매수와 공매도long and short | 트레이딩에서 투자자는 공매수와 공매도라는 두 가지 유형의 포지션을 취할 수 있다. 투자자는 자산을 매수하거나(공매수) 매도할 수(공매도) 있다. 공매수 포지션에서 투자자는 가격 상승을 바란다. 공매도 포지션에서 투자자는 자산 가격 하락으로 수익을 얻기를 바란다. 공매도 포지션에 진입하는 것은 자산 구매보다 좀 더 복잡하다.

금과 은 | 금(라틴어 'aurum'에서 따온 AU로 표기)과 은(라틴어 'argentum'에서 따온 AG로 표기)은 수천 년 동안 가치 측정수단으로 사용된 귀금속이다. 기원전 6세기 이후 금과 은은 화폐로 주조되었다. 과거에는 금본위제나 은본위제가 통화 정책의 기반으로 자주 시행되었다. 전 세계의 금본위제는 공식적으로 1971년 닉슨 쇼크 이후 폐지되고 명목 통화제도가 도입되었다.

금본위제Gold Standard | 금본위제는 한 나라의 통화나 종이 화폐가 금과 직접적으로 연동되는 가치를 지니는 통화제도다(금본위제의 변형으로 은본위제나 복본위제가 있다). 대부분의 국가는 어느 순간에 통화제도의 기반으로 삼았던 금본위제를 폐지했다. 그럼에도 불구하고 많은 국가가 상당량의 금을 보유하고 있었다. 제2차 세계대전 이후 금본위제와 유사한 제도가 브레턴우즈협정으로 확립되었다. 브레턴우즈체제 아래에서는 많은 국가가 환율을 달러에 고정하고 중앙은행들은 온스당

35달러라는 공식적인 환율로 달러 자산을 금으로 교환할 수 있었다. 이렇게 달러에 고정된 모든 통화는 금으로 평가되는 고정 가치를 지녔다. 1971년 8월 닉슨 대통령은 달러의 금태환을 폐지했고 이로써 유동 환율제가 시행되기 시작했다.

로그 트레이더rogue trader | 보통 민사와 형사 처벌 범죄 사이의 회색 지대에서 허가받지 않은 거래를 하는 트레이더를 뜻한다. 로그 트레이더는 회사의 합법적인 직원이지만 고용주를 대신하여 허가받지 않은 거래를 할 수 있다.

매점매석 Cornering a Market | 금융 분야에서 매점매석은 시장 가격을 조작하려고 주식, 통화, 상품 같은 자산을 다량으로 장악하는 것이다. 여기서 장악이란 소유권을 압도적으로 많이 갖는 것을 뜻한다.

명목화폐Fiat Currency | 달러와 유로 또는 파운드 같은 오늘날의 '정규' 또는 '정상' 통화다. 명목화폐는 종종 정부의 규제와 지지를 받는 화폐로서 확립된 내재적 가치가 없는 통화다(명목화폐의 'fiat'이라는 단어는 라틴어로 '되도록 하라'라는 뜻이다). 이런 방식은 금이나 은 같은 몇몇 실물 재화로 가치가 뒷받침되는 화폐(금본위제)나 몇몇 암호화폐처럼 경제적 가치를 지닌 화폐와는 다르다.

백워데이션backwardation, 콘탱고contango | 금융에서는 현물(또는 현금) 가격과 선물 가격의 차이가 기간구조를 정의한다. 백워데이션은 향후 인도분 가격이 현물 가격보다 낮은 것을 의미한다(예를 들어 3월 인도분 원유 가격이 배럴당 60달러고 현물 가격은 배럴당 70달러인 경우). 콘탱고는 향후 인도분 가격이 현물 가격보다 높은 것이다(예를 들어 1년 후에 인도할 금 가격이 온스당 1,400달러고 현물 가격은 온스당 1,300달러인 경우). 콘탱고는 금융 선물과 금 시장에서 주로 발생하고 백워데이션은 종종 상품 시장에서 나타난다. 특히 백워데이션은 투자자들에게는 포지티브 캐리positive carry(투자한 자산의 수익률이 차입 금리보다 높은 경우─옮긴이)를 뜻한다.

블록체인Blockchain | 블록체인은 암호화를 이용해 블록이라고 하는 기록들을 연결한 모음이다. 블록체인은 다수의 장소에 지리적으로 널리 퍼져 있는 복제되고 공유되고 동기화된 디지털 데이터에 대한 합의인 분산원장기술Distributed Ledger

Technology:DLT의 한 형태다. 여기에는 중앙 관리자나 중앙 집중적인 데이터 저장소가 없다.

상승장과 하락장 Bull and Bear Market | 금융 분야에서 상승장과 하락장은 시장의 일반적인 방향을 뜻한다. 여기서 '황소bull'와 '곰bear'이라는 영어 단어는 동물들이 적을 공격하는 방법에서 파생된 것이다. 적을 공격할 때 황소는 뿔을 위로 찔러 올리고, 곰은 발톱을 아래로 휘두른다. 시장의 움직임을 이런 동물의 행동에 비유해 상승장은 'bull market', 하락장은 'bear market'이라고 한다. 하락장은 보통 가격이 고점 대비 20퍼센트 이상 하락하는 경우를 말한다. 반면 그보다 낮게 하락하는 경우는 조정기로 여긴다.

스트롱 핸드와 위크 핸드strong and weak hands | 금융 부문에서 스트롱 핸드는 자금력이 좋은 투자자들이나 투기꾼들을 뜻한다. 일반적으로 작은 시장 움직임에는 포지션을 청산하지 않는 장기 보유자들이 스트롱 핸드다. 위크 핸드는 그 반대를 뜻한다.

시장 폭락Market Crash | 주식, 상품, 암호화폐의 폭락은 가격이 시장의 횡단면을 크게 가로질러 극적으로 하락해서 종이 자산에 커다란 손실이 나는 것이다. 근본적인 경제 요소뿐 아니라 공황 상태가 이런 폭락을 초래한다. 흔히 투기성 주식 시장의 버블 다음에 폭락 사태가 일어난다.

알트코인Altcoin | 알트코인 또는 코인은 비트코인 이후에 생겨난 대체 암호화폐다. 오늘날에는 비트코인과 여러 면에서 다른 알트코인이 4,000종 이상 출시되어 있다. 알트코인의 한 예로 라이트코인이 있다.

암호화폐Cryptocurrency | 암호화폐는 금융 거래를 확보하고, 추가 단위 창출을 통제하고, 자산 이전을 검증하기 위해 높은 수준의 암호화를 이용하는 교환 매체로 고안된 디지털 자산이다. 암호화폐는 대체 통화이자 디지털 통화로서 중앙 집중식 디지털화폐와 중앙은행 시스템의 명목화폐와는 반대로 분산 제어를 사용한다. 가장 인기 있는 암호화폐는 비트코인이다. 암호화폐는 가장 흔하게 대체 암호화폐인

코인(알트코인)과 토큰(교환의 매체가 될 수 없다)으로 분류된다.

애디Addy | 일반적으로 암호화 지갑 주소나 공개 키를 뜻하는 '주소'의 약자다. 비트코인 주소는 비트코인 트랜잭션을 주고받는 데 사용한다. 주소는 일련의 문자와 숫자로 이루어지지만 QR코드로 표시할 수도 있다.

지갑Wallet | 비트코인 등의 암호화폐를 저장하려면 디지털 지갑이 필요하다. 암호화폐 지갑은 사용자들이 디지털화폐를 주고받고 자신들의 잔고를 관리할 수 있도록 개인 키와 공개 키를 저장하고 다양한 블록체인과 상호작용하는 소프트웨어 프로그램이다. 지갑은 온라인과 오프라인, 하드웨어, 종이 등 여러 형태가 있고 보안 수준도 다양하다.

토큰Token | 암호화 토큰은 특정 자산이나 유틸리티 또는 암호화폐의 범주를 나타내는 디지털 표현이다. 토큰은 기본적으로 부동산 등의 재산, 상품, 로열티 포인트, 심지어는 다른 암호화폐처럼 대체와 거래가 가능한 자산을 모두 대표할 수 있다.

퍼드FUD | '공포Fear, 불확실Uncertainty, 의혹Doubt'이 주로 매체를 통해 확산된다는 뜻이다. 정치, 홍보, 판매, 마케팅, 투자 부문에서 광범위하게 사용하는 허위 정보 유포 전략이다. 일반적으로 부정적이거나 잘못된 정보를 퍼뜨려 인식에 영향을 주는 전략이자 두려움에 호소하는 것이다.

펌프 앤드 덤프Pump and Dump | 거짓되고 그릇된 긍정적 정보를 흘림으로써 자신의 주식 가격을 끌어올려 싸게 구입한 주식을 더 높은 가격에 팔려는 증권 사기의 한 형태다. 이 사기 주동자들이 과대평가된 주식을 덤프(판매)하자마자 가격이 하락하고 투자자들은 투자금을 잃는다. 거짓 정보나 그릇된 정보는 스팸 메일, 소셜 미디어, 인터넷 커뮤니티, 블로그를 통해 유포될 수 있다. 이런 사기는 소형 암호화폐와 초소형주에서 흔히 발생한다.

포모FOMO, 조모JOMO | 포모는 'Fear of Missing Out(고립 공포감)'의 약자다. 사회적 상호작용과 신선한 경험, 수익성 있는 투자 또는 다른 만족스러운 사건들을 놓칠지도 모른다는 강박적인 걱정으로 이어지기도 하는, 후회의 두려움을 뜻한다.

포모는 잘못된 결정을 내렸을지도 모른다는 두려움을 영원히 갖는 것이다. 한편, 조모는 포모와 반대로 'Joy of Missing Out'의 줄임말로 고립을 즐긴다는 뜻이다.

희토류 금속 및 희토류 원소 | 17개 금속, 즉 스칸듐과 이트륨뿐 아니라 란탄 계열 원소 15개로 구성된다. 세륨, 디스프로슘, 에르븀, 유로퓸, 가돌리늄, 홀뮴, 란타넘, 루테튬, 네오디뮴, 프라세오디뮴, 프로메튬, 사마륨, 테르븀, 툴륨, 이테르븀 등이 다. 보통 경희토와 중희토로 구분된다. 희토류 원소는 하이브리드 자동차의 전기 모터와 하드디스크 드라이브, 휴대용 전자기기, 마이크로폰, 스피커 같은 첨단 기기에 사용된다.

참
고
문
헌

1장

Dash, M. *Tulpenwahn. Die verrückteste Spekulation der Geschichte.* München: Claasen Verlag, 1999.

Friedmann, J. "Tulpen-Wahn in Holland—Wie die große Gartenhure Investoren verrückt machte." www.spiegel.de, 1 August 2009.

von Petersdorff, W. "Eine Blumenzwiebel für 87.000 Euro." www.faz.net, 18 Maech 2008.

2장

Mattheis, P. "Der Reishandler." SZ-Serie: *Die großen Spekulanten* 39. www.sueddeutsche.de, 28 January 2008.

Needham, J. "Samurai trader!" www.financialsense.com, 20 January 2008.

3장

Bojanowski, A. "Neuer Goldrausch in Kalifornien—'Es ist wie 1849.'" www.

sueddeutsche.de, 17 June 2008.

"Going to California—49ers and the Gold Rush." http://americanhistory.about. com, 2008.

"Gold Rush." 캘리포니아주립도서관, www.library.ca.gov/goldrush, 2007.

4장

"B. P. Hutchinson dead—once leading grain speculator in this country." *The New York Times*, 17 March 1899.

Ferris, W. G. The Grain Traders. *The Story of the Chicago Board of Trade*. East Lansing: Michigan State University Press, 1988.

Geisst, Charles. *Wheels of fortune—The history of speculation to respectability*. Hoboken, NJ: John Wiley & Sons, 2002.

"The great speculator fails—Mr. Hutchinson leaves Chicago and his trades closed out." *The New York Times*, 30 April 1891.

Teweles, R. J., and Jones, F. J. *The Futures Game—Who Wins? Who Loses? And Why?* New York: McGraw-Hill, 1987.

5장

King, B. W. "John D. Rockefeller und das Zeitalter des öls." http://finanzen.coart. de/BrsenKnowHow/Geschichtliches, 18 August 2006.

Kunz, M. "Reichster und meistgehasster Mann der Welt." www.focus.de, 23 May 2008.

6장

Ferris, W. G. *The Grain Traders: The Story of the Chicago Board of Trade*. East Lansing: Michigan State University Press, 1988.

Geisst, C. *Wheels of fortune—The history of speculation to respectability.*
Hoboken, NJ: John Wiley & Sons, 2002.

"The wheat corner—sudden collapse of the grain gamblers' schemes in Chicago
loss of the clique over USD 1,000,000." *The New York Times*, 23 August 1872.

───────────── 7장 ─────────────

"Aristoteles Onassis—Reicher Mann ganz arm." www.stern.de, 13 January 2006.

"Kalkuliertes Risiko." Der Spiegel 29(1978), www.spiegel.de.

Seebach, W. "König Saud und Aristoteles Onassis." Die Zeit, www.zeit.de, 17 June
1954.

───────────── 8장 ─────────────

유엔식량농업기구(FAO), www.fao.org, December 2008.

"The man who fooled everybody." www.time.com, 4 June 1963.

Miller, N. C. *The Great Salad Oil Swindle.* Baltimore: Penguin Books, 1965.

"Wall Street: spreading the losses." www.time.com, 6 December 1963.

───────────── 9장 ─────────────

유엔식량농업기구(FAO), www.fao.org, December 2008.

"Another Soviet grain sting." www.time.com, 28 November 1977.

Mattheis, P. "Der Turtle-Chef." SZ-Serie: *Die großen Spekulanten* (33), www.
sueddeutsche.de, 29 January 2008.

Peters, M., Langley, S., and Westcott, P. "Agricultural commodity price spikes in
the 1970s and 1990s." United States Department of Agriculture(USDA), March
2009, www.ers.usda.gov.

―――――――――――――●10장●―――――――――――――

Schulte, T. "Silber―das bessere Gold." Kopp Verlag, 2010.

"Die Silber-Panik" (1893). http://zeitenwende.ch.

"US-Bundesstaaten wollen einen Gold-und Silberstandard." www.bullion-investor.
net, 7 March 2010.

―――――――――――――●11장●―――――――――――――

미국 에너지부, www.eia.doe.gov, 2008.

석유수출국기구(OPEC), www.opec.org, 2008.

"Die Ölkrise 1973." http://zeitenwende.ch, 2009.

―――――――――――――●12장●―――――――――――――

Grill, B. "Herr der Diamanten." www.zeit.de, 2 October 2003.

"Im Griff des Syndikats." *Der Spiegel* 44 (1989), www.spiegel.de.

Kühner, C. "A diamond's best friend―Antwerpen, Weltzentrum des
Diamantenhandels." *NZZ Folio*, December 1993.

Schulz, B. "Nicholas Oppenheimer―Der Diamantenkönig." www.faz.net, 22
October 2006.

―――――――――――――●13장●―――――――――――――

Boehringer, S. "Aufstieg mit Öl, Absturz mit Silber." SZ-Serie: *Die großen
Spekulanten* 17, www.sueddeutsche.de, 14 May 2008.

"Die Gebrüder Hunt verzocken sich am Silbermarkt." www.faz.net, 26 February
2004.

---------------●14장●---------------

"Fünf Jahre Irak-Krieg—Chronik eines umstrittenen Feldzugs." www.spiegel.de,
17 March 2008.

"Der Golfkrieg 1991." www.faz.net, 24 February 2001.

Pollack, K. "Der gefährlichste Mann der Welt." *Der Spiegel* 6 (2003), www.spiegel.
de.

Pollack, K. *The Threatening Storm—The Case for Invading Iraq.* New York:
Random House, 2002.

Tumann, M. "Trotz Blut kein Öl." www.zeit.de, 16 June 2009

---------------●15장●---------------

Knipp, T. *Der Machtkampf. Der Fall Metallgesellschaft und die Deutsche Bank.*
Düsseldorf: Econ Verlag, 1998.

Landler, M. "Spotlight: Heinz Schimmelbusch's comeback." www.nytimes.com, 10
August 2007.

"Metallgesellschaft reports talks with ex-chief fail." *The New York Times*, 5 April
1996.

"Missmanagement bei Metallgesellschaft." www.manager-magazin.de, 28 August
2001.

---------------●16장●---------------

실버 인스티튜트, www.silverinstitute.org.

Chasan, E. "Apex Silver Mines files for bankruptcy protection." www.reuters.com,
14 January 2009.

Fuerbringer, J. "Buffett likes silver; Soros, a silver mine." www.nytimes.com, 26
March 1998.

Morgenson, G. "Gates putting some money in silver miner." www.nytimes.com, 29 September 1999.

Weitzman, H. "Morales pledges to nationalize mining industry in Bolivia." www.ft.com, 9 May 2006.

17장

Bastian, N. "Kupferfinger sucht einen neuen Job." www.handelsblatt.com, 12 December 2005.

www.kupferinstitut.de.

Neidhart, C. "Hamanaka—der Vorstadt-Spießer." SZ-Serie: *Die großen Spekulanten* 2. www.sueddeutsche.de, 29 January 2008.

18장

Behar, R. "Jungle Fever." *Fortune*, 9 June 1997.

BHP Billiton, Minerals Companion, 2006.

"Goldenes Grab." *Der Spiegel* 16 (1997), www.spiegel.de.

Goold, D., and Willis, A. *The Bre-X Fraud*. Toronto: McClelland & Stewart, 1997.

19장

유엔무역개발회의(UNCTAD), 상품 부문에 관한 시장 정보, www.unctad.org/infocomm.

Frank, R. "Eine Seltenheit: Palladium-Munzen." www.moneytrend.at, January 2001.

Wolf, C. "Palladium—Rasante Rekordjagd." www.focus.de, 18 January 2001.

20장

"Bad bets in the copper market." www.economist.com, 18 November 2005.

Busch, A. "China treibt den Kupferpreis von allen Seiten in die Höhe." www.handelsblatt.com, 12 December 2005.

Hoffbauer, A. "Die diskreten Kontrakte des Herrn Liu." www.handelsblatt.com, 12 December 2005.

Mortished, C. "City gripped by mystery of the phantom copper dealer." *The New York Times*, 15 November 2005.

Powell, B. "Buy! Sell! Run!" www.time.com, 20 November 2005.

21장

BHP Billiton, Minerals Companion, 2006.

국제납아연연구그룹, www.ilzsg.org, 2009.

런던금속거래소, www.lme.co.uk, 2009.

"A user guide to commodities." Deutsche Bank, September 2008.

"Zinc in New Orleans flooded warehouses." Reed business Information, 2009.

"Zinc price soars after New Orleans supply freeze." www.telegraph.co.uk, 7 September 2005.

"Zinc under supply tightness." *Metalworld*, September 2005.

22장

미국에너지관리청, www.eia.doe.gov, 2009.

미국에너지부, www.energy.gov, 2009.

"Amaranth trading led to MotherRock loss." Bloomberg, 25 June 2007.

"Hedge-Fonds hat angeblich fünf Milliarden Dollar verwettet." www.handelsblatt.com, 19 September 2006.

"Hedge-Fonds MotherRock schließt." www.handelsblatt.com, 7 August 2006.

"In sieben Tagen 4,5 Milliarden Dollar Verlust." www.manager-magazin.de, 19 September 2006.

"Milliardenverlust von Hedge-Fonds laßt Markte kalt." www.fazfinance.net, 20 September 2006.

Copeland, R. "Ten years after blowup, Amaranth investors waiting to get money back." *Wall Street Jouranl*, www.wsj.com/articles/ten-years-after-blowup-amaranth-investors-still-waiting-for-money-back-1451524482, 1 January 2016.

"Orange juice falls" *The New York Times*, 22 January 2004.

"Orange juice rises" *The New York Times*, 14 August 2004.

www.flcitrusmutual.com.

www.nws.noaa.gov.

US Department of Agriculture(USDA). Situation and Outlook for Orange Juice. www.fas.usda.gov, February 2006.

Bomsdorf, B. "John Fredriksen—Milliardär und Tankerkönig." www.welt.de/wirtschaft/article1799093/John-Fredriksen-Milliardaer-und-Tankerkoenig.html, 14 March 2008.

"Kathrine und Cecilie Astrup Fredriksen Schnappen sich diese schönen Milliardars-Töchter TUI?" www.bild.de/politik/wirtschaft/kaufen-diese-schoenen-milliardaers-toechter-tui-11713918.bild.html, 2 July 2010.

"Lachsfieber: Brisante Recherchen über einen Nahrungsmittelgiganten." www.ardmediathek.de.

OECD-FAO: 2011-2012 농업전망(Agricultural Outlook 2011–2012). www.fao. org.

---------------------------------●25장●---------------------------------

Feel the Steel is the logo of Pittsburgh Steelers(www.steelers.com).

"Arcelor und Mittal. Stahl-Giganten einigen sich auf Fusion." www.spiegel.de/ wirtschaft/arcelor-und-mittal-stahl-giganten-einigen-sich-auf-fusion-a-423475. html, 25 June 2006.

"Der größte Stahlproduzent der Welt entsteht." http://www.faz.net/aktuell/ wirtschaft/rohstoffe-der-groesste-stahlproduzent-der-welt-entsteht-1192255. html, 25 October 2004.

James, J. "Steel's new spring." *Time* magzine, www.time.com, 31 October 2004.

Kanter, J., Timmons, H., and Giridharadas, A. "Arcelor agrees to Mittal takeover." www.nytimes.com/2006/06/25/business/worldbusiness/25iht-steel.html, 25 June 2006.

Kroder, T. "Lakshmi Mittal: Der Stahlbaron aus Indien." www.ftd.de, 25 October 2004.

www.arcelormittal.com.

"Lakshmi Mittal 'Stahl-Maharadscha' mit Familiensinn." www.stern.de/wirtschaft/ news/lakshmi-mittal--stahl-maharadscha--mit-familiensinn-3498140.html, 27 January 2006.

"Mittal/Arcelor Fusion perfekt." http://www.manager-magazin.de/unternehmen/ artikel/a-428605.html, 26 July 2006.

Zitzelsberger, G. "Fusion der Stahlgiganten. Ein moderner Maharadscha." www.sueddeutsche.de/wirtschaft/fusion-der-stahlgiganten-ein-moderner-maharadscha-1.819924, 5 December 2008.

Hoyos, C. "The evolution of the Seven Sisters." www.ft.com/content/2103f4da-cd8e-11db-839d-000b5df10621, 11 March 2007.

Hoyos, C. "The new Seven Sisters: oil and gas giants dwarf western rivals." www.ft.com/content/471ae1b8-d001-11db-94cb-000b5df10621, 12 March 2007.

"Petro-China—Das teuerste Unternehmen der Welt." www.faz.net, 5 November 2007.

"The Seven Sisters still rule." www.time.com, 9 September 1978.

Vardy, N. "The new Seven Sisters: today's most powerful energy companies." https://seekingalpha.com/article/30922-the-new-seven-sisters-todays-most-powerful-energy-companies, 28 March 2007.

27장

국제곡물위원회(IGC), www.igc.org.uk, 2009.

"Dried up, washed out, fed up." *The Economist*, 4 October 2007.

"Dramatische Durre." www.spiegel.de, 20 April 2007.

"Durre in Australien." www.faz.net, 10 November 2006.

"Durre in Australien." www.stern.de, 2 January 2007.

"Durre treibt Bauern in den Selbstmord." www.stern.de, 24 October 2006.

"Extremwetter—Jahrtausend-Durre in Australien." www.spiegel.de, 7 November 2006.

"Der Weizenpreis lauft von Rekord zu Rekord." www.faz.net, 26 February 2008.

28장

"BMO Financial hikes commodity-trading loss view." Reuters, May 2007.

"BMO says commodity-trading losses to dent profit." Reuters, April 2007.

"Ex-BMO trader gets fine." www.thestar.com, 7 November 2009.

"How did BMO's USD450M loss just materialize?" *Financial Post*, April 2007.

런던플래티늄팔라듐시장협회, www.lppm.org.uk, 2009.

Cotterill, J. "S Africa power monopoly too big to fail." *Financial Times*, 6 February 2019.

"Eskom says SA needs 'at least' 40 new coal mines." www.mg.co.za, 8 August 2009.

Johnson Matthey, www.matthey.com, 2009.

"Stromausfall in Sudafrika erreicht Rohstoffmarkte." www.fazfinance.net, 25 January 2008.

Muller, O. "Angst vor Hungersnot—Hoher Reispreis macht Asien nervös." www.handelsblatt.com, 9 April 2008.

"USA rechnen mit mehr als 100.000 Toten." www.focus.de, 7 May 2008.

"Rohstoffmärkte sind spekulativ überhitzt." www.faz.net, 6 March 2008.

"Rogue trader rocks firm—Huge wheat futures loss stuns MF Global." www.chicagotribune.com, 29 February 2008.

Baskin, B. "Oil stored at sea washes out rallies." http://online.wsj.com, 5 February 2009.

Bayer, T. "'Super-Contango'—Unternehmen bunkern Öl." www.ftd.de, 8 December 2008.

Hecking, C., and Bayer, T. "Abgeschmiert in der Prärie." www.ftd.de, 19 January 2009.

---

③③장

Abraham, T. K. "World sugar shortage to extend a third year." Bloomberg, 29 Jaunary 2010.

Hein, C. "Indien betet für einen stärkeren Monsun." www.faz.net, 12 August 2009.

Kazim, H. "Dürre bedroht Indiens Wirtschaft." www.spiegel.de, 18 August 2009.

Lembke, J. "Der Zuckerpreis ist kaum zu stoppen." www.faz.net, 7 August 2009.

Mai, C. "Zuckerpreis erreicht 25-Jahres-Hoch." www.ftd.de, 3 August 2009.

Merkel, W. "In Indien und Australien wird die Dürre noch größer." www.welt.de, 24 September 2009.

Stern, N. "Ernteausfälle in Indien treiben Zuckerpreis." http://diepresse.com, 16 August 2009.

---

③④장

"Kakao als Spielball der Spekulation." www.faz.net, 20 July 2010.

Marron, D. "The cocoa corner: Is Choc Finger down USD 150 million?" http://seekingalpha.com, 26 July 2010.

Murugan, S. "What's driving cocoa?" http://seekingalpha.com, 4 August 2010.

"Sweet dreams. A hedge fund bets big on chocolate." www.economist.com/finance-and-economics/2010/08/05/sweet-dreams, 7-13 August 2010.

Werdigier, J., and Creswell, J. "Trader's cocoa binge wraps up chocolate market." www.nytimes.com, 24 July 2010.

"Congo—Africa's disaster." www.independent.co.uk/voices/editorials/leading-article-congo-africas-disaster-2013789.html, 30 June 2010. "Kongo will mehr von eigenen Rohstoffen profitieren." www.gtai.de, 24 June 2010.

MacNamara, W., and Johnson, M. "Disquiet over ENRC's purchase of Congo assets." www.ft.com/content/19fe6f94-b791-11df-8ef6-00144feabdc0, 3 September 2010.

MacNamara, W., and Tompson, C. "Congo seizes First Quantum Minerals' assets." www.ft.com/content/27d6e104-b530-11df-9af8-00144feabdc0, 31 August 2010.

Tompson, C., and MacNamara, W. "ENRC buys into disputed Congo project." www.ft.com/content/870a8b2a-acda-11df-8582-00144feabdc0, 21 August 2010.

"780 Millionen Liter—die bisher größte Ölpest aller Zeiten." www.zeit.de/wissen/umwelt/2010-08/bp-oelloch-leck-verzoegerung, 3 August 2010.

Bethge, P., and Meyer, C. "Die Alptraum-Bohrung." www.spiegel.de/spiegel/a-713063.html, 23 August 2010.

"Ölkatastrophe im Golf von Mexiko Alarm auf Bohrinsel war offenbar abgeschaltet." www.spiegel.de/wissenschaft/natur/oelkatastrophe-im-golf-von-mexiko-alarm-auf-bohrinsel-war-offenbar-abgeschaltet-a-708247.html, 24 July 2010.

"Ölpest im Golf von MexikoAuch BP macht die Katastrophe jetzt Angst." www.stern.de/panorama/wissen/natur/oelpest-im-golf-von-mexiko-auch-bp-macht-die-katastrophe-jetzt-angst-3284936.html, 30 May 2010.

"Ölpest im Golf von Mexiko BP-Experten durchtrennen leckendes Öl-Rohr." www.spiegel.de/wissenschaft/natur/oelpest-im-golf-von-mexiko-bp-experten-durchtrennen-leckendes-oel-rohr-a-698597.html, 3 June 2010.

"'Static Kill' erfolgreich. BP stopft Öl-Bohrloch." www.stern.de/panorama/wissen/natur/-static-kill--erfolgreich-bp-stopft-oel-bohrloch-3537142.html, 4 August 2010.

37장

미국 농무부, www.usda.gov.

전미면화협회, www.cotton.org.

Cancryn, A., and Cui, C. "Flashback to 1870 as cotton hits peak." www.wsj.com/articles/SB10001424052748704300604575554210569885910, 16 October 2010.

Cui, C. "Chinese take a cotton to hoarding." www.wsj.com/articles/SB1000142405274870468060457611042377349298, 29 January 2011.

Industrievereinigung Chemiefaser e.V. (IVC), www.ivc-ev.de.

Pitzke, M. "Preisexplosion bei Baumwolle Das Ende der Billig-Jeans." http://www.spiegel.de/wirtschaft/unternehmen/preisexplosion-bei-baumwolle-das-ende-der-billig-jeans-a-696579.html, 25 May 2010.

White, G. "Cotton price causes 'panic buying' as nears 150-year high." www.telegraph.co.uk/finance/markets/8301886/Cotton-price-causes-panic-buying-as-nears-150-year-high.html, 4 February 2011.

Wollenschlaeger, U. "Baumwolle: Auf Rekordpreise folgt Rekordproduktion." www.textilwirtschaft.de/business/unternehmen/Baumwolle-Auf-Rekordpreise-folgt-Rekordproduktion-69081?crefresh=1, 9 March 2011.

38장

Ammann, D. "King of Oil." Orell Fussli Verlag, Zurich, 2010.

Ammann, D. "Marc Rich: Der mann, der seinen Namen verlor." www.weltwoche. ch, 23 May 2007.

Honigsbaum, M. "The Rich list" *The Observer,* www.guardian.co.uk, 13 May 2001.

"Rohstoffhändler Marc Rich gestorben." www.srf.ch/news/wirtschaft/rohstoffhaendler-marc-rich-gestorben, 27 June 2013.

Schärer, A. "Die Erben des Marc Rich." www.woz.ch, 13 December 2001.

"Warum Marc Rich bei Madoff rechtzeitig ausstieg." www.tagesanzeiger.ch/wirtschaft/unternehmen-und-konjunktur/Warum-Marc-Rich-bei-Madoff-rechtzeitig-ausstieg/story/30815433, 27 January 2011.

39장

Quote from: J. Perkowski, *Behind China's Rare Earth Controversy.* http://www.forbes.com/sites/jackperkowski/2012/06/21/behind-chinas-rare-earth-controversy/#e5aaecd16b82, 21 June 2012.

Blank, G. "Wichtiger Rohstoff Seltene Erden. Knappheit made in China." www.stern.de/digital/computer/wichtiger-rohstoff-seltene-erden-knappheit-made-in-china-3874186.html, 29 December 2010.

"Chinas schwere Hand auf den seltenen Erden." www.nzz.ch/chinas_schwere_hand_auf_den_seltenen_erden-1.8096711, 22 October 2010.

Geinitz, C. "Streit mit China um seltene Erden spitzt sich zu." www.faz.net/aktuell/wirtschaft/rohstoffe-streit-mit-china-um-seltene-erden-spitzt-sich-zu-13091.html, 25 October 2010.

Jung, A. "Rohstoffe. Wettlauf der Truffelschweine," www.spiegel.de/spiegel/print/

d-75159727.html, 15 November 2010.

Liedtke, M., and Elsner, H. "Seltene Erden," Bundesanstalt für Geowissenschaften und Rohstoffe." www.bgr.bund.de, 20 November 2009.

Lohmann, D. "Kampf um Seltene Erden. Hightech-Rohstoffe als Mangelware." www.scinexx.de/dossier-540-1.html, 13 May 2011.

Mayer-Kuckuk, F. "Strategische Metalle China verknappt Molybdan-Förderung." www.handelsblatt.com/finanzen/maerkte/devisen-rohstoffe/strategische-metalle-china-verknappt-molybdaen-foerderung/3579078.html?ticket=ST-1201086-huIl3W7cP5RSMLdwDNFj-ap3, 1 November 2010.

---40장---

Cunningham, N. "OPEC: the oil glut is gone." https://oilprice.com/Energy/Crude-Oil/OPEC-The-Oil-Glut-Is-Gone.html, 14 May 2018.

Cunningham, N. "The world is not running out of storage space for oil." https://oilprice.com/Energy/Energy-General/The-World-Is-Not-Running-Out-Of-Storage-Space-For-Oil.html, 21 January 2016.

Dennin, T. "The dawn of a new cycle in commodities." Research Paper, Tiberius Asset Management AG, April 2016.

EIA. "Crude oil prices to remain relatively low through 2016 and 2017." www.eia.gov/todayinenergy/detail.php?id=24532, 13 January 2016.

El Gamal, R., Lawler, A., and Ghaddar, A. "OPEC in first joint oil cut with Russia since 2001," "Saudis take 'big hit.'" www.reuters.com/article/us-opec-meeting-idUSKBN13P0JA, 30 November 2016.

Raval, A. "Oil market glut will persist through 2016,' says IEA." www.ft.com/content/e27ff724-717e-11e5-9b9e-690fdae72044, 13 October 2015.

Shenk, M. "WTI crude falls to 12-year low at $26.14 per barrel." www.bloomberg.

com/news/articles/2016-02-10/oil-holds-losses-near-3-week-low-amid-record-cushing-supplies, 11 February 2016.

41장

Autoverkäufe 2017. "Mercedes fährt BMW und Audi davon." cwww.abendblatt. de/wirtschaft/article213089441/BMW-verkauft-so-viele-Autos-wie-nie.html, 12 January 2018.

BNEF New Energy Outlook, https://about.bnef.com/new-energy-outlook, 16 August 2018.

Hull, D., and Recht, H. "Tesla doesn't burn fuel, it burns cash." www.bloomberg. com/graphics/2018-tesla-burns-cash, 3 May 2018.

Kraftfahrtbundesamt, www.kba.de.

42장

Akolkar, B. "China officially bans all crypto-related commercial activities.", 22 August 2018. https://bitcoinist.com/china-officially-bans-crypto-activities/.

"Comparing 25 of the biggest cryptocurrencies." World Economic Forum, March 2018, www.weforum.org/agenda/2018/03/comparing-the-25-most-notable-cryptocurrencies.

"Cryptoprimer." www.investopedia.com/tech/crypto-primer-currencies-commodities-tokens/#ixzz5HfVcEWBS.

Kharif, O. "The bitcoin whales: 1,000 people who own 40 percent of the market." https://www.bloomberg.com/news/articles/2017-12-08/the-bitcoin-whales-1-000-people-who-own-40-percent-of-the-market, 8 December 2017.

Kharpal, A. (2017): "Founders of a cryptocurrency backed by Floyd Mayweather charged with fraud by SEC." www.cnbc.com, 3 April 2017.

Lee, J. "Mystery of the $2 billion bitcoin whale that fueled a selloff." https://www.
bloomberg.com/news/articles/2018-09-13/mystery-of-the-2-billion-bitcoin-
whale-that-fueled-a-selloff, 13 September 2018.

Meyer, D. "China enlists its 'great firewall' to block bitcoin websites." http://
fortune.com/2018/02/05/bitcoin-china-website-ico-block-ban-firewall/, 5
February 2018.

Paul, A. "It's 1994 In cryptocurrency." www.forbes.com/sites/apaul/2017/11/27/
its-1994-in-cryptocurrency/#7a81d58eb28a, 27 November 2017.

Potter, S., and White, T. "No end in sight for crypto sell-off as bitcoin breaches
$4,250." www.bloomberg.com/news/articles/2018-11-20/no-end-in-sight-for-
crypto-sell-off-as-tokens-take-fresh-hit.

Shiller, R. *Irrational exuberance*, Crown Business, 9 May 2006; 이강국 옮김, 『비
이성적 과열』, 알에이치코리아, 2014.

옮긴이 **이미정**

영남대학교 영어영문학과를 졸업하고, KBS 서강방송아카데미 번역 작가 과정을 수료했다. 현재는 출판 번역 에이전시 베네트랜스 전속 번역가로 활동 중이다. 옮긴 책으로는『짧고 굵게 일합니다』,『예술하는 습관』,『여자는 왜 완벽하려고 애쓸까』,『헤더브레 저택의 유령』,『파친코 1, 2』,『그들의 생각은 어떻게 실현됐을까』,『소통의 심리학』등이 있다.

42가지 사건으로 보는
투기의 세계사

초판 1쇄 발행 2022년 1월 10일
초판 2쇄 발행 2022년 3월 7일

지은이 **토르스텐 데닌 옮긴이 이미정**

발행인 **이재진 단행본사업본부장 신동해**
편집장 **김예원 책임편집 윤진아**
디자인 **디박스 마케팅 권영선**
국제업무 **김은정 제작 정석훈**

브랜드 **웅진지식하우스**
주소 **경기도 파주시 회동길 20**
문의전화 **031-956-7421**(편집) **031-956-7500**(마케팅)
홈페이지 **www.wjbooks.co.kr**
페이스북 **www.facebook.com/wjbook**
포스트 **post.naver.com/wj_booking**

발행처 **㈜웅진씽크빅**
출판신고 **1980년 3월 29일 제406-2007-000046호**
한국어판출판권 ⓒ**㈜웅진씽크빅, 2022**
ISBN **978-89-01-25534-7 03320**